環境税の日独比較

財政学から見た租税構造と導入過程

SATO KAZUAKI
佐藤一光

慶應義塾大学出版会

はじめに

　財政とは「共同欲望の充足」を目的とした共同体の経済である、とドイツ財政学の確立者であるA.ヴァーグナーは説いている。もっとも、個人はどの共同体に属するのか事前に選択できないという意味において、その共同体は強制的共同体であると認識される。このような考え方は社会有機体説に基礎をおいており、強制的共同体の運営費用を捻出するために、「強制獲得手段」としての租税が社会的に認められ、自由主義経済においても私的所有権の侵害が許される特別な経済活動であると認識される。「共同欲望の充足」に正当性があるのであれば、「強制獲得手段」としての租税の良し悪しは租税構造に依存する。この租税の良し悪しを論じる財政学のひとつの分野を租税論という。ドイツ財政学における租税論の伝統は社会有機体説を前提として、メカニズムとしては予算を媒介として、「共同欲望の充足」を図る経費と「強制獲得手段」たる租税を切り離すことから始まる。

　経費から得られる利得と、租税によって課される負担との関係性を論じ始めると、共同体の経済ではなく個人を基礎とした経済取引として認識せざるを得なくなり、結果的に市場を基礎とした経済の認識にならざるを得ない。もちろん、市場を基礎として財政を理解する試みにも重要な意義がある。しかし、ドイツ財政学が示した規範と、市場を基礎とした経済学が示す規範は異なるし、それゆえ財政問題の把握から、財政政策の処方箋まで同じ事柄を扱ったとしても大なり小なり異なる帰結を得ることになる。共同体の内部では、市場では存在しえない経済取引が発生しうる。たとえば、家族のなかでは無償で住居、衣服、食事といった財やサービスが提供され、現代の家族においてはレクリエーションや教育機会の提供がなされることも重要となる。必要な財・サービスを無償で提供する家族の経済原理をより広範囲な共同体に拡張させることがドイツ財政学の目指したものであり、そのためには経費・受益の良し悪しと租税・負担の良し悪しを分けて考える必要があったのである。

　ところが、民主主義という政治制度のもとでは、反対給付の有無とは無関

係に強制的に徴収される租税の設計は、租税を徴収される国民にゆだねられている。租税の設計や税制改革への国民的合意は租税政策を分析するうえで欠かせないものとなってきている。公共経済学においては、公共財の最適供給を可能とするリンダールメカニズムやクラークメカニズムなど、合理的経済人を前提とした租税制度の理論的研究が盛んにおこなわれている。財政と経済・社会の関係性を歴史的に分析する財政社会学の分野においては、給付の方法によって増税への意見が変化したり、国民の政府に対する信頼のあり方によっても税制への態度がかわったり、租税抵抗が起きたりすることが示されている。ドイツ財政学を受け継ぐツィンマーマンとヘンケも反対給付の存在しない租税に対する租税抵抗を回避するために、市場取引と同様の個別報償的な財源調達の割合が増加しつつあることを指摘している。

　しかし、国民の利己的な動機を満足させることができる領域に限定して財政を設定するならば、そこから逸脱する共同欲望は充足されえない。老齢や疾病といった誰にでも起こりうるリスクをシェアすることはできても、子育てや障がいといった社会の構成員のうち特定のひとびとにのみ発生する事柄に対処することができなくなってしまう。さらに、財政再建のための増税を考えると、一見すると個々人には受益がない増税に対しても国民的合意を取り付ける必要がある。

　本書は、日本とドイツにおける環境税の導入過程を分析している。そこでは、政治的合意を形成する必要性から、経済学的にあるべき税制の姿を政治的妥協によって歪曲する過程が描かれている。税制改革が国民の合意を得るために政治的合意を得なければならないこと自体は、現実の財政運営を理解するうえでも、実際に税制改革を実現するうえでも重要である。しかし、租税論的見地から望ましい税制をゴールに据える必要性も強調したい。ゴールあっての政治的妥協だからである。財政民主主義のもとで、ゴールを示し、妥協を分析し、改めてゴールを示すという循環が財政学の使命だと考えるからである。

2016年9月

佐藤一光

目　次

はじめに　i

第1章　環境税の租税論的再検討　1
1　環境税への期待と隘路　1
2　租税としての環境税　3
3　税制改革の政治的受容性　6
4　本書の構成　12

第2章　炭素・エネルギー税の日独制度比較　19
1　ドイツ・エコロジー税制改革の制度構造　19
　1.1　ドイツ・エコロジー税制改革の概要　19
　1.2　エコ税改革の位置づけ——エコロジー的近代化と年金財源　23
2　日本における地球温暖化対策税　25
3　日独の制度比較　26
4　産業連関分析を用いた制度の評価　29
　4.1　産業連関分析の手順　31
　4.2　産業連関モデル　35
5　ドイツ・エコ税の推計結果　37
　5.1　ドイツ・エコ税におけるエネルギー利用量と税収　37
　5.2　ドイツ・エコ税の産業別価格上昇率　39
6　日本・地球温暖化対策のための税の推計結果　45
7　小括　52
　第2章補論　ドイツ・エコ税における家計の負担　53

第3章　日本における環境税の導入過程　65
1　地球温暖化対策のための税の歴史的背景　65
2　地球温暖化対策のための税の理論的背景　67
3　地球温暖化対策のための税の導入経緯　72

第4章　ドイツ・エコ税改革前史　81
  1　鉱油税と交通政策支出の歴史の概観　82
    1.1　鉱油税の誕生　82
    1.2　鉱油税の交通政策目的税化　85
    1.3　鉱油税の一般財源への揺り戻しとドイツ再統一　89
    1.4　赤緑政権の誕生とエコロジー税制改革　92
  2　鉱油税の補助金財源から一般財源化への道のり　95
    2.1　補助金財源としての鉱油税　95
    2.2　ドイツ再統一に伴う鉱油税の一般財源化　98
  3　小括　103
  第4章補論　ドイツ・財政調整と鉱油税　105
    補.1　統一ドイツにおける財政調整の形成過程　107
    補.2　交通支出の安定期における州間配分　112
    補.3　ドイツ財政調整と鉱油税　114

第5章　エコ税改革と「公平性」　119
  1　エコロジー税制改革の導入法を巡る議論
      ──エコ税負担と第二の配当　120
    1.1　年金構造と受益の不均衡　120
    1.2　農業者軽課への道筋
        ──農業者老齢年金、EU共通農業政策と東西格差　122
    1.3　低所得者対策、非所得基準の限界と環境交通政策　126
    1.4　僅少労働者と年金改革　130
    1.5　軽減税率の理論的検討　131
  2　エコ税改革の継続法と地域間の「公平性」　134
    2.1　継続法の特徴　134
    2.2　連邦参議院での継続法を巡る論点　138
    2.3　新旧連邦州における受益の不均衡　142
    2.4　旧連邦州からの反発と公共事業の行方　146
  3　小括　148

第6章　エコ税改革と財政再建　155

1　第二次シュレーダー政権の置かれた政治的文脈　157
　1.1　雇用政策の失敗と新しい労働市場政策　157
　1.2　継続期に入る環境・エネルギー政策　161
2　エコロジー税制改革の発展と終結　163
　2.1　「エコロジー税制改革のさらなる発展に関する法律」の構造　163
　2.2　発展法の成立に際しての政治的議論　166
3　発展法の成立に集約される
　　第一次シュレーダー政権の政策評価　170
　3.1　環境・エネルギー政策の成功と雇用政策の失敗　170
　3.2　第一次シュレーダー政権における税制改革の全体像　174
　3.3　エコロジー税制改革の租税論的評価　177
4　小括　180

第7章　フィードインタリフの財政学的分析　183

1　ドイツにおける環境・エネルギー政策の体系　185
2　再生可能エネルギー法（EEG）の財政学的位置づけ　191
3　繰り返される歴史　199
　3.1　コールペニヒの廃止　199
　3.2　電力供給法における同様の問題　202
　3.3　EEGにおける問題の再燃　205
4　小括　207

第8章　ポスト・地球温暖化対策税のために　213

1　日独エネルギー税制の形成過程の比較　213
2　結語　218

あとがき　223
重要語索引　226

第1章

環境税の租税論的再検討

1 環境税への期待と隘路

　2011年3月11日は日本人にとってだけではなく、世界中の人々にとっても忘れられない環境・エネルギー政策上の転換点となった。続いて起きたFukushimaの原発事故は日本において脱原発の機運を高めただけではなく、先進諸国に対しても忘れかけていた原発事故の恐ろしさを再び想起させた。福島第一原発の事故によって、日本でエネルギー政策を見直す議論が高まっている。3.11以降、世界は変わってしまったように見えるが、気候変動問題が消え去ったわけではない。原発に依存した気候変動問題の対処に、3.11は暗い影を落としている。地球温暖化対策においては原子力発電に依存した二酸化炭素排出削減政策は危機に直面しているといってよい。このような状況において、脱原発とともに地球温暖化対策を進めたドイツの環境・エネルギー政策の先駆性・重要性は再認識される必要があるだろう。
　環境税（Environmental Tax, Umweltsteuer）の導入機運が高まったのは1990年代である。1990年代初頭より、北欧諸国とオランダでは地球温暖化対策の環境税として炭素税の導入が進められてきた。このような環境税の導入は、ドイツ、イギリス、イタリアと続くことになる。しかしEUでは、2000年代の地球温暖化対策の中心は環境税から排出権取引（EU-ETS）に移行していった。環境税は租税政策であるため各国の置かれた状況に依存せざるを得ず、国境を越えた地球温暖化対策としては排出権取引に優位性があると考えられたからである。もっとも、国際的な環境税を導入する試みがなかったわけではなく、EC指令において欧州共通のエネルギー税の指針が決定されている。しかし、現在ではその税率は極めて低いものであり、制度の実効性を確保す

るには至っていない（倉地他 2016）。EUは共通炭素・エネルギー税の導入の検討を続けており、2011年に欧州委員会はエネルギー税指令の改定を提案し、再び環境税導入の機運が高まったが、その実現には至らなかった。

そこで、高い税率で環境税を導入できたドイツは再び注目されるに値すると考えられる。第1に、前出のとおり脱原発と二酸化炭素排出削減を同時に進めたドイツの環境・エネルギー政策の中心に環境税が存在していたからである。第2に、排出権取引と環境税は環境経済学上では費用効率的な汚染削減政策として類似していると考えられるが、実際の政策体系においてはむしろ補完関係にあり、環境税か排出権取引かという選択ではないからである。第3に、ドイツの環境税は環境政策として成功しているだけでなく、高い税収調達能力をも有しているからである。環境税は、所得税、付加価値税に続く第3の主要な財源調達の手段としての税の可能性を有している。神野（2009）によると「未来の租税制度について、……中略……環境税が基軸的存在になっているということである。……中略……すでにヨーロッパでは炭素税は基幹税として君臨している」。

ひるがえって財政問題に視点を移すと、日本は未曾有の財政赤字を抱え、EUは南欧諸国の債務問題を解決できていない。環境税が所得税と付加価値税に続く第3の基幹税足りうるならば、環境政策としてだけではなく、同時に財政赤字を解決するための手段としても検討されなければならない。日本において2012年10月に、いわゆる炭素税として設計された「地球温暖化対策のための税」が導入されるなど急激な環境政策の進展が見られる。しかし他方で、「税と社会保障の一体改革」として、増大する社会保障支出を賄うために消費税の段階的引き上げが決定されたが、社会保障財源や財政再建の原資としての環境税は、未だに議論の俎上に載っていない。

2016年4月に「地球温暖化対策のための税」の2度目の税率引き上げが行われた。それ以降の税制改革の議論の行く末は見えないが、2020年に向けて国のプライマリーバランスの黒字化のための財政再建と税制改革の議論が行われるだろう。その際に、たとえば消費税率の引き上げで議論されたような福祉目的税化によっては、財政再建のための増税への国民的合意を形成することはできない。たしかに、財政破たんは国民共通のリスクであり、長期的

に考えればいつかは増税が必要となる可能性を説くことはできる。しかし、いつ顕在化するかわからないリスクに対して大きな負担を容認することは難かしく、しかも大多数の国民を説得することは容易ではない。それよりはむしろ、格差・貧困問題を解決するための所得税改革や、地球環境問題を解決するための環境税といった、租税そのものが社会的経済的な良さを持っていて、同時に十分な税収を獲得することのできる税制改革の提案で説得する必要があるだろう。

2　租税としての環境税

　本書の分析対象はドイツと日本においてそれぞれ導入された「環境税」である。その際に活用される分析視角は、制度比較、租税論、財政社会学である。

　はじめに、環境税とは何かについて説明する。ピグーによれば私的限界費用と社会的限界費用の間にはかい離が存在する。ピグーはこのかい離を一致させるための課税を提案した。この税のことをピグー税というが、通常ピグー税が環境税の起源であると考えられている。私的限界費用と社会的限界費用のかい離は、外部不経済として市場の失敗の1つに数えられている。外部不経済とは、価格メカニズムに反映されずに生じる不利益のことである。この外部不経済に価格をつけることで、価格メカニズムに反映させることを内部化という。環境税とは外部不経済を内部化するための政策手段であるといえる。

　もっとも、環境政策の手段として環境税に光を当てたのはボーモルとオーツである。彼らは、環境税が費用効率的に環境目標を達成できることを経済学的に定式化した（Baumol and Oates1971）。ここに、環境税を経済効率的な環境政策として正当化する根拠が確立したといえる。とはいえ、ボーモルとオーツの定式化は、環境税に限らず補助金や排出権取引などの価格メカニズムを用いた経済的手段全般に当てはまる。そこで、租税論では、汚染者に受益を与えることになる補助金の正当性や市場の整備が難しい排出権取引を批判し、既存の個別物品税のスキームを利用できる環境税を擁護したのである。[1]

租税は政府の経済活動である財政の収入を担う制度であるが、経済から貨幣を調達する際に不可避的に経済・社会に影響を与える。この租税の持つ作用のことを、租税の非国庫機能という。この作用を政策的に利用する場合、それは租税の非国庫目的への利用であると考えられている。

もっとも、これまでの環境税の租税論的研究の多くは、非国庫機能に焦点を当てるあまりに、租税としての財源調達機能、すなわち国庫機能の持つ意義について十分に考察してこなかった。たしかに、環境税は環境政策の一手段として企図されたものである。しかも、経済学的に外部不経済を内部化する費用効率的な政策手段として位置づけられた新しい種類の租税である。つまり、租税の持つ非国庫目的の側面を強調したものが環境税であるということができる。ところが、本書が論じるドイツで導入された環境税と日本で導入された環境税には、租税政策として本質的な違いが存在している。ドイツにおいては高い税率と高い環境制御機能、高い財源調達能力を実現したのに対して、日本においては低い税率と経済効率的だが低い環境制御機能、低くかつ特定目的の財源調達を実現したのである。この違いを理解するためには、環境税研究では捨象される国庫機能について焦点を当てざるを得ない。本書では財政学の分類による租税政策の「国庫－非国庫」という枠組みに従って分析することで、日独の制度の違いを明らかにすることを試みる。

本来、国庫目的と非国庫目的は租税政策の中で完全に分離することはできない。というのは、どのような租税も財源調達機能を有しているし、同時に何らかの社会・経済に対する影響を有していることを前提に制度は設計されているからである。とはいえ本来の「環境税」においては、税収の発生は重要な要素ではない。外部不経済を内部化すること、すなわち外部不経済を発生させている財と発生させていない財の価格比を調整しさえすれば、環境政策上の目的を達成することができるからである。それゆえ、税収をそのまま捨ててしまったとしても環境政策上の本質からすれば問題は発生しないのである。

そうはいっても、環境税から得られる税収に全く注意が払われてこなかっ

---

(1) 宮島 (1993 = 1997)、環境庁 (1997)。

たわけではない。環境税収の利用方法として最も有望だと考えられてきた議論が「二重の配当（double dividend, doppelte Dividende）」論である。二重の配当とは環境税による環境改善効果と、その税収によって既存の歪みのある租税を減税することで厚生の改善が得られるという仮説である（Goulder1995; Burdesministerium der Finanzen1997, pp.27-29; 小林2005）。二重の配当の可能性は「理論的・実証的根拠から、明確な結論を導くことはできないが、それにもかかわらず、多くの政府は何らかの二重の配当を得ることを明確に期待して、税収中立的なグリーン税制改革を実地してい」るという（OECD2001=2002, p.44）。そして、たしかにドイツでは環境問題と同時に失業問題に対処する必要があった点が強調されてきたのである（Krebs und Reiche1999; 竹内2004; 朴2009）。

ドイツにおける二重の配当は、社会保険料が高すぎることによって失業が発生しているという認識に基づき、化石燃料の消費を抑えるとともに失業の減少を目指す雇用政策でもあった（竹内2004）。このことをドイツではエコロジー税制改革（Ökologische Steuerreform：以下エコ税改革）と呼ぶ。もっとも、雇用政策として社会保険料を引き下げる必要があると考えられていたため、環境税の導入ではなく、付加価値税を財源とした改革が行われる場合もあった。とはいえ、税収構造を賃金付帯費用である社会保険料や所得税から環境税へとシフトさせる二重の配当政策は、税制のグリーン化という観点からも重要だと考えられている（朴2009）。しかし、本書で明らかにするように、二重の配当は環境税収の利用方法の1つにすぎない。環境税収の望ましい用途は先験的に決定されるのではなく、むしろ、どのような財政需要が発生しているかに依存するのである。

ところが、日本では二重の配当は十分に検討されることはなかったし、財政再建のために環境税収を利用するという発想も存在していない。そこで本書では、環境政策の成功に必要な環境税の財政学的条件を探るとともに、財源調達手段としての環境税の可能性を模索する。日本における環境税の導入とドイツにおける環境税の導入は格好の比較材料であり、両者の比較を通じて、環境税の財政学的本質が明らかになると考えている。

二重の配当論における税収中立とは、環境税の増税額と既存税の減税額が

予算において一致することをいう。朴は環境税の特定財源化を嫌う議論の中で、①増税は実現可能性が低い、②政府の経済活動は非効率である、③補助金は効果が低いことを根拠に、環境税の税収を環境対策に用いるべきではなく、二重の配当論に基づいた税収中立的改革を行うべきであると論じている（朴2009、p.75）。二重の配当論に至って、環境政策上の外部不経済の内部化という非国庫目的に端を発した環境税は、税収の利用という国庫目的と調和したといったんは評価することができる。ところが、この見方には1つの前提条件が必要だと考える。それは、財政赤字が発生していないことである。財政赤字を解決するために、何らかの増税を行うことを仮定すれば、環境税による純粋な増税も二重の配当論が主張する効果を仮想的には得られることになる。たとえば所得税を増税した後に、同水準の所得税減税と環境税増税を組み合わせた税収中立的な改革を行うことは同義だからである。

　二重の配当の観点からすれば、高い税率と広い課税ベースによって多くの税収が上げられることが望ましい。ツィンマーマンとヘンケはドイツにおいては環境税の資金調達機能が注目され、「課税標準が幅広く、税率の高い、そしてそれゆえ大きな税収をもたらすような環境税」が追求されてきたことを指摘している（Zimmermann und Henke1994=2000, p.302）。しかし、ドイツでは財政学的観点から①国庫目的の実現を危うくし、②能力負担原則に背き、③租税システムの透明性と信頼性を崩し、④目的税化はノン・アフェクタシオン原則に反し、⑤財政調整問題を生じさせる可能性が指摘されるなど批判的見解も存在していた（八巻1999、p.80）。しかも、二重の配当に基づく社会保険料負担の引き下げは、全所得階層には恩恵が行きわたらないことも認識されていたのである（Bach *et al*.1995）。

3　税制改革の政治的受容性

　二重の配当論に基づいた税制改革は、単純な負担増を求める税制改革が政治的に困難であることを背景として、「政治的受容性」の構築に大きな役割を有していると考えられる。OECD（2001＝2002; 2006）によると環境税の導入が成功するかどうかは政治的受容性の構築に依存している。税収中立性は

マクロ経済的視点からは負担が増加しないことを意味しているからである。事実、先行して環境税が導入された国々においては基本的には税収中立的な税制改革として導入された経緯が存在している。

このような政治的受容性に関連して、財政と経済・社会の関係を歴史的に分析する財政社会学による研究が盛んになされている（井手2012; 佐藤・古市2014; 赤石・井手2015）。増税への同意と給付形態の関係性を分析し、租税抵抗を回避し、社会的信頼を醸成する給付のあり方である普遍給付を志向することで、増税への同意を取りつけることが可能であると議論されている。政府の財源調達を可能とするのは、良き税制ではなく良き経費であるという考えは、公共財の最適供給を実現する税制とは違ったベクトルで租税と経費を結びつける租税研究の新基軸である。もっとも、伝統的租税論の立場から、租税の持つ意義を考察する研究が廃れてしまったわけではない（諸富2013; 関野2014; 関口2015）。

ドイツの環境税の導入に関する議論において、税収中立性は政治的受容性の構築以上の意義を有していた。クレーブスとライヒェによればドイツにおける環境税導入の議論には3つの類型が存在している。第1に、国際的な環境問題に対処するという「超国家的（Supernational）」な提案である。第2に、工業化社会をエコロジー的に転換する中心的装置としての「エコロジー化（Öko-Umbau）」の提案である。第3に、エコロジーとエコノミーを調和させるものとしての「税収中立的改革（Aufkomensneutraler Alleingang）」である。すなわち、環境負荷に対する課税強化をエコロジー的、賃金付帯費用の減少をエコノミー的として、両者の融和の象徴として二重の配当に基づいた税収中立性が存在していたのである（Krebs und Reiche1997, p.127ff.）。

ゲレースらは自然（Natur）と労働（Arbeit）のためのエコ税改革について、「国庫的電熱併給システム（fiskalisches Blockheizkraftwerk）」であると表現している。すなわち、これまでは租税システムの中で無意識に浪費されていた「余熱（Abwärme）」＝非国庫機能を利用して、市場における資源配分を操作する原動力として利用するということである（Görres et al.1994, p.38）。この認識は、非国庫機能と国庫機能のどちらを主とするかの違いにおいて、二重の配当の逆の論理をたどっている。すなわち、二重の配当論では環境制御をす

る際に発生した副次的税収の有効な利用を考えるが、ゲレースらは税収発生装置である租税の副産物である非国庫機能の有効な利用を考えたのである。

以上のように税収中立的な税制改革の優位性が主張されてきたが、後述するようにドイツにおける環境税は結果として財政再建のための財源調達に利用されることになる。すなわち、国庫目的の側面が税収中立性を超えて機能したといえよう。本書で強調することは、環境税の導入と賃金付帯費用の減少という税収中立的税制改革によるエコロジーとエコノミーの調和というより、環境税における非国庫目的と国庫目的の調和である。環境税の国庫機能への着目は、二重の配当論よりも広い政策選択を可能とすることになるのである。もっとも、環境税における国庫機能と非国庫機能の関係性について明らかにしておかなければならない。というのも、伝統的に財政学では租税政策において国庫目的と非国庫目的を両立させることはできないと考えられてきたからである。

ドイツの財政学者シュメルダースによると、課税はかなり古くより「非国庫目的」に利用されてきたが、所得や財産の再編成（再分配）という課税の「社会政策目的」に対して国庫目的と同様の権利を与えたのはアドルフ・ヴァーグナーであったという（Schmölders1970＝1981, p.497）。シュメルダースは非国庫目的と国庫目的の2つの要素は租税の中で離れがたく結びついているとしているが、両者を対立的に捉えている。非国庫目的が国庫目的を侵害する度合いが低い場合には、たとえば多くの酒税がそうであるように、それは国庫目的の増税を正当化する口実として非国庫目的を利用しているにすぎないと指摘する。逆に、たびたび関税がそうであるように非国庫目的を実現すれば国庫目的が完全に侵害される場合もあると指摘する。環境税に関しても同様にシュナイダーは環境経済学の視点から外部効果を内部化する手段として環境税（Umweltsteuer）を定義したしたうえで、その機能が国庫機能（fisklicher Funktion）と矛盾することを指摘している（Schneider1996, pp.73-80）。

環境税において期待される非国庫機能は、関税と同様に価格の上昇を通じて消費を抑制することにほかならない。それゆえ、たしかに本質的には環境税の持つ非国庫機能と国庫機能は矛盾している面がある。後述するように、ドイツにおける環境税の議論でも、エコロジー的効果と国庫機能の矛盾につ

いて認識され、税率を継続的に増加させることで対応することが主張されていた（Weizsäcker and Jesinghous1992）。しかし、環境税、特に炭素・エネルギー税に関してはこのような議論は極論であると考える。炭素・エネルギー税はエネルギー利用の価格弾力性が極端に低いわけではないために、財政規模に対して十分な税収を上げる潜在的能力を有しているからである。たしかに、個別物品税には税収を最大化させる税率が存在しており、その税率を超えて課税を行うと税率の上昇による増収効果よりも消費の減少による減収効果が上回り、総税収を減少させることが知られている。

とはいえ、現実の炭素・エネルギー税に関しては税収が減少する水準まで税率を上げている事例は存在しない。そうではなく現実は、税収最大点よりも大幅に低い税率を巡っての政治的な鬩ぎ合いが行われてきたといえよう。本書が主張するのはむしろ、非国庫目的と国庫目的の調和という視点の導入である。日本における環境税は、第2章と第3章で詳述するように低い税率によって高い環境制御効果を求めたために、環境政策財源を目的として設計された。このことは、本来非国庫目的の作用目的税である環境税が用途目的税としても規定されたことを意味するだけではなく、環境税政策の設計自体が補助金政策へと変容したことを意味することになる。他方でドイツにおける環境税は財源調達機能を重視して設計されたために、高い税率を実現することができた。

このことをシュメルダースやシュナイダーの、国庫機能と非国庫機能は本質的に矛盾するという議論と対比させるならば、非国庫目的に特化した日本の制度は租税政策から補助金政策へと本質を転移させた一方で、国庫目的を前提として非国庫目的を調和させたドイツの制度はその両者、すなわち税収の確保と環境制御において高い成果をあげることができたといえよう。日独の「制度比較」を通じて、財政学における租税論の非国庫目的－国庫目的の対立という認識を部分的に覆すことが可能といえる。

次に、非国庫目的と国庫目的を調和した税制改革を議論する際に問題となるのが財政の駆動要因である。公共経済学の一般的な理解によれば、現代経済は混合経済として成り立っている（Stiglitz1988＝2001）。すなわち、市場経済と公共経済である。市場経済においては利潤動機を原動力として価格メカ

ニズムによって需給の調整が図られる。他方で、公共経済たる財政においては利潤動機だけではなく公共性が求められるうえに、政治的メカニズムによって支出と収入が統制されることになる。このことが環境税における非国庫機能と国庫機能の調和にどう影響してくるのだろうか。租税論と財政社会学のアプローチの違いを意識しながら説明しよう。

　環境税の租税論的根拠は個別物品税と同様に求められる。ドイツにおいて環境税が導入される際に、その正当性や違憲可能性、国際法への抵触可能性が詳細に検討された（Arndt1995, p.35 ff.; Keil1997; Bik und Eckhoff1999; Vallender und Jacobs2000）。たしかに環境税は、経済学的観点からは人頭税に近い逆進性を有している（朴2009, p.97）。しかし、ドイツにおける環境税であるエコ税（Ökosteuer）の課税の正当性について、連邦環境庁の委託を受けたビークとエクホフは次のように述べている。憲法的租税概念は基本的に環境制御目的として租税を利用することを排除していないが、それはエネルギー税がその最終消費者に懲罰を与えることを目的としているわけではない。すなわち、エコ税は課徴金（Erdrosselungsabgabe）なのではなく、「負担方法（Belastungspfades）」の問題なのだという。たしかにエコ税はエネルギー消費を減少させることを目的としているが、同時にエネルギー消費は他の物税と同様に負担能力（Leistungsfähigkeit）の指標として機能しているからである（Bik und Eckhoff1999, pp.46-47）。

　とはいえ、このような租税論における正当化の論理だけで環境税の導入が可能となるわけではない。租税論的な根拠づけというのは、少なくとも憲法や規範に違反していないという必要条件を満たしたにすぎない。十分条件は政治的な合意である。それゆえ、政治的なアクターが主に「公平性」を根拠としてそれぞれの利害を主張することになる。換言すると、政治的な次元における利害調整の上にしか財政は機能することができないといってもよい。事実、ドイツで国庫目的と非国庫目的を調和させた税制を構築しようとしたとき、極めて政治的に問題となったことは「公平性」という規範である。政治的な議論における「公平性」の問題は、単に社会厚生や法的な正義の問題にとどまらない。政治的アクターの利害関心に基づいた交渉によって妥協的に実現されるさまざまな種類の「公平性」とならざるを得ないのである。

ドイツの財政学者マンは財政社会学の説明の中で社会的アクターの利害が財政制度に反映されることを「財政の社会的要素」と呼び、財政政策が社会に与える「社会の財政的要素」と並んで重視した（Mann1961）。同じくドイツの財政学者であるイェヒトは「公的地方団体のすべての財政政策的決定は、その意思形成において決定的な政治的担当部局と勢力によって左右されるので、公的財政経済と利益社会的・政治的構造の間の関係の分析は、財政現象を明らかにするためには欠くことのできない1つの科学的課題となる」と述べている（Jecht1961）。さらに、シュンペーターは議会活動の社会的意味ないし機能は権力や官職を獲得するための競争に付随的にしか実現しないことを指摘していた（Schumpeter 1942=1995）。すなわち、具体的に財政政策の政治過程を分析することを通じて、いかなる制度構造、社会的背景をもとに財政経済（Finanzwirtschaft）が機能するのかを明らかにする財政社会学的な観点が必要となってくるのである。

　したがって、環境税の導入に際して非国庫目的と国庫目的を調和させようとするならば、政治過程においてさまざまに主張される「公平性」を巡る利害調整のプロセスに光を当てざるを得ない。利害関係者の主張は負担や利潤の大きさに左右される。ある意味では「公平性」を装った利害の主張は、政治過程を通じて実現することで公平の認定を受け、正当化されるのである。そこで、本書では非国庫目的と国庫目的を調和させたドイツにおける事例を検討することで、いかなる「公平性」が正当であるとされ、政策的に配慮されていったのかを詳述しなければならない。このことは、環境税の財政学的特徴を考察するためにも欠かせないのである。このような財政社会学的な分析を行ったうえで、環境税の租税論的位置づけも再検討されるべきであろう。

　ドイツ・エコ税における「公平性」への配慮は1つには軽減措置の設定という形で実現した。このような軽減措置の設定は、環境税の導入や二重の配当を目的とした環境税制改革を政治的に実現可能とするためにも重要な措置だと考えられてきた（諸富2000; 八巻1998; OECD2006; 朴2009）。すなわち、政治的受容性の構築のためには、環境政策上・租税政策上望ましくない措置を取らざるを得なかったことを示している。しかし、このような軽減措置の効果に着目した研究はこれまで多くは存在しなかった。軽減措置によって税収

がどの程度失われ、それゆえ賃金付帯費用の引き下げがどの程度阻害されたのか、さらに財の価格変動にどのような影響を与え、所得分配にどのような作用をもたらしたのかを明らかにする必要があると考える。

さらに、制度比較の観点と政治過程の分析を組み合わせることで、国庫目的と非国庫目的の関係性がより明らかになる。日本の環境税の導入過程は、非国庫目的を追い求めて国庫目的を排除する過程であった。ところが、二重の配当も含めて国庫目的を排除したがゆえに、政治的受容性の構築のためには低い環境税率で環境政策目標を達成するような制度設計を考える必要があった。したがって、低税率の環境税の導入と環境政策への特定財源化という道が選ばれることになったが、これは環境税制としては本末転倒である。環境税の導入が環境補助金の財源確保に置きかえられてしまったからである。たしかに、環境補助金の財源確保も、国庫目的としての側面はある。しかし、より大きな一般的な財政需要を背景としなければ、環境税として十分に効果のある税率を実現することはできないと考えられるのである。

4　本書の構成

本書の学術的な貢献を再び強調しておくならば、環境税の分析に非国庫目的・国庫目的という財政学上の概念を導入し、特にこれまでの財政学では両者が矛盾するものであると捉えられていたが、両者を調和させるところに環境税政策としての成功の可能性があることを明らかにする。さらに、非国庫目的と国庫目的を調和させた環境税を構築する際に、他の租税制度でも当然問題となってくる「公平性」を巡る政治過程をドイツを事例に分析したことである。前者は日独の制度比較より、後者はドイツにおける政治過程分析より導出される。このことを念頭に置いて本書は以下のように議論を進めることにする[2]。

第2章では、日独において導入された環境税の制度について解説し、それ

---

(2) 以下、各章の基礎となった論文を示しておく。第2章：佐藤（2011b; 2012d）。第3章：佐藤（2011d; 2012b）。第4章：佐藤（2012c）。第5章：佐藤（2010; 2011a; 2011c; 2012a）。第6章：佐藤（2012d）。第7章：佐藤（2012e）。

ぞれの制度が価格に与える影響を産業連関分析を用いて推定する。日独の制度比較からはそれぞれの環境税の特徴が明らかになる。日本の環境税は低税率、低租税支出、特定財源という特徴を有し、ドイツの環境税は高税率、高租税支出、一般財源という特徴を持っていることが明らかになる。非国庫機能を強調した日本の制度においては環境税としての非国庫目的も十分に達成できない反面、ドイツにおいては国庫目的と調和させたがゆえに非国庫目的も達成できたことが示される。ただし、ドイツでは高い租税負担を実現するために多くの租税支出が設定されており、効率性の観点からだけでなく産業間の「公平性」の観点からも問題のある制度設計となってしまったことが定量的に示される。

第3章では、日本における環境税の導入にあたって、非国庫目的に特化した制度設計がなされた過程を分析する。日本での環境税の導入過程では、環境政策の経済的手段としての役割が強調され、それゆえ低税率の環境政策財源目的税として制度設計がなされることになった。そのために、環境税制としては効果が薄く、税制のグリーン化にも財政再建にも寄与することのないものとなってしまったことが明らかになる。

第4章ではドイツにおいてどのように環境税が非国庫目的と国庫目的が調和する制度が構築されたのかについて歴史的・制度的背景を明らかにする。戦後の西ドイツでは交通政策財源として鉱油税は発展してきた。オイルショックによる交通需要の伸び悩みを背景として、制度的には鉱油税の一般財源化が図られたが、現代的財政調整制度の確立によって連邦財政における鉱油税の役割も縮小していた。しかし、ドイツ再統一に伴う財政需要の発生によって、鉱油税の国庫機能が活用されることになった。基幹税は連邦と地方の共有税となっているために、連邦独自の財源を求めるならば鉱油税に頼らざるを得なかったからである。エコ税改革に至る前史として、鉱油税の国庫機能が重視される過程を明らかにした。

第5章では、ドイツにおいて二重の配当を基礎とした環境税の導入を巡って議論された「公平性」について財政社会学的な観点から考察される。特に、ドイツに特徴的な年金構造を背景として農業者における職種間の「公平性」の問題から軽減税率が設定されたこと、公共交通への軽減税率を通じて社会

的弱者への配慮、すなわち垂直的公平性への対応を図ったこと、さらに所得格差を通じて年金保険料率の引き下げが地域間の「公平性」問題を発生させていたことが明らかにされる。

　第6章では、ドイツにおいていかに税収中立的な税制改革から逸脱したのかについて考察する。第一次シュレーダー政権のエコ税改革は産業と家計の間に「公平性」の問題を抱えており、軽減措置の縮小が1つの課題となっていた。とはいえ、それ以上に重要だったのが景気の低迷期に二重の配当政策が政治的正当性を失っていたことであり、それに加えて減税基調の税制改革が財政赤字を発生させていたことである。それゆえ、これらを一挙に解決するために、税収中立の美徳を捨て、財政再建目的としてエコ税改革は再設計されるに至ったのである。

　第7章では、ドイツにおける再生可能エネルギーの固定価格買い取り制度であるフィードインタリフ（Feed-in Tariff: FIT）に関する財政学的な分析を行う。というのは、第1に欧州において環境税への関心が非国庫・国庫目的の両面から高まっているとはいえ、環境・エネルギー政策の中心はFITとなっているからだ。事実、ドイツのFITは温室効果ガスの削減効果から見ると他のどの制度よりも効果が高い。高いエコロジー的効果を実現できた背景には、FITを通じた「事実上の財政支出」の額が大規模になってきていることが挙げられる。したがって、極めて大規模な事実上の財政支出を可能としたメカニズムについて考察を加える必要がある。さらに、事実上の財政支出の増大に伴う負担の増加の問題がある。税法上に規定された財源調達制度ではないものの、数度の改革を経ることで租税の要件をほとんど満たすようになっているうえに、環境税として導入された電力税よりも税率が高くなってしまったことが問題となっている。それゆえ、FITにおける負担の正当性に疑問が突き付けられている。このことは、租税政策における「正当性」に関して環境税の導入とは違った側面から問題を提起している。

　第8章ではそのうえで、ドイツにおける事例の分析で得られた知見を用いてこれからの日本の環境税のあり方について考察を加えて、結語に代えることにする。

第 1 章 環境税の租税論的再検討 15

〈参考文献〉

Arndt, Hans-Wolfgang (1995), *Rechtsfragen einer deutschen CO₂-/Energiesteuer entwickelt am Beispiel des DIW-Vorschlags*, Peter Lang GmbH.

Bach, Stefan (2005), *Be- und Entlastungswirkungen der Ökologischen Steuerreform nach Produktionsbereichen*, DIW Berlin.

Bach, Stefan, Christhart Bork, Michael Kohlhaas, Christian Lutz, Bernd Meyer, Barbara Praetorius und Heinz Welsch (2001), *Die ökologische Steuerreform in Deutschland. Eine modellgestützte Analyse ihrer Wirkungen auf Wirtschaft und Umwelt*, Physica-Verlag Heidelberg.

Bach, Stefan, Michael Kohlhaas, Volker Meinhardt, Barbara Praetorius, Hans Wessels und Rudolf Zwiener (1995), *Wirtschaftliche Auswirkungen einer ökologischen Steuerreform*, DIW Berlin, Duncker & Humbolt.

Baumol, William J. and Wallace E. Oates (1971), "The Use of Standards and Price for Protection of Eivironment", *The Swedish Journal of Economics*, 73, pp.42-54.

Bik, Dieter und Rolf Eckhoff (1999), *Steuerreform unter ökologischen Aspekten: Rechtliche Rahmenbedingungen - Gutachterliche Stellungnahme -*, Umwelt Bundes Amt, Berlin.

Binswwanger, Hans Christoph, Werner Geissberger und Theo Ginsburg Hrsg. (1978), *Der NAZU-Repout: Wge aus der Wohlstandsfalle, Strategien gegen Arbeitslosigkeit und Umweltkrise*, S. Fischer Verlag GmbH, Frankfurt am Mein.

Bundesministerium der Finanzen (1997), *Umweltsteuern aus finanzwissenschaftlicher sicht*, Bonn, Stollfuß Verlag.

Fiederer, Hans-Jürgen und Stefan Weil (1996), *Umlage der Kfz-Steuer auf die Mineralölsteuer, ein Steuerreformvorschlag auf dem Prüfstand, Gutachten im Auftrage des Bundesministeriums für Wirtshaft*, Institut für Angewandte Wirtschaftsforschung, Tübingen.

Görres, Anselm, Henner Ehringhaus und Ernst Ulrich von Weizsäcker (1994), *Der Weg zur ökologischen Steuerreform, Weniger Umweltbelastung und mehr Beschäftigung, Das Memorandum des Fördervereins ökorogische Steuerreform*, Günter Olzog Verlag GmbH, München.

Gottwald, Thorsten (2001), *Rechtliche Aspekte einer ökologischen Steuerreform*, Shaker Verlag, Aachen.

Goulder, Lawrence H. (1995), "Environmental Taxation and the Double Dividend: A Reader's Guide", *International Tax and Public Finance*, 2 (2), pp.157-183.

Herdegen, Matthias und Wolfgang Schön (2000), *Ökologische Steuerreform Verfassungsrecht und Verkehrsgewerbe*, Verlag Dr. Otto Schmidt, Köln.

Hohmeyer, Olav Hrsg. (1995), *Ökologische Steuerreform*, Nomos Verlagsgesellschaft, Baden-Baden.

Jecht, Horst (1961), "Finanzwissenschaft", in Erwin von Beckerath et al., *Handwörterbuch der Sozialwissenschaften, Bd. 3 Domänen - Fondswirtschaft*, Stuttgart Gustav Fischer, S.710-722.

Keil, Thomas (1997), *Allphasen-Ökosteuer, Rahmenbedingungen für eine wirksame und standortverträgliche ökologische Steuerreform*, Eberhard Blottner Verlag, Taunusstein.

Krebs, Carsten und Danyel Reiche (1996), *Der mühsame Weg zu einer "Ökologischen*

Steuerreform", *Ein Beitrag zur Systematisierung der Debatte*, Peter Lang GmbH, Europäischer Verlag der Wissenschften, Frankfurt am Main.

Krebs, Carsten und Danyel Reiche (1997), *Der mühsame Weg zu einer "Ökologischen Steuerreform"*, *Ein Beitrag zur Systematisierung der Debatte*, Peter Lang GmbH, Europäischer Verlag der Wissenschften, Frankfurt am Main.

Krebs, Carsten und Danyel Reiche (1999), *Der Einstieg in die Ökologische Steuerreform, Aufstieg, Restriktionen und Durchsetzung eines umweltpolitischen Themas*, Peter Lang GmbH, Europäischer Verlag der Wissenschften, Frankfurt am Main.

Mann, Fritz Karl (1961), "Finanzsoziologie", in Erwin von Beckerath et al., *Handwörterbuch der Sozialwissenschaften, Bd. 3 Dumönen -Fordwirtschoft*, Stuttgart Gustav Fischer, S.642-648.

Massarrat, Mohssen (2000), *Das Dilemma der ökologischen Steuerreform, Plädoyer für eine nachhaltige Klimaschutzpolitik durch Mengenregulierung und neue globale Allianzen*, Metropolis-Verlag, Marburg.

OECD (2001), *Environmentally Related Taxes in OECD Countries: Issues and Strategies*, Paris, Organisation for Economic Co-operation and Development(環境省総合環境政策局環境税研究会訳、天野明弘監訳(2002)『環境関連税制――その評価と導入戦略』有斐閣).

OECD (2006), *The Political Economy of Environmental Related Taxes*, Paris, Organisation for Economic Co-operation and Development(環境省環境関連税制研究会訳(2006)『環境税の政治経済学』中央法規).

Oepping, Hardy (1995), *Ökologische Steuerreform, Eine mikroökonomisch fundierte Simulationsstudie*, Deutscher Universitäts Verlag, Wiesbaden.

Schmölders, Franz Hermann Günter (1970), *Finanzpolitik 3.Auflage*, Berlin, Göttingen, Heidelberg(山口忠夫訳(1981)『財政政策 第3版』中央大学出版部).

Schneider, Peter (1996), *Umweltsteuern in der Spannung zwischen Lengungsfunktion und fiskalischer Funktion, Bedingungen für eine ökologische Steuerreform*, Galda+Wilch Verlag Glienicke, Berlin.

Schreurs, Miranda Alice (2002), *Environmental Politics in Japan, Germany, and United States*, Cambridge, The Syndicate of the Press of the University of Cambridge(長尾伸一・長岡延考監訳(2007)『地球環境問題の比較政治学――日本・ドイツ・アメリカ』岩波書店).

Schumpeter, Joseph Alois (1942), *Capitalism, Socialism and Democracy*(中山伊知郎・東畑精一訳(1995)『資本主義・社会主義・民主主義』東洋経済新報社).

Soyk, Stefan (2000), *Mineralöl- und Stromsteuerrecht, Die besonderen Verbrauchsteuern auf die Energieverwendung im Rahmen der ökologischen Steuerreform, 2., überarbeitete und erweiterte Auflage*, Verlag C. B. Beck, München.

Staehelin-Witt, Elike und Hansjörg Blöchliger Hrsg. (1997), *Ökologisch orientierte Steuerreformen, Die fiskal- und aussenwirtschaftspolitischen Aspekte*, Eine Publikation des Bundesamtes für Aussenwirtschaft, Verlag Paul Haupt, Bern.

Stiglitz, Joseph E. (1988), *Economics of Public Sector, Second Edition*, W. W. Norton & Company(藪下史郎訳(2001)『公共経済学 上』東洋経済新報社).

Triebswetter, Ursula, Angela Franke und Rolf-Ulrich Sprenger (1994), *Ansatzpunkte für eine ökologische Steuerreform: Überlegungen zum Abbau umweltpolitisch kontraproduktiver*

Einzelregelungen im deutchen Steuerrecht, ifo Institut für Wirtschaftsforschung, München.
Vallender, Klaus A. und Reto Jacobs（2000）, *Ökologische Steuerreform, Rechtlich Grundlagen*, Verlag Paul Haupt, Bern.
Weizsäcker, Ernst U. Von and Jochen Jesinghous（1992）, *Ecological Tax Reform: A Policy Proposal for Sustainable Development*, Zed Books.
Zimmermann, Horst und Kuraus-Dirk Henke（1994）, *Finanzwissenschaft, 7., überarbeitet und ergänzte Auflage*, München, Verlag Franz Vahlen GmbH（里中恆志・篠原章・半谷俊彦・平井源治・八巻節夫訳（2000）『ツィンマーマン&ヘンケ現代財政学』文眞堂）.
赤石孝次・井手英策（2015）「財政思想と財政社会学」池上岳彦編著『現代財政を学ぶ』有斐閣、pp.27-45。
井手英策（2012）『財政赤字の淵源――寛容な社会の条件を考える』有斐閣。
環境庁（企画調整局企画調整課調査企画室）（1997）『地球温暖化対策と環境税「環境に係る税・課徴金等の経済的手法研究会」最終報告』ぎょうせい。
倉地真太郎・佐藤一光・島村玲雄（2016）「環境税は国際協調になぜ失敗したか？――EU, 北欧, オランダを事例に」慶應義塾大学経済研究所DP2016-001。
小林航（2005）「環境税制改革の所得再分配効果と二重配当仮説」『財政研究』第1巻、pp.213-226。
佐藤一光（2010）「環境税の導入過程――ドイツ・シュレーダー政権の成立からエコロジー税制改革の導入法の成立を中心に」日本財政学会第67回大会報告論文。
佐藤一光（2011a）「環境税の導入過程と二重の配当論の再検討――ドイツ・エコロジー税制改革を中心に」日本財政学会編『財政研究 第7巻 グリーン・ニューディールと財政政策』pp.230-249。
佐藤一光（2011b）「ドイツ・エコロジー税制改革の費用負担」環境経済・政策学会2011年大会報告論文。
佐藤一光（2011c）「ドイツ・エコ税を巡る州政府の対応――シュレーダー政権における連邦参議院の議論を中心に」日本地方財政学会第19回大会報告論文。
佐藤一光（2011d）「ドイツ・エコロジー税制改革の発展と限界」日本財政学会第68回大会（成城大学）報告論文。
佐藤一光（2012a）「ドイツ・エコ税を巡る州政府の対応――シュレーダー政権における連邦参議院の議論を中心に」日本地方財政学会編『日本地方財政学会研究叢書 第19号 地方分権の10年と沖縄、震災復興』pp.179-197。
佐藤一光（2012b）「ドイツにおけるエコロジー税制改革の発展と限界」日本財政学会編『財政研究 第8巻 社会保障と財政――今後の方向性』pp.155-177。
佐藤一光（2012c）「ドイツ・財政調整史の一側面――鉱油税を巡る連邦と州の対立」日本地方財政学会第20回大会報告論文。
佐藤一光（2012d）「環境税の日独比較――地球温暖化対策のための税の比較制度分析」環境経済・政策学会報告論文。
佐藤一光（2012e）「環境・エネルギー政策の財政学的分析」日本財政学会第69回大会報告論文。
佐藤滋・古市将人（2014）『租税抵抗の財政学――信頼と合意に基づく社会へ』岩波書店。
神野直彦（2007）『財政学 改訂版』有斐閣。

神野直彦（2009）「環境税は未来の基幹税」『経済セミナー』645号。
関口智（2015）『現代アメリカ連邦税制——付加価値税なき国家の租税構造』東京大学出版会。
関野満夫（2014）『現代ドイツ税制改革論』税務経理協会。
竹内恒夫（2004）『環境構造改革——ドイツの経験から』リサイクル文化社。
爲近英恵・伴金美（2006）「京都議定書遵守による国際的産業構造変化と炭素リンケージ——動学的応用一般均衡モデルによる分析」『大阪大学経済学』Vol.55、No.4、pp.91-105。
朴勝俊（2004）「環境税制改革の「二重の配当」の可能性をめぐって」環境経済・政策学会編『環境税』東洋経済新報社。
朴勝俊（2009）『環境税制改革の「二重の配当」』晃洋書房。
宮島洋（1993＝1997）「環境税（炭素税）の租税論的検討」石弘光編・環境税研究会著『環境税——実態と仕組み 第4刷』東洋経済新報社。
宮本健一（2007）『環境経済学 新版』岩波書店。
諸富徹（2000）『環境税の理論と実際』有斐閣。
諸富徹（2013）『私たちはなぜ税金を納めるのか——租税の経済思想史』新潮社。
八巻節夫（1998）「エコロジカル税制改革の評価」『経済論集』24巻1号、pp.71-93。
八巻節夫（1999）「エコロジカル税制改革の虚実」『経済論集』25巻1号、pp.71-87。

第 2 章

炭素・エネルギー税の日独制度比較

　本章では以下の3点を課題とする。①1998年よりドイツで導入されたエコ税と、2012年より日本で導入された地球温暖化対策のための税の制度構造についてそれぞれ解説する。さらに、②制度比較を行ったうえで、③産業連関分析を用いて価格に与える影響を分析する。

　本章の制度的分析は本書の基礎的情報を提供するだけでなく、環境税の非国庫目的と国庫目的の調和という環境税の財政学的分析における新たなる知見の導出という観点からも重要である。さらに、産業連関分析を用いて日独の環境税が与える価格上昇率の違いについても理解を深めることができる。その際に、日独の環境税の税率の違いだけではなく租税支出の構造が大きく異なっていることが定量的に明らかになる。第3章で政治過程の分析を加える軽減税率が、一体どのような影響を持つものであるのかという理解に資することになる。

1　ドイツ・エコロジー税制改革の制度構造

1.1　ドイツ・エコロジー税制改革の概要

　1998年ドイツ連邦議会選挙においてドイツ社会民主党（Sozialdemokratische Partei Deutschlands: SPD）と緑の党（Bündnis 90/Die Grünen）の勝利によって赤緑連立政権が成立し、ヘルムート・コールを首班とする保守政権からゲアハルト・シュレーダーを首班とする新中道路線へと政権交代が実現した。同政権において実施されたエコ税改革とは、1999年から2003年にかけて成立したエコ税改革の導入法（Gesetz zum Einstieg in die ökologische Steuerreform）、継続法（Gesetz zur Fortführung der ökologischen Steuerreform）、発展法（Gesetz zur

表2-1 ドイツ環境税制改革の概要

成立年	法律名	課税・増税対象	主な減免措置
1999年	導入法	鉱油税： ガソリン（3.07ct） 暖房用軽油（2.05ct） 天然ガス（0.164ct） 電力税（新設）： 電力（2.05ct）	（1）製造業と農林業事業者は20％の軽減税率を適用。 （2）各燃料にかかる税負担がそれぞれ1,000マルク（511ユーロ）を超え、税負担額が社会保険料軽減額分の120％を上回る負担は免除される。
2000年	継続法	鉱油税： ガソリン（3.07ct） 発熱用重油（2.56ct） 電力税： 電力（2.56ct）	
2003年	発展法	鉱油税： 天然ガス（0.202ct） 暖房用重油（0.71ct） 液化ガス（2.23ct）	（1）製造業と農林業事業者に適用されていた軽減税率が20％から60％に引き上げられる。 （2）税負担額が社会保険料軽減額分を上回った負担額の95％が相殺される。

出所：BGBl. I S.378, 1999; BGBl. I S.2432, 1999; BGBl. I S.4602, 2002.
注：ct＝100分の1ユーロ。

Fortentwicklung der ökologischen Steuerreform）を中心とする一連の改革を指す（表2-1）。その主な内容は電力税の新設と鉱油税の引き上げによる増収部分をエコ税とし、その税収により公的年金保険料を引き下げる税収中立的な改革であると理解されている。

　エコ税改革は、①環境消費の価格引き上げ、すなわち環境費用の内部化、②税率の漸次的引き上げとそれに伴う技術革新の促進、③税収中立的改革での労働価格引き下げによる失業の解決という特徴を持ち、この税制改革を通じて環境政策と社会政策の統合が図られたという（Krebs und Reiche1999）。このような特徴は、社会・経済システムの資源・エネルギーの効率性を高め、技術革新や雇用の創出を目指すという「エコロジー的近代化」と結び付けて論じられてきた。

　シュレーダー政権は、脱原発、二酸化炭素の排出削減を目標とし、そのために再生可能エネルギーの利用促進やガス燃料へのエネルギーシフト、エネルギー効率の高いコージェネレーション発電やコンバインドサイクル発電の促進を目論んでいた。その中で、エコ税改革は電力税を新設し、鉱油税率を

表2-2 環境税制改革による税率引き上げ幅の推移

年	1999	2000	2001	2002	2003	2003年の税率(増加率)
ガソリン (ct／ℓ)	3.07	3.07	3.07	3.07	3.07	65.45 (23%)
硫黄課徴			1.53 (50ppm)		1.53 (10ppm)	66.98 (25%)
暖房用軽油 (ct／ℓ)	2.05	—	—	—	—	6.14 (33%)
暖房用重油 (ct／kg)		0.26	—	—	0.71	2.5 (9%)
天然ガス (ct／kWh)	0.164	—	—	—	0.202	0.55 (67%)
液化ガス (ct／kg)	1.278	—	—	—	2.226	6.06 (58%)
電力 (ct／kWh)	1.02	0.26	0.26	0.26	0.26	2.05 (100%)

出所：BGBl. I S.378, 1999; BGBl. I S.2432, 1999; BGBl. I S.4602, 2002.
注：ℓ＝リットル、kg＝キログラム、kWh＝キロワット／時、ppm＝100万分の1。

引き上げることでエネルギー利用を抑制し、以って二酸化炭素排出削減を実現しようとしていた。ドイツでは1997年の京都議定書に基づいて、温室効果ガスを1990年比21％に抑えるという厳しい削減目標が設定されていたからである。具体的な税率は表2-2に記してある。北欧諸国やオランダにおける地球温暖化対策税はしばしば炭素税として導入されたが、ドイツにおいては電力税の新設と鉱油税、特にガソリン課税に重課しているところにその特徴がある。

国際的に見てドイツ・エコ税は実額とGDP比のいずれにおいても最も多くの税収を上げている環境税である。エコ税が多くの税収を上げる理由はその税率の高さにあるが、これは税率を漸進的に上昇させた結果である。ビンスバンガーやヴァイツゼッカーが提唱した「エコロジー税改革」の理論においては、労働に対する課税から環境負荷に対する課税へと徐々に移行するべきであるとされた（Binswanger et al.1978; Weizsäcker and Jesinghous1992; 諸富2000; 竹内2004）。経済・社会に対する影響を軽減し、技術革新を促進すると同時

---

(1) SPDと緑の党の連立協議においては、新設される電力税が1.02 ct／kWh、増税される鉱油税が、ガソリン3.07ct／ℓ、暖房用軽油2.05ct／ℓ、天然ガス0.164ct／kWhといった課税標準と税率、社会保険料0.8％の引き下げが合意されたのであった（SPD und Die Bündnis 90/Die Grünen1998）。

表2-3　エコ税改革の概要とその影響

年	エコ税収とその使途			連邦税収とエコ税収の構成比		年金保険料引き下げ幅（％）
	エコ税税収（億ユーロ）	年金財源（億ユーロ）	環境政策財源（億ユーロ）	金額（億ユーロ）	構成比（％）	
1999	43	45	1	2,210	1.9	0.8
2000	88	84	1	2,284	3.9	0.2
2001	118	112	1.5	2,219	5.3	0.3
2002	143	137	1.9	2,254	6.3	0.2
2003	188	161	1.9	2,273	8.3	0.2

出所：Bundesministerium der Finanzen（2007）; Bundesministerium für Umwelt, Naturschutz, und Reaktorsicherheit（2003）より筆者作成。

に長期的に高い環境税率を実現するための方法として、毎年少しずつ税率を上昇させたのである。その結果として、1999年には公的年金保険料率0.8％ポイントに相当する43億ユーロの税収であったが、2003年には1.7％ポイント相当を上回る188億ユーロの税収を上げるに至った（表2-3）。2003年の付加価値税1％ポイント分の税収が77億ユーロであることを考えると、エコ税は付加価値税約2.4％ポイント分の税収を上げたことになり、エコ税収は連邦税収の8.3％を占めるに至り、財政構造にも少なくない影響があったことが看取される。

　もっとも、地球温暖化対策としての環境税の導入の時期としては欧州の中では後発国に位置している。1970年代末よりエネルギーの利用抑制と経済のエネルギー効率性を高める手法としてのエネルギー課税の必要性が議論されてきたが、産業界の強固な反対と東西ドイツの再統一の影響で、北欧やオランダのように1990年代初頭には環境税を導入することができなかった。

　さらに、環境税の導入に先行した国々においては、さまざまな軽減措置は導入されているものの、二酸化炭素排出抑制のためには最も経済効率的であるとされている、いわゆる炭素税が導入されたが、ドイツにおいては電力税の新設と一部の化石燃料課税の強化という形をとっている。とはいえ、5年間にわたって継続的に税率を上昇させたため、税率は欧州諸国の中でも最も高く、したがって税収も最大規模を誇る税制改革であった。一方で、エコ税改革にはさまざまな減免措置が導入されている（表2-1）。最も大規模な

ものは、製造業に対する税率を5分の1の20％に引き下げる措置である。2003年には軽減税率の引き下げ幅を税率60％まで縮小している。さらに、納税額が1,000ドイツマルク（511ユーロ）を上回る企業で、税負担額が社会保険料軽減分の120％を上回る場合、超過分の100％が免除される。2003年からは税負担額が社会保険料軽減分の100％を上回る場合、超過分の95％が免除されるように改変された。同様の措置が、1999年には農林業に、2000年以降は水産業にも適用されている。

　そのほかにも、鉄道などの公共交通機関への電力税が50％に減額されている。民生部門においては、1999年4月以前に導入された夜間蓄熱暖房について電力税に60％の軽減税率が設定されている。エネルギー転換部門においては、コージェネレーション発電やコンバインドサイクル発電の既存の鉱油税も非課税、再生可能エネルギーからの発電は電力税を非課税、発電用の化石燃料については既存の鉱油税の二重課税を認め、新たに増税されたエコ税分においては電力税との二重課税を排除するために鉱油税を非課税とする措置が取られている。

1.2　エコ税改革の位置づけ──エコロジー的近代化と年金財源

　次に、二重の配当論に基づいたエコ税改革の側面を説明しよう。すなわち、エコ税の税収を用いて公的年金保険料率を引き下げることによって、環境問題を解決するとともに失業問題をも解決するということである。年金保険料率は5年間で1.7％ポイント引き下げられ、年間161億ユーロ相当の賃金付帯費用がエコ税によって賄われることになった。すなわちエコ税は、「労働ではなく資源の消費と環境の負荷に対して合理的にアプローチすることによって、社会の安定と社会国家の財源を得ることができる(2)」というように、社会保障財源として期待されていた。つまり、企業と勤労者にとって賃金付帯費用である社会保険料負担を軽減するための財源としてエコ税は期待されていたのである。

　社会保険の中でも特に公的年金保険料を引き下げなければならなかった理

（2）　SPDのErnst Schwanholdの発言（BT-Protokoll, p.2233）。

由は3つの側面から説明されうる。第1に、長期的に公的年金保険料負担が過大となることが想定されており、連邦政府からの財政移転とそれに伴う税財源が求められていた。第2に、「ドイツの経済立地の強化」のために賃金付帯費用を減少させる必要があった。第3に、公的年金制度の改革として、保険料ではなく税財源の導入の必要性が高まっていたことである。

　第1に、ドイツの一般年金制度の年金財政は第二次オイルショック以降複合的な理由から悪化しており、年金財政再建と支出抑制を柱とした構造改革が続けられてきた。その理由として1980年代より指摘されてきたことは、①高齢化、②雇用情勢の変化、特に失業率の上昇、③1990年のドイツ再統一以降に浮上した問題として東ドイツの統合による給付の増大であった。1998年には20.3％であった公的年金保険料は2030年には26％まで上昇するものと予測されていた。給付の抑制と同時に連邦政府のさらなる財政移転が求められ、そのための大規模な税財源が求められ続けていた。

　第2に、過大な年金保険料が問題視された背景には経済のグローバル化と欧州共同体の深化に伴うドイツの経済立地の問題がある。労働付帯費用の高さが産業の空洞化を招くといういわゆる「立地論争」が失業問題の焦点となっていた。特に問題とされていたのが42％に及ぶ社会保険料であった（SPD und Die Bündnis 90/Die Grünen1998）。

　第3に、社会保険料の中でも特に公的年金保険料が引き下げの対象となった背景にはさらに重要な問題が存在していた。それは、年金制度における少子化対策である「児童養育期間」の導入であった。1986年に導入されたこの制度は子育ての期間を不就労でも平均賃金に相当する額を得ているものとみなし、保険料を納めたものとして算入するというものであった。このことは、[4]

（3）　シュレーダー政権が成立した当時のドイツにおける公的年金制度は一般年金制度として、労働者年金保険、職員年金保険、鉱山従業員年金保険が存在しており、被用者は原則としていずれかの年金保険に加入が義務づけられ、自営業者は一定の条件のもとに保険加入義務を有する。官吏や裁判官、軍人には無拠出の恩給制度が存在している。そのほかに、特別年金制度として農業者老齢扶助（Altershilfe für Landwirte）と専門職保険組合が制度として存在しており、皆年金ではないものの大部分の人口は何らかの制度によってカバーされていた（Bundesministerium für Arbeit und Soziales1990=1993）。ここでの議論は一般年金制度に関するものである。

年金財政への連邦からの財政移転が求められる背景となっていた。

　これら3つの理由はドイツ連邦財政が長期的に抱えていた問題であった。コール政権下の1997年に制定された1999年年金改革法とその関連法では、公的年金保険料の1％引き下げと売上税（付加価値税）1％増税による税収中立的な改革が予定されていた。年金保険料率の引き下げは、コール政権より引き継がれたシュレーダー政権の問題意識であったといえる。たしかに、脱原発や経済的手段の導入など、赤緑政権の環境・エネルギー政策はエコロジー的近代化の進展と捉えることができよう。しかし、労働付帯費用の削減が必要とされ、そのための財源が求められたという財政政策的文脈の中では、むしろシュレーダー政権はコール政権と同じ労働政策の目標を引き継ぐものであったといえる。

2　日本における地球温暖化対策税

　一方、日本における地球温暖化対策税の構造はどのようなものであろうか。その特徴は以下のとおりである。①石油石炭税の増税として設計され、税率は炭素含有量に課税する炭素税型となっている。二酸化炭素トン当たり298円という税率であり、これを炭素トン当たりにすると1,060円という税率である。固有単位による税率は表2－4に記してある。②石油石炭税と同様に、3回に分けて税率の引き上げが行われる。具体的には2012年10月1日、2014年4月1日、2016年4月1日の3回である。③最終的な税収規模は約2,600億円で、そのすべてが現行のエネルギー対策特別会計に繰り入れられる。すなわち、目的税となっている。ただし、一部は地方の財源とすること

（4）　導入時点では1年であったみなし期間は1992年年金改革法によって3年に延長され、1999年年金改革法においてはみなし賃金率を平均賃金の75％であったものを100％に引き上げることになった。
（5）　ただし、2010年度の環境税の具体案で提案されていた、石油石炭税を炭素税化するという方針は棄却されている。具体的には、石炭とガス状炭化水素の間の税率の調整がなされておらず、炭素効率の優れているガス状炭化水素については依然として石炭より重課されたままになっている。なお、石油石炭税を炭素税化するという方針ならば、原油＜ガス状炭化水素＜石炭という税率になる。

表2-4 地球温暖化対策のための税の概要

課税物件	現行税率	2012年10月	2014年4月	2016年4月	最終税率(増加率)
原油・石油製品（1kℓ）	2,040円	+250円	+250円	+260円	2,800円(37%)
ガス状炭化水素（1t）	1,080円	+260円	+260円	+260円	1,860円(72%)
石炭（1t）	700円	+220円	+220円	+230円	1,370円(96%)
税収*	5,460億円	+391億円	+1,564億円	+2,623億円	8,083億円(48%)

出所：環境省発表資料より筆者作成。
注：*現行の税収は2012年度予算、2014年の税収は筆者の推計による。kℓ＝キロリットル、t＝トン。

を2013年度に実施すべく検討するとある。

④免税・還付措置に関しては石油石炭税の構造をそのまま引き継いでいる。具体的には、（イ）輸入・国産石油化学製品製造用揮発油等、（ロ）輸入特定石炭、（ハ）沖縄発電用特定石炭、（ニ）輸入・国産農林漁業用A重油、（ホ）国産石油アスファルト等である。さらに、次の項目に関しては2014年3月31日まで地球温暖化対策のための税によって上乗せされる税率のみ免税・還付措置がある。（イ）苛性ソーダ製造業において苛性ソーダ製造用の電力の自家発電に利用される輸入石炭、（ロ）内航運送用船舶、一定の旅客定期航路用船舶に利用される重油及び軽油、（ハ）鉄道事業に利用される軽油、（ニ）国内定期運送事業用航空機に積み込まれる航空機燃料、（ホ）イオン交換膜法による塩製造業において塩製造用電力の自家発電に利用される輸入石炭、（ヘ）農林漁業に利用される軽油である。

3 日独の制度比較

　以上、ドイツ・エコ税制と日本・地球温暖化対策のための税の構造と特徴を列挙したが、これだけではこれらの環境税の特徴を十分に把握することができない。そこで、環境税としての特徴をより鮮明に浮かび上がらせるために、環境税の日独比較を行う。

表2-5　エネルギー税制の日独税収比較

税率		原油 （ガソリン）	ガス状 炭化水素	石炭	電力	税収	税収／ GDP
			炭素トン		MWh		
日本	既存税率	2,856 (87,941)	1,467	1,104	375	38,439億円	0.82%
	新税	1,060	1,060	1,060	—	2,623億円	0.06%
	移行後税率	3,916 (89,001)	2,526	2,163	375	41,062億円	0.87%
ドイツ	既存税率	7,570 (87,940)	3,475	—	—	282億ユーロ	1.22%
	新税	3,794 (26,921)	4,758	—	228	180億ユーロ	0.78%
	現行税率	11,365 (114,861)	8,233	1,487	228	462億ユーロ	2.00%

出所：平成24年度予算、環境省資料、内閣府GDP統計、Energiesteuergesetz vom 15. Juli 2006（BGBl. I S.1534; 2008 I S.660; 1007）、Stromsteuergesetz vom 24. März 1999（BGBl. I S.378）より筆者作成。

注：為替レートは三菱UFJリサーチ＆コンサルティングによるTTSとTTBの2011年年間平均111.12円で計算した。GDPは名目GDPを利用した。ドイツのデータはエコ税の導入が完了した2003年ではなく、石炭課税が開始された2006年のものである。日本の税収は国税と地方税の合計で、揮発油税、地方揮発油税、石油ガス税、石油石炭税、航空機燃料税、電源開発促進税の合計である。

　日独の制度を比較したものが表2-5である。環境税の導入前の税率に関する日独比較ではガソリン税に関しての税率は類似しているが、原油とガス状炭化水素についてはドイツの方が高く、石炭と電力に関してはドイツでは非課税であったために日本の方が高かったことがわかる。[6]気候変動対策としての新税に関しては、日本は炭素税型となっているが税率が低く、ドイツはガソリンの重課、石炭非課税、電力課税という特徴を持っていたことが見て取れる。このことから、①石炭を含めた純粋な炭素税として地球温暖化対策のための税は設計されたことは再び強調されるべきであるが、②税率という

（6）　とはいえ、この比較は新たに導入された環境税同士のものであり、時間軸や両国の租税構造、経済構造を反映したものではないことに留意が必要である。たとえば、地球温暖化対策税が導入されたタイミングで比較するのであれば、ドイツにおいても電力課税と石炭課税はすでに開始されていることになる。

観点からは高いとはいえないことが見て取れる。他方で、税収規模に関しては環境税の導入前の時点でドイツは日本の1.5倍近い規模の税収を上げ、環境税の規模は10倍以上、結果として導入後のエネルギー税収は2倍以上の規模になっていることが看取される。

　もっとも、ドイツ・エコ税において石炭が非課税で電力に課税されている構造については留意が必要である。ドイツ・エコ税は鉱油税（Mineralölsteuer: 化石燃料課税）の引き上げと電力税の新設によって設計されており、発電用燃料に関しては二重課税を避けるために非課税となっている。鉱油税と電力税の組み合わせが採用された背景には、コールペニヒ（石炭政策のための電力への公課）の廃止に伴い電力への公課が存在しなくなっていたために、新たな財源としてSPDが電力への公課を考えていたからである（Krebs und Reiche1999, pp.113-115）。

　このことは、電力政策における原子力発電政策とかかわりが深い。発電用燃料に関して炭素税は、炭素効率の優れた燃料、すなわち石炭より原油、原油よりガス状炭化水素、そしてそれ以上に再生可能エネルギーに有利に働く。それと同時に、同じ燃料を利用していても、エネルギー効率の優れた設備の租税負担が結果として少なくなる。ところが、原子力発電に関しても非課税となるために、再生可能エネルギーと同様に有利に働いてしまう。このことをウインドフォールプロフィット（棚から牡丹餅）問題と呼ぶ。ドイツ・エコ税においてはこれを回避するメカニズムが、政策意図とは関係なく結果として導入されていたのである。

　日本の環境税導入に先立つ石油石炭税を勘案すると、さらにこの構造は際立つ。2005年からの石油石炭税の成立と税率の上昇に際して、電力課税である電源開発促進税が減税された。電源開発促進税の意義についての議論は別にしても、石油石炭税の構造を引き継いでいる日本の環境税は、③ウインドフォールプロフィットを引き起こす構造にあるといえる。

　さらに、②の税率の低さと関連した特徴が2つある。1つは、④環境政策目的税であり、今1つは⑤軽減措置の少なさということだ。前述のとおり新税は全額が地球温暖化対策のための財源として規定されており、形式上も事実上も特別会計に繰り入れられる目的税である。他方、ドイツ・エコ税は形

式的には一般会計に繰り入れられる普通税である。そして事実上は、部分的には環境政策目的に利用されているものの、そのほとんどは年金保険料率の引き下げのための財源、すなわち社会保障財源であり、さらには財政赤字を補てんするための財源であった。新税の免税措置については上述のとおりであるが、ドイツ・エコ税においては製造業と農林漁業に対して60％の軽減税率が適用されるとともに、全産業に対して年金保険料率の引き下げ分を上回る負担の95％を還付する措置が導入されていた。このことは、高い税率と高い税収を実現しつつ、国際競争力や産業界の反発や職種間の「公平性」配慮するために導入されたものであったが、同時に環境税の持つ費用効率的汚染削減の条件を失わせるものでもあった。

　日独の環境税を根本的に分けているものを考察すると、一般的財政需要に基づいた国庫目的の有無に行きつく。日本においては本書第3章で確認するように、税率を低く抑えるための環境政策の補助金の財源として環境税は位置づけられている。それは、すでに確認したように石油石炭税が用途目的税のための特別会計の財源として位置づけられていたことに由来すると考えられる。他方、エコ税はすでに確認したように社会保険料引き下げの財源として位置づけられたのであった。すなわち、非国庫目的を存在意義の根底に持つ環境税ではあるが、国庫目的と結び付くことではじめて高い税率が実現されることを示している。用途目的税ないし特定財源として位置づけないことが、環境税としての効果の違いを生み出す税収規模の違いの背景として存在していたと考えられるのである。

4　産業連関分析を用いた制度の評価

　本節では、これまで解説したドイツのエコ税と日本の地球温暖化対策のための税について、それぞれ産業連関分析を用いて価格に与える影響を推定する。産業連関表についてはそれぞれの国のものを用いている。もっとも、これまでの解説で明らかなようにドイツと日本の環境税制はその規模や構造のうえで著しく異なっており、それぞれを単純に分析するわけにはいかない。そこで、以下のような問題意識に基づいて、それぞれの制度を別々に検討し

ていく。

　はじめに、ドイツのエコ税についてドイツの産業連関表を用いて分析を加える。上述のとおり、ドイツのエコ税は税収規模は大きいものの、純粋な炭素税型になっておらず鉱油税の増税と電力税の新設によって成り立っている。しかも、さまざまな軽減措置が導入されている。このような軽減措置は、税制を通じた事実上の補助金である「租税支出（tax expenditure）」として認識されうる。そこで、ドイツのエコ税については租税支出の規模や効果について注意を払って分析を進めることにする。

　次に、日本の地球温暖化対策のための税について産業連関表を用いて価格に与える影響を分析する。日本の制度においては租税支出の規模は極めて小さいが、エネルギー統計上分離が困難である自家発電以外の（ロ）内航運送用船舶、一定の旅客定期航路用船舶に利用される重油及び軽油、（ハ）鉄道事業に利用される軽油、（ニ）国内定期運送事業用航空機に積み込まれる航空機燃料、（ヘ）農林漁業に利用される軽油についてモデルに反映させて分析を行う。さらにその際に、ドイツのエコ税との比較を際立たせるために、エコ税と同じ制度構造を日本に導入した場合の価格に与える影響と比較することで制度の特徴を明らかにする。[7]

　さらに、補論としてドイツ・エコ税の所得階級別の直接・間接負担の推計も行う。第5章で論じるように、エコ税改革における「公平性」の問題は、エコ税の負担のあり方というよりも年金保険料率を引き下げる際に年金構造や所得格差を通じて顕在化した。すでに述べたとおりドイツにおける税法学者の見解によれば、個別物品税への課税は能力説から正当化可能であるという。とはいえ、具体的にはどのような負担になっているのか、特に付加価値税との比較でどのような負担の違いが存在しているのか認識する必要がある。

（7）　両国の産業連関表の構造は若干の相違があるために、日独の産業連関表を用いた分析結果を単純に比較することはできない。そのうえ、ドイツにおいては産業連関表に準拠したエネルギー利用のデータが存在するが、日本においては存在しないためエネルギー利用表と産業連関表を調整する手続きが必要になる。さらに、そもそもの税収規模が異なるために、価格上昇の程度を比較することもできない。このような理由で、産業連関表を用いた比較としては日本にドイツの制度を導入した場合の価格上昇率の順位の違いを比較することで、それぞれの制度の持つ特徴を明らかにしたい。

日本における所得階級別の負担に関しては良質な研究が存在しているため本書では分析を行わない。そのため、所得階級別の分析は本章の補論とした。

エコ税改革の効果についての分析は、ドイツ経済研究所のシュテファン・バッハが中心となってまとめられたものがある。バッハらの研究はエコ税改革を中心として、シュレーダー政権のさまざまな税制改革の効果を推計することにある。Bach *et al.*（2001）の結論はエコ税改革の評価に関するもので、改革による二酸化炭素排出の削減量、雇用に与える影響、GDPに与える影響を推計している。もっとも、同論文は2003年の大きな制度変更以前の研究であり、重要な制度変更をモデルに組み込んでいない。Bach（2005）においては、2003年の制度変更を勘案したうえで、租税負担について分析を行っている。同論文はエコ税改革の3つの法律ごとの税収を分離して推計しているところに特徴があり、2002年までは産業と家計の間での負担の不均衡が存在していたが、2003年の制度変更によってその不均衡が緩和されたことを明らかにしている。

Kohlhaas（2005）においては、エコ税改革の環境に与えた影響を推計している。また、ドイツ産業連関表の取り扱いを詳述した良永（2001）と二酸化炭素排出を分析した良永（2004）も重要な先行研究であるが、分析の方法については以下の研究が重要である。産業連関表を用いた環境税の費用負担分析は、日本における地球温暖化対策税の提案を対象として推計を行った、藤川（2002）、藤川・渡邉（2004）、下田・渡邉（2006）が存在する。次項ではこれらの先行研究と同様の手法で産業連関分析を行うことにする

4.1 産業連関分析の手順

本章の産業連関表を用いた分析方法は以下の推計手順を踏む。

① エネルギー利用量の推計
② 環境税モデルの設定

（8） たとえば、藤川・渡邉（2004）を参照のこと。
（9） これらの研究の概要は、諸富（2003）、朴（2009）を参照のこと。
（10） 日本の制度導入への分析については、中央環境審議会（2006）も参照のこと。

③ 産業連関表を用いた価格上昇率の推計

なお、ドイツ・エコ税の制度については補論において所得階級別の負担を推計するために、もう1つの手順を踏んでいる。

④ EVSを用いた家計に与える影響の推計

ドイツのエコ税については、政策効果のうち軽減措置の与えた効果に着目する。そこで本節では、エコ税改革に軽減税率が導入されることによって生じた、①税収の減少、②価格の変動、③再分配効果を明らかにする。このことは、財政（政府経済）、生産構造、家計に対して税制改革がどのような影響を持ったのかという問題意識に基づいている（静岡大学経済・税法研究者の会1988）。具体的には、以下の5点をモデルに組み込んでその影響を分離・分析する。

① 製造業に対する軽減措置
② 農林水産業に対する軽減措置
③ 公共交通機関に対する軽減措置
④ 年金保険料の減額分を超えた部分に関する還付
⑤ 二重課税を排除するための非課税措置

次に、産業別・エネルギー源別の利用量の経年データが必要となる。ドイツデータに関してはStatistisches Bundesamt（2008）を利用する。同統計においては産業連関の分類に従ってエネルギー源別の利用量が存在しているものの、1995年、2000年、2006年についての産業別・エネルギー源別の利用量データしか存在していない。そこで、2000年のデータを基本として（Tabelle 5.2.3.2）、エネルギー源別の利用量の経年変化（Tabelle 5.2.1.2）と産業別のエネルギー利用量の経年変化（Tabelle 5.2.2.2）を掛け合わせることで経年の産業別・エネルギー源別利用量を推計した。推計した産業別のエネルギー利用量を足し合わせると、実数値と±3％程度の誤差が発生していることを確認している。さらに、エネルギー量（ジュール、J）で表現されているエネルギー利用量をそれぞれ物量に転換した。その際、エネルギーバランス協議会[11]

の定義に基づいて計算を行った。

　日本のエネルギー利用のデータは資源エネルギー庁の発表している『エネルギー総合統計』の2010年度のエネルギーバランスを用いた。同統計においては産業連関における産業分類とは異なる区分を有している部分がある。そこで、産業連関表の部門を統合することによって計算が可能になるように対応した。[12]

　エコ税改革のモデルでは、軽減措置として以下の部分が組み込まれている。そこでモデルにおける具体的表現方法を記しておいた。なお、1999年に関しては4月からエコ税が導入されたため、エネルギー使用量の4分の3に対して課税している。

① 鉱油税増税と電力税新設
　　表現方法：利用量に税率をかける
② 製造業への20%（2003年は60%）の軽減税率
　　表現方法：税収の80%（40%）の補助金
③ 農林業への20%（2003年は60%）の軽減税率（2000年からは水産業も）
　　表現方法：税収の80%（40%）の補助金
④ 公共交通機関の電力税に50%の軽減税率
　　表現方法：税収の50%の補助金
⑤ 年金保険料の減額分を超えた部分に関する還付[13]
　　表現方法：部門ごとに保険料率の減少による金額を算出し、軽減税率が適用された後の当該部門のエコ税負担額がその120%（100%）を超過する部分の100%（95%）の補助金
⑥ 二重課税を排除するための非課税措置
　　表現方法：電力部門の鉱油税の100%の補助金

---

(11)　Arbeitsgemeinschaft Energiebilanzen.〈http://www.ag-energiebilanzen.de/〉
(12)　利用した産業連関表は平成17年（2005年）産業連関表の基本表（購入者価格）108部門表である。エネルギー総合統計と合わせて計算する都合上、46部門に変換した。
(13)　1999年の産業別の賃金データが欠損している。そのため2000年と2001年の産業別賃金データを用いて線形で推計しており、誤差が大きい可能性があることを付記しておく。

表2-6　エコ税の税率表（モデルに反映させたものを抜粋）

(ユーロ)

年	1999	2000	2001	2002	2003
ガソリン・ディーゼル（1,000ℓ）	30.7	61.4	92.0	122.7	153.4
発熱用軽油（1,000ℓ）	20.5	20.5	20.5	20.5	20.5
発熱用重油（1,000kg）	0.0	2.6	2.6	9.7	9.7
天然ガス（1MWh）	1.6	1.6	1.6	3.7	3.7
電力（1MWh）	10.2	12.8	15.3	17.9	20.5

出所：Bundesministerium für Umwelt, Naturschutz, und Reaktorsicherheit（2003）、BGBl I S. 378、S. 2432、S. 4602より筆者作成。
注：ドイツマルクをユーロに変換する際に生じた端数を四捨五入してある。本章の分析においては、四捨五入はせずに計算した。

表2-7　軽減措置表

	期間	軽減措置	モデルでの表現
製造業* 農林業**	1999-2002	20%の軽減税率	80%の補助金
	2003以降	60%の軽減税率	40%の補助金
	1999-2002	税負担額が社会保険料軽減分の1.2倍を上回る場合、超過分の100%が免除	超過分の補助金
	2003以降	税負担額が社会保険料軽減分の1.0倍を上回る場合、超過分の95%は免除	超過分の95%を補助金
公共交通	1999以降	電力税に50%の軽減税率	50%の補助金
エネルギー転換	5年間	コージェネレーション、高効率コンバインド発電は既存の鉱油税も非課税	不可
	1999以降	再生可能エネルギーによる発電の電力税は非課税	不可
	1999以降	発電用の鉱油税はエコ税分に限って非課税	発電部門のエコ税と同額の補助金
民生	1999-2006	99年4月以前に導入された夜間蓄熱暖房について電力税に60%の軽減税率	不可

出所：中央環境審議会（2004）、BGBl I S.378、S.2432、S.4602より筆者作成。
注：*ドイツ連邦統計局の産業分類（CPA）において鉱業、加工業、建設業、電気・ガス・熱供給・水道業に属するもの（Nr.10-45）。
　　**2000年からは水産業も同様の軽減税率が適用されている。

日本の地球温暖化対策のための税に関しても同様に、軽減税率を事実上の補助金として分離して計算した。なお、新たに導入された制度の効果を比較するために、電源開発促進税はモデルに組み込んでいない。エコ税モデルを日本の産業連関表に当てはめる際には、製造業と農林水産業に対して60%の軽減税率、鉄道の電力税に50%の軽減税率、二重課税を排除するための措置の3点をモデルに組み込んだ。後に確認するように、ドイツ・エコ税においては⑤の年金保険料の減額分を超えた部分に関する還付措置が大きく働いているが、モデルに組み込んでいないことに留意する必要がある。

4.2 産業連関モデル

環境税と軽減措置による価格変化は、産業連関分析の均衡価格決定モデルで推計される。産業連関分析の均衡価格決定モデルは以下のとおりである。j産業の供給額をX_jとして、i産業からj産業への投入額をZ_{ij}、j産業の付加価値額をV_jとすると、（1）式のような各産業の収支バランス式が成立する。

$$X_j = \sum_i Z_{ij} + V_j \tag{1}$$

両辺を生産量で除すると、左辺はj産業の価格（P_j）、右辺はi産業からの投入財の価格P_iと投入係数（単位生産物当たりの投入物量、a_{ij}）との積和、及び付加価値率（単位生産物当たりの付加価値額、v_j）の合計となる。

$$P_j = X_j/X_j = \sum_i X_{ij}/X_j + V_j/X_j = 1$$
$$\equiv \sum_i P_i a_{ij} + v_j \tag{2}$$

（2）式はn産業数について成り立つので、産業数と同じn本の連立方程式の解が全産業の価格ということになる。産業連関分析での標準的表記方法に従って記述すれば、以下の行列式で表現される。ただし、pとvは各産業の価格と付加価値率を表すベクトル、Aは投入係数を表す行列で、Bはレオンチェフ逆行列である。

$$p = pA + v$$
$$p - pA = v$$
$$p = v(I-A)^{-1} \equiv vB \qquad (3)$$

　各産業の税額・補助金額率ベクトルに右からレオンチェフ逆行列をかけることによって、当該産業以外の全産業の負担が間接的に推計される。ただし、産業連関分析ではミクロ経済学で説明される供給ショックによる価格上昇は均衡生産量を減少させるという状況を想定しておらず、推計結果は過大である可能性が高い（藤川・渡邉2004）。ここでの推計値はありうる価格ショックの最大値と見るべきであろう。

　環境税の価格ショックを推計するためには、各産業の課税額・補助金額 (t_j) を決定し、税額・補助金額率（$\tau_j = t_j / X_j$）を計算する。レオンチェフ逆行列を右からかけられた課税後の価格の変化は以下のように表される。

$$\Delta p = (v + \tau) B \qquad (4)$$

　以上の手順で産業別商品の価格上昇率が推計される。

　ここで、ドイツ産業連関表の特徴についても若干触れておきたい。ドイツ産業連関表の産業部門分類に関しては、基本的にEC標準産業分類に基づいており、日本の産業連関表と比べると、①石炭は、採掘と加工を１つの部門としている、②鉄鋼・金属関係が複雑な分類をとっている、③鉄道車両は輸送機械ではなく鋼構造品に分類されている、④道路輸送機械は自動車だけではなく、自転車や乳母車なども含まれている、⑤電線・ケーブルは電気機械に含まれる、⑥運送関連部門は鉄道運輸、海上運輸、郵便通信、その他の運輸に分かれている、⑦放送と出版業はその他のサービスに含まれる、⑧獣医業は医療サービスに含まれる、などといった違いが存在している。[14]

　さらに、産業分類以外でも、①副産物の処理、帰属利子の処理、②家計外消費支出の処理、③時価輸送の処理、付加価値税の処理などに違いがある

---

(14)　良永（2001）。同書は詳細に産業連関表の日独比較を行った研究であるが、その分析から10年の間にドイツ産業連関表は若干の改変が加えられており、再び産業連関表の日独比較を整理する必要がある。

(良永2001、p.33 ff)。

　ドイツ産業連関表のこれらの特徴の中で、産業連関表の日独比較を目的としていない本章において重要なものは自家輸送の処理である。自家輸送部門を仮設部門として独立させている日本とは異なり、ドイツ産業連関表においては各部門に分散して合計してある。エネルギー利用の分類も同様である。したがって、各産業のエネルギー消費が動力用燃料への課税と関係する輸送にかかわるものなのか、発熱用燃料への課税と関係する自家発電や熱供給に関連するものなのかわからないという問題が生じる。そこで本章では分類が不能なものに関しては（具体的には天然ガス）、すべて発熱用として処理している。そのため、税収が過小になっている可能性が高いことを付記しておく。

5　ドイツ・エコ税の推計結果

5.1　ドイツ・エコ税におけるエネルギー利用量と税収

　表2－8はエネルギー利用量、表2－9は税額・減収効果の推計結果である。エネルギー利用の傾向について、ガソリンは顕著に減少しているが、ディーゼルと発熱用燃料は継続的な傾向が存在しない。その一方で、天然ガスの利用は増加しており、電力の利用量は抑制的といえる。家計と産業の傾向は、ガソリン、軽油は家計、ディーゼル、重油、ガス、電力は産業で多く利用されており、産業におけるエネルギー利用の削減が顕著である。

　税収における軽減税率を勘案しない税額は、1999年で74.2億ユーロ、2000年には140.1億ユーロ、2001年には182.1億ユーロ、2002年には234.1億ユーロ、2003年には279.2億ユーロに達している。軽減措置による減収効果は全体で、1999年で29.5億ユーロ、2000年には53.0億ユーロ、2001年には65.3億ユーロ、2002年には83.1億ユーロ、2003年には93.0億ユーロとなっている。軽減措置による減収効果は、2002年までは製造業に対する20％の軽減税率が最大で、2003年には年金保険料引き下げとの差額の95％還付措置が最大となっている。軽減税率を20％から60％に引き上げたことにより、還付額は増額し、ガス・熱供給、金属製品、ガラス・陶磁器、紙製品などの分野で新たに還付がなされるに至っている。[15]

表2-8 エネルギー利用量

年		ガソリン (10万kℓ)	ディーゼル (10万kℓ)	発熱用軽油 (10万kℓ)	発熱用重油 (10万t)	天然ガス (10万GWh)	電力 (10万GWh)	合計 (10万TJ)
1999	生産	109.8	273.6	156.7	117.9	5.1	4.0	56.7
	家計	363.5	67.9	212.6	0.0	2.3	1.3	34.7
2000	生産	106.5	260.6	151.5	112.0	6.1	4.2	48.8
	家計	341.7	64.6	199.3	0.0	2.6	1.3	18.3
2001	生産	102.8	269.0	170.0	125.7	5.6	4.2	26.2
	家計	358.2	72.5	242.9	0.0	2.6	1.4	18.1
2002	生産	100.0	263.1	150.4	111.2	5.9	4.2	26.5
	家計	337.3	68.6	208.0	0.0	2.7	1.4	17.0
2003	生産	98.3	273.0	150.8	111.5	6.6	4.4	29.3
	家計	326.1	70.0	205.2	0.0	3.0	1.4	18.0

出所：Statistisches Bundesamt（2008）, Tabelle 5.2.1.2, Tabelle 5.2.2.2, Tabelle 5.2.3.2より筆者作成。

表2-9 税額・減収効果

（億ユーロ）

	年		1999	2000	2001	2002	2003
税収	合計		74.2	140.1	182.1	234.1	279.2
		生産過程	48.4	90.1	111.6	145.8	174.9
		家計消費	25.8	50.0	70.5	88.3	104.3
軽減措置	合計		29.5	53.0	65.3	83.1	93.0
		製造業	23.6	42.0	49.7	64.1	38.5
		農林業	0.9	1.7	2.4	3.0	1.8
		公共交通	0.4	0.7	0.9	1.0	1.2
		差額還付	3.1	6.2	10.1	13.6	46.1
		発電用燃料	1.4	2.3	2.2	4.9	5.5
差し引き			44.7	87.1	116.7	147.5	186.2
実数値			43	88	118	143	186
減収割合	全税収		40%	38%	36%	37%	33%
	生産過程		61%	59%	59%	59%	53%

出所：Bundesministerium für Umwelt, Naturschutz, und Reaktorsicherheit（2003）; Statistisches Bundesamt（2007; 2008）より筆者作成。

農林業や公共交通への軽減税率による税の減収効果は少なく、発電用燃料の非課税化による減収効果はやや多い。軽減措置を計算に入れた税収の合計

は、1999年で44.7億ユーロ、2000年には87.1億ユーロ、2001年には116.7億ユーロ、2002年には147.5億ユーロ、2003年には186.2億ユーロとなっており、実際の税収との誤差は4.0％から－1.1％の間に収まっている。軽減税率の導入による減収効果は、全税収に対して1999年で40％、2000年には38％、2001年には36％、2002年には37％、2003年には33％となっており、約3分の1の税収に相当する金額が、事実上の補助金である租税支出として設定されていることを意味している。さらに、これらの軽減措置が産業に対するものであることを考慮して産業に対する税収の損失割合を見ると、1999年で61％、2000年から2002年にかけては59％、2003年には53％となっており、租税負担は半分以下に抑えられていることが看取される。

エコ税改革における産業別の負担についての分析はこれまでも行われてきたが、軽減措置の設定によってこれほど多くの税収が失われていたことが本章の分析によって明らかになった。さらに、このような租税支出は、産業間に大きな負担の不均衡を発生させていることに注意する必要がある。すなわち、ドイツ・FITにおいても問題となっていたように、特定産業への補助を他の産業が負担する構造が発生していることを示している（第7章）。

5.2　ドイツ・エコ税の産業別価格上昇率

次に、産業連関分析を通じた産業別の価格上昇率を確認する。まず、表2－10は部門ごとの年金保険料引き下げの差額である。年金保険料の算出には産業連関表の賃金を利用したが、ドイツにおいては皆保険ではなく特に低所得層が保険に加入していない場合があるために過大な推計となっている可能性がある。マイナスが負担の減少、プラスが負担の増加を表している。同表からさまざまなことを読み取ることができるが、特に重要なことは製造業であっても軽減措置が機能して負担の減少となっているのが看取されることである。他方、労働集約的である第3次産業においては軒並み大幅な負担の減少が確認できる。さらに、2003年の発展法による軽減措置の縮小は農業やい

---

(15)　本章では深く立ち入らないが、2003年の改革によって最も負担が増加したのは、比較的労働集約的な製造業の分野であると考えられる。もっとも、2002年まではエコ税改革による負担よりも受益が大きい産業ほど、負担の増加が多かったからである。

表2-10　エコ税負担と年金保険料率引き下げの差額

(1,000万ユーロ)

年		1999	2000	2001	2002	2003
01	農業製品	－16	－54	－62	－63	121
02	林業製品	－4	－10	－13	－10	－4
05	水産品	2	－0	－0	－0	2
10	石炭や泥炭	－2	－23	－34	－32	48
11	石油、天然ガス	－0	－2	－1	－1	11
12-14	鉱業	－4	－15	－21	－24	4
15	食品等	－63	－193	－263	－305	－31
16	タバコ	－1	－6	－11	－10	－4
17	織物	－10	－33	－45	－47	7
18	衣料	－9	－21	－23	－27	－10
19	皮革製品	－3	－8	－10	－11	－4
20	木材製品	－17	－45	－55	－63	27
21	紙製品	14	－13	－31	－24	206
22	出版、メディア	－59	－134	－164	－192	－96
23	コークス、石油精製製品、核燃料	54	89	115	154	533
24	化学製品	－1	－117	－184	－152	441
25	ゴム、プラスチック	－40	－125	－176	－191	－8
26	ガラス、陶磁器	－13	－72	－103	－99	100
27	金属製品	32	－19	－57	－24	470
28	金属生産	－116	－300	－413	－453	－245
29	機械	－220	－545	－750	－850	－605
30	事務機器やコンピュータ	－14	－30	－35	－38	－31
31	電気機械、流通など	－114	－264	－344	－430	－290
32	ニュース、ラジオ、テレビ、電子デバイス	－42	－95	－118	－136	－86

		1999	2000	2001	2002	2003
33	医療、計測、制御、光学製品、時計	－67	－154	－199	－225	－187
34	自動車や自動車部品	－157	－422	－602	－694	－438
35	他の車（水、鉄道、航空機など）	－30	－75	－102	－121	－80
36	家具、宝石、楽器、スポーツ用品、玩具など	－44	－102	－130	－139	－82
37	二次原料	－1	－4	－6	－8	1
40.2、40.3	ガス、熱供給	76	－25	－41	－16	998
41	水道	－3	－14	－19	－21	13
45	建設	－353	－747	－895	－978	－653
50	自動車サービス	－35	－164	－220	－261	－175
51	卸売	－180	－525	－691	－748	－585
52	小売	－80	－437	－592	－661	－481
55	ホテル、レストラン	17	－95	－143	－164	－112
60.1	鉄道	55	62	85	110	139
60.2、60.3	その他の輸送	169	253	436	584	791
61	配送サービス	23	43	64	89	111
62	航空サービス	－13	－31	－43	－46	－47
63	サービス業への補助輸送	119	176	313	424	589
64	メッセージサービス	－22	－93	－108	－102	－33
J（65-67）	金融	－197	－536	－721	－848	－739
K（70-74）	不動産など	－437	－1,136	－1,594	－1,825	－1,555
L（75）	公共サービス	－319	－928	－1,219	－1,429	－1,218
M（80）	教育	－319	－821	－1,101	－1,281	－1,124
N（85）	医療	－299	－844	－1,140	－1,336	－1,169
O（90-99）	その他	－19	－221	－260	－218	－63

出所：Statistisches Bundesamt（2007; 2008）より筆者作成。

表2-11 商品別価格上昇率

(%)

	1999年		2000年		2001年		2002年		2003年	
1	電力	0.9	電力	1.6	陸運	1.8	陸運	2.4	電力	5.9
2	鉄道運輸	0.7	陸運	1.2	電力	1.5	補助輸送	1.8	石炭等	3.3
3	陸運	0.5	鉄道運輸	1.1	補助輸送	1.5	電力	1.7	陸運	3.0
4	漁業	0.5	補助輸送	0.9	鉄道運輸	1.4	水運	1.7	補助輸送	2.3
5	補助輸送	0.4	水運	0.8	水運	1.2	鉄道運輸	1.7	水運	2.3
6	石炭等	0.4	空運	0.4	卸売	0.5	卸売	0.6	加工燃料	2.1
7	水運	0.4	石炭等	0.3	石炭等	0.4	空運	0.6	鉄道運輸	2.1
8	加工燃料	0.3	飲食・宿泊	0.3	その他のサービス	0.4	その他のサービス	0.6	金属等	2.0
9	金属等	0.3	卸売	0.3	空運	0.4	石炭等	0.5	製紙等	1.8
10	製紙等	0.3	自動車関連	0.3	自動車関連	0.4	小売	0.5	ガラス等	1.4

11	空運	0.2	その他のサービス	0.3	小売	0.4	飲食・宿泊	0.5	化学製品	1.3
12	化学製品	0.2	小売	0.3	飲食・宿泊	0.4	自動車関連	0.5	繊維製品	1.1
13	飲食・宿泊	0.2	金属等	0.2	情報・通信	0.3	金属等	0.4	木製品	1.1
14	ガラス等	0.2	情報・通信	0.2	金属等	0.3	情報・通信	0.4	ゴム製品等	1.0
15	小売	0.2	ガラス等	0.2	ガラス等	0.3	ガラス等	0.4	空運	1.0
16	原油・天然ガス	0.2	製紙等	0.2	その他の鉱業	0.3	製紙等	0.3	ガス・熱供給	1.0
17	自動車関連	0.2	一般政府サービス	0.2	製紙等	0.3	その他の鉱業	0.3	その他の鉱業	1.0
18	繊維製品	0.2	その他の鉱業	0.2	漁業	0.3	一般政府サービス	0.3	衣料品	0.9
19	その他のサービス	0.2	道路輸送機械	0.2	一般政府サービス	0.3	食料品等	0.3	金属製品	0.8
20	飼売	0.2	漁業	0.2	皮革製品	0.2	漁業	0.3	皮革製品	0.8

出所：Statistisches Bundesamt (2007; 2008) より筆者作成。

くつかの製造業において受益の発生から負担の発生へと変化させたことが見て取れる。もともとエコ税を負担していた製造業においても同様の傾向であり、「コークス、石油精製製品、核燃料」部門では大きく負担を上昇させている。

　他方で、産業を絞った軽減措置が導入されている「鉄道」部門においては、それでもなお負担が発生していたことがわかる。とはいえ、ガソリンやディーゼル燃料を利用する「その他の輸送」部門においては極めて高い負担となっていることから、軽減措置の導入によって比較的低い負担で済んでいると解釈することができる。

　次に、エコ税による負担分を産業連関表を通して求めた価格上昇率を見ることにする。表2－11に価格上昇率の高い方から20産業を記してある。電力と運輸関連の産業が軒並み高い価格上昇率を示している。サービス業においては、軽減税率が適用されていないため、その他のサービス、卸売、小売、一般政府サービスなどが高い上昇率を見せている。1999年においては、漁業に軽減税率が適用されておらず、高い価格上昇率を示している。

　運輸関連産業は軽減税率が適用される前はそれほど高い価格上昇率を示していないが、軽減税率の影響は間接的なものに限定されるため、価格上昇の抑制効果は限定的であり、エコ税改革全体では高い価格上昇率を示すに至っていることが看取される（付表1～5を参照のこと）。2003年の制度変更によって、石炭等、加工燃料、金属等、製紙・紙製品などの価格上昇率が上がり、相対的にはサービス業の価格上昇率が低くなっていることが見て取れる。

　なお、本章の末尾に付表として各年の産業連関分析による価格上昇率を記しておく。特に、2003年の発展法によって租税支出の構造と負担構造が大きく変化したことが看取されよう。ドイツにおいては、大規模な軽減措置が設けられているために、産業間の負担の順位が変わってしまい、不公平であるという議論が存在する。この問題は、「公平性」に関する議論を避けてきた再生可能エネルギー政策においてその傾向が強い。この問題に関しては、第5章を参照されたい。

表2-12 日独環境税制の税収推計

(10億円)

	2010年度予算	現行制度による推計	地球温暖化対策のための税		ドイツモデル	
					エコ税分	現行制度
揮発油税	2,852	3,115	—			
石油ガス税	24	20	—	ガソリン	924	3,940
航空機燃料税	91	104	—	軽油	496	1,528
石油石炭税 内原油		283	106	軽発熱油	398	1,227
石油石炭税 内石炭	480	59	43	重発熱油	155	465
石油石炭税 内ガス		81	77	ガス	48	104
電源開発促進税	349	374	—	電力	1,764	1,764
軽油取引税	843	531	—	石炭	—	897
総税収	4,639	4,679	226		3,243	7,501

出所：エネルギー総合統計をもとに筆者推計。

6 日本・地球温暖化対策のための税の推計結果

　本節では、日本・地球温暖化対策のための税についての産業連関分析を行うとともに、日本にドイツのエコ税と同様の制度を導入した場合のシミュレーションを行う。表2-12はエネルギー総合統計をもとに、①日本における現行のエネルギー税制と②地球温暖化対策のための税、③ドイツのエコ税（増税分）、④ドイツの現行のエネルギー税制の制度構造のもとで、どの程度の税収が発生するか推計したものである。これまでの議論より十分に予測可能なことであるが、新税の税収はかなり少ないといえる。一方で、これまでの日本のエネルギー税収とドイツのエコ税導入前のエネルギー税収を比較すると、そこまで大きな違いがないことが見て取れる。むしろ、ドイツのエネルギー税の構造はエコ税の導入により大きく変わっていたことが示唆されよう。仮にドイツのエコ税を日本に導入したとすると約3.2兆円の税収を発生させることがわかる。このような比較から地球温暖化対策のための税を評価するならば、14倍もの税収の違いが存在しており、その規模の小ささが際立つことになる。

表2-13　租税支出の日独比較

(億円)

地球温暖化対策のための税		ドイツ・エコ税モデル	
農林業用灯油	1.47	産業用軽減措置	2,815
鉄道用軽油	1.43	鉄道用軽減措置	184
船舶用軽油・重油	31.6	発電用燃料非課税	17
航空機用燃料	22.54	伝熱併給用戻し税	45
総額	57.04	総額	3,061
税収ロス割合	2.9%	税収ロス割合	8.4%

出所:エネルギー総合統計をもとに筆者推計。

　次にそれぞれの制度のもとで発生する租税支出の規模について推計を試みた（表2-13）。日本・地球温暖化対策のための税にしても、ドイツ・エコ税モデルにしてもすべての租税支出を反映できたわけではない。特に、エコ税における保険料減額分との差額還付という大規模な租税支出は、二重の配当を基礎としなければ意味をなさないために反映させていない。それゆえ、ドイツの租税支出が大幅に過小評価されているが、それでも日独の制度構造の違いがここにも表れている。地球温暖化対策のための税における租税支出で最大のものは航空機燃料に対するもので約22億円にとどまっており、総額で57億円、税収ロスの割合は2.9%にすぎない。他方で、ドイツ・エコ税モデルを導入した場合は産業に対する60%の軽減税率が非常に大きく2,815億円に上っている。全体の税収規模が14倍以上あることを勘案しても、大規模な租税支出である。税収ロス割合も8.4%に上っており、制度比較で分析した租税支出の大きさの違いが定量的に示されている。

　次に産業連関表を用いて、それぞれの制度の導入による価格変化の推計を行った。表2-14が地球温暖化対策のための税、表2-15がドイツ・エコ税モデルの価格上昇率を示したものである。なお、日本モデルの既存税とは揮発油税（地方も含む）、軽油取引税、ジェット燃料税、電源開発促進税、石油石炭税で、新税とは石油石炭税に上乗せされた地球温暖化対策のための税を指す。ただし、両モデルにおいて価格上昇率に大幅に差があるのは、もともとの税収規模が違うからであり、あまり意味をなさないことに留意が必要で

ある。

　地球温暖化対策のための税において価格上昇率が高いのは、貨物利用運送（トラック等）、銑鉄・粗鉄、石油化学基礎製品、鋼材、化学繊維となっている。この順位は、おおむね石油石炭税の価格上昇率と類似しているが、相対的に石炭が重課され原油が軽課される構造にあるため自家輸送部門が低い価格上昇率となっている。また、既存税と比較しても同様の理由で自家輸送部門が低いことが見て取れる。なお、租税支出に関しては貨物利用運送部門においてのみ数値に表れているが、負担の順位を変動させるほどのものではない。地球温暖化対策のための税において価格上昇率が低いのは不動産、金融保険、鉄道輸送、教育・研究といった分野である。電力が非課税で、数値には表れていないが租税支出も設定されているため、鉄道輸送部門が低い価格上昇率となっていることが特徴的である。

　一方、ドイツ・エコ税モデルを導入した場合に価格上昇率が高いのは、貨物利用運送、自家輸送、その他の鉄鋼製品、銑鉄・粗鋼、化学繊維の順番である。地球温暖化対策のための税との比較で特徴的なのは、自家輸送の順位が高くなっていることと鉱業の順位が高くなっていることである。炭素税と比較して相対的にガソリンとディーゼル燃料を重課していることが端的に表れている。租税支出の影響はその他の鉄鋼製品や化学繊維などで大きく、しばしば部門別の負担の順位を入れ替えていることが見て取れる。このことは、日本においても大規模な軽減措置を導入する場合は産業間の負担の「公平性」に関する問題が発生することを示唆している。

表2-14 価格上昇率の推計(地球温暖化対策のための税)

		既存税	石油石炭	新税	租税支出	新税合計
1	貨物利用運送	162.67	13.09	4.88	0.39	4.49
2	銑鉄・粗鋼	3.06	1.08	0.95	0.00	0.95
3	石油化学基礎製品	3.61	1.19	0.76	0.00	0.76
4	その他の鉄鋼製品	2.39	0.70	0.57	0.00	0.57
5	鋼材	2.04	0.60	0.52	0.00	0.52
6	化学繊維	2.01	0.75	0.48	0.00	0.48
7	自家輸送	29.87	1.09	0.42	0.00	0.42
8	有機化学工業製品(含化学肥料・合成樹脂)	2.13	0.50	0.31	0.00	0.31
9	陶磁器・その他	1.72	0.38	0.27	0.00	0.27
10	パルプ・紙・板紙・加工紙	1.54	0.37	0.24	0.00	0.24
11	鋳鍛造品	1.37	0.29	0.23	0.00	0.23
12	セメント・セメント製品	3.03	0.29	0.20	0.00	0.20
13	その他の製造業	1.71	0.27	0.17	0.00	0.17
14	水産	1.41	0.37	0.15	0.00	0.15
15	鉱業	8.12	0.35	0.15	0.00	0.14
16	非鉄金属	1.61	0.20	0.14	0.00	0.14
17	石油・石炭製品	3.95	0.25	0.12	0.00	0.12
18	一般産業機械	0.90	0.15	0.11	0.00	0.11
19	ゴム製品	1.05	0.15	0.09	0.00	0.09
20	輸送機械	1.01	0.13	0.09	0.00	0.09
21	建築・建設等	1.71	0.15	0.09	0.00	0.09
22	無機化学工業製品・その他	1.07	0.14	0.09	0.00	0.09
23	紙加工品・印刷等	0.97	0.13	0.08	0.00	0.08

(%)

		既存税	石油石炭	新税	租税支出	新税合計
24	ガラス・ガラス製品	1.40	0.14	0.08	0.00	0.08
25	電気機械	0.91	0.10	0.07	0.00	0.07
26	農林	1.39	0.13	0.06	0.00	0.06
27	なめし革・毛皮・同製品	1.16	0.10	0.06	0.00	0.06
28	電気・ガス事業	2.40	0.12	0.05	0.00	0.05
29	食料・飲料・飼料・たばこ	1.02	0.11	0.05	0.00	0.05
30	分類不明	1.51	0.05	0.05	0.00	0.05
31	水道・廃棄物	1.09	0.11	0.05	0.00	0.05
32	飲食・宿泊	0.80	0.09	0.05	0.00	0.05
33	娯楽他	0.99	0.10	0.05	0.00	0.05
34	航空輸送	2.97	0.28	0.12	0.08	0.04
35	医療保健福祉	0.63	0.06	0.03	0.00	0.03
36	道路輸送（除自家輸送）	0.95	0.07	0.03	0.00	0.03
37	水運	1.06	0.15	0.07	0.03	0.03
38	公務	0.73	0.07	0.03	0.00	0.03
39	商業	1.26	0.07	0.03	0.00	0.03
40	運輸付帯サービス（含倉庫）	0.62	0.05	0.03	0.00	0.03
41	対事業所サービス	0.58	0.05	0.03	0.00	0.02
42	通信放送	0.63	0.05	0.03	0.00	0.02
43	教育・研究	0.55	0.05	0.02	0.00	0.02
44	鉄道輸送	0.67	0.04	0.02	0.00	0.02
45	金融・保険	0.39	0.03	0.01	0.00	0.01
46	不動産	0.20	0.01	0.01	0.00	0.01

出所：エネルギー総合統計と産業連関表2005年購入者価格表をもとに筆者推計。

表2－15　価格上昇率の推計（ドイツ・エコ税モデルの導入シミュレーション）

		エコ税以外	エコ税	租税支出	エコ税合計
1	貨物利用運送	220.96	92.54	0.21	92.33
2	自家輸送	28.11	9.07	0.09	8.98
3	その他の鉄鋼製品	2.30	6.01	1.92	4.09
4	銑鉄・粗鋼	4.02	3.93	0.69	3.24
5	化学繊維	1.36	4.37	1.57	2.80
6	鉱業	7.71	2.84	0.18	2.66
7	石油化学基礎製品	3.63	2.74	0.71	2.03
8	鋼材	2.52	2.30	0.40	1.91
9	パルプ・紙・板紙・加工紙	1.11	2.86	0.99	1.87
10	その他の製造業	1.50	2.66	0.83	1.82
11	セメント・セメント製品	3.02	1.89	0.30	1.60
12	陶磁器・その他	1.48	2.24	0.69	1.55
13	石油・石炭製品	3.75	1.55	0.15	1.40
14	有機化学工業製品（含化学肥料・合成樹脂）	2.02	1.79	0.47	1.32
15	非鉄金属	1.57	1.46	0.34	1.13
16	鋳鍛造品	1.52	1.30	0.24	1.06
17	水道・廃棄物	0.99	1.05	0.05	1.00
18	建築・建設等	1.71	1.05	0.17	0.88
19	運輸付帯サービス（含倉庫）	0.52	0.91	0.05	0.86
20	電気・ガス事業	2.28	0.93	0.08	0.86
21	分類不明	1.24	0.92	0.10	0.82
22	ガラス・ガラス製品	1.27	1.02	0.23	0.79
23	紙加工品・印刷等	0.81	1.05	0.31	0.74

(%)

		エコ税以外	エコ税	租税支出	エコ税合計
24	無機化学工業製品・その他	0.96	0.97	0.24	0.73
25	輸送機械	0.96	0.85	0.18	0.67
26	一般産業機械	0.89	0.83	0.18	0.65
27	商業	1.15	0.68	0.03	0.65
28	娯楽他	0.97	0.71	0.07	0.64
29	水産	1.53	0.77	0.14	0.63
30	航空輸送	0.91	0.67	0.07	0.61
31	なめし革・毛皮・同製品	1.07	0.76	0.15	0.60
32	飲食・宿泊	0.75	0.67	0.07	0.60
33	鉄道輸送	0.59	0.91	0.32	0.59
34	ゴム製品	0.99	0.75	0.16	0.59
35	電気機械	0.86	0.73	0.15	0.58
36	農林	1.37	0.67	0.10	0.57
37	水運	1.13	0.60	0.05	0.54
38	食料・飲料・飼料・たばこ	0.97	0.64	0.13	0.51
39	公務	0.67	0.50	0.04	0.46
40	教育・研究	0.48	0.50	0.04	0.46
41	道路輸送（除自家輸送）	0.93	0.47	0.03	0.44
42	医療保健福祉	0.59	0.50	0.07	0.43
43	対事業所サービス	0.55	0.42	0.05	0.37
44	通信放送	0.57	0.42	0.06	0.36
45	金融・保険	0.36	0.25	0.03	0.21
46	不動産	0.19	0.15	0.01	0.13

出所：エネルギー総合統計と産業連関表2005年購入者価格表をもとに筆者推計。

7　小括

　本章では、本書が分析対象としているドイツ・エコ税と日本・地球温暖化対策税に対する基本的な理解を深めることを目的に分析を進めてきた。それぞれの制度を、課税対象と税率だけではなく、軽減措置などの租税支出を含めて解説した。日独の制度を比較したときに重要な点は、①税収規模が違うことと、②租税支出の規模が異なることである。ドイツのエコ税は税収規模も租税支出の割合も大きく、日本の地球温暖化対策のための税は税収規模も租税支出の割合も小さい。このような特徴の違いは、国庫目的と非国庫目的を調和させたエコ税と、非国庫目的を中心に据え特定財源化させた地球温暖化対策のための税という対照的な制度設計に由来する。

　租税支出の割合の大きさは、税収規模と無関係ではない。第5章で確認するように、国庫目的の大規模な租税を導入する際には「公平性」への配慮が政治的に欠かせないからである。政治メカニズムを通じて機能せざるを得ない経済である財政において、政治的なアクターの主張する「公平性」に対応することは、財政の民主主義的統制において本質をなしているといえる。国庫機能との調和と「公平性」の問題は第5章で詳しく論じることにする。

　さらに、本章では産業連関分析を用いてそれぞれの制度の持つ特徴を定量的に分析した。特に、本章がエコ税について新しく明らかにしてきた点は以下のとおりである。

① 軽減措置の導入による減収効果はエコ税収の3分の1程度、産業に対する課税の2分の1以上に達している。
② 軽減措置による受益は産業間にばらつきがあり、2003年の制度変更の負担は労働集約的な製造業に最も集中していた。
③ 製品の価格上昇率は電力と運輸関連、一部のサービス業で高く、電力、石炭、金属等、加工燃料、製紙・紙製品などの産業で製造業への軽減税率の効果が大きい。
④ 価格上昇率について、軽減税率の効果の大きい産業のうち、労働集約的な製造業は2003年の制度変更の影響を比較的強く受けている。

日本の地球温暖化対策のための税とドイツのエコ税の比較分析から明らかになった点は、前者の租税支出の小ささと、それゆえ環境税の経済効率性を満たしているだけではなく、産業間の負担にも逆転現象を生じさせずに産業間の「公平性」を満たしているということである。さらに、租税支出の影響だけではなく自動車用燃料と電力に重課したドイツ・エコ税とは交通・輸送関係において負担の違いが生じている。

とはいえ、再度強調するならば、日本の環境税は環境税としての効果はほとんど期待できない。費用効率的であるし、より「公平的」な地球温暖化対策のための税であるが、結局はエコ税と比較して14分の1程度の税収に見合うだけの効果しか期待しえない。このことを念頭に置いて、次章以降ではドイツにおいていかにして税収規模の大きな環境税が導入されたのかを明らかにすることにしよう。すなわち、いかにして国庫機能と非国庫機能を調和させたのか、さらにその場合に「公平性」の問題にどのように対応してきたのか詳細に論じることにする。

第2章補論　ドイツ・エコ税における家計の負担

次章以降で論じるエコ税の機能についてさらに理解を深めるために、産業連関分析で得られたデータを用いて家計に与える影響の分析を行うことにする。データは、5年に1度行われている、「家計の所得と消費の標本調査 (Wirtschaftsrechnungen, Einkommens- und Verbrauchsstichprobe -Einnahmen und Ausgaben privater Haushalte: EVS)」を用いる。エネルギー利用のうち、家計によって直接消費されているものに税率をかけ、所得階級別のエネルギー支出額に案分したものを家計の直接負担とした。

消費の項目は産業連関表の分類とは異なるため、価格上昇率から家計へ与える影響の分析には調整が必要となる。具体的には、各産業の価格上昇率を支出品目へ割り当てる行列を作成して調整を行った。そこでは、1つの産業が複数の品目へ影響を与える可能性があるが、1つの品目が複数の産業から影響を受ける場合はその割合を案分して、すべての品目について影響の合計が100%となるように調整し、間接負担とした。エコ税の負担のうち、暖

房・電力消費（発熱）と自動車用燃料（動力）といった家計によって直接負担されている部分と、産業連関表を通じた財の価格上昇分である間接負担を最後に合計した。

　ただし、本章における分析はエコ税改革による負担ではなく、エコ税の負担に限定していることに注意が必要である。すなわち、直接的には家計のうち被雇用者は年金保険料率の引き下げによって所得の多寡に応じて受益が存在しているし、間接的な負担においても労働集約的な産業の製品ほど年金保険料率の雇用者負担の減少によって価格が下落しているはずであるが、本章では環境税の負担構造に分析の焦点を当てているため、この効果を考慮に入れていないからである。

　表2-16に所得階級別の家計費上昇率が、表2-17に所得階級別のエコ税負担率が示してある。それぞれ、エコ税負担の消費に占める割合と、所得に占める割合を計算したものである。家計消費のうち直接消費しているエネルギーに対する課税の負担を直接負担、産業に対する課税による商品価格の上昇による負担を間接負担として分けて記してある。直接負担は、電気、ガス、軽油などの発熱用のエネルギーと、自動車などに利用する動力用のエネルギーに分けて計算してある。

　直接負担は、発熱用が顕著な逆進性を示しており、基礎的消費に対する課税の問題性が如実に表れている。一方で、動力用燃料への課税は、低所得層においては自動車を所有していない割合が高くなっているため、単純に逆進的なのではなく、逆U字型の負担構造を示している。発熱用と動力用の負担の関係は、1999年においては電力税の新設時の税率が高かったため発熱用の負担の方が大きいが、それ以降はガソリン・ディーゼル課税の上昇率が大きく表れており、動力用の負担が大きくなっている。

　一方、産業連関分析による商品の価格上昇率を家計消費に反映させると、逆U字型の負担構造になっていることが読み取れる。所得が900ユーロ／月から1,500ユーロ／月の間の負担が極めて高く、特に1,300ユーロ／月から1,500ユーロ／月の所得階層においては、3％以上という高い間接負担であることが見て取れる。このような特徴から、上記の所得階層において発熱用エネルギーの支出割合が高いという低所得層の特徴と、自動車関連の支出割

表2−16 所得階級別の家計費上昇率

(対消費支出、所得単位:ユーロ／月)

年		平均	900未満	900〜1,300	1,300〜1,500	1,500〜2,000	2,000〜2,600	2,600〜3,600	3,600〜5,000	5,000〜18,000
直接負担 (%)										
1999	発熱	0.2	0.3	0.3	0.3	0.2	0.2	0.2	0.2	0.2
	動力	0.1	0.1	0.1	0.1	0.1	0.1	0.1	0.1	0.1
2000	発熱	0.3	0.4	0.3	0.3	0.3	0.3	0.2	0.2	0.2
	動力	0.3	0.2	0.2	0.2	0.2	0.3	0.3	0.3	0.2
2001	発熱	0.3	0.4	0.4	0.4	0.3	0.3	0.3	0.3	0.3
	動力	0.4	0.2	0.3	0.4	0.4	0.4	0.4	0.4	0.4
2002	発熱	0.4	0.5	0.5	0.5	0.4	0.4	0.4	0.4	0.3
	動力	0.5	0.3	0.4	0.4	0.5	0.5	0.6	0.5	0.5
2003	発熱	0.4	0.6	0.6	0.5	0.5	0.5	0.4	0.4	0.4
	動力	0.6	0.4	0.5	0.5	0.6	0.6	0.7	0.7	0.6
間接負担 (%)										
1999		0.2	0.2	1.5	3.0	0.2	0.2	0.2	0.2	0.2
2000		0.2	0.2	1.6	3.1	0.2	0.2	0.2	0.2	0.2
2001		0.3	0.3	1.7	3.1	0.3	0.3	0.3	0.3	0.3
2002		0.3	0.3	1.7	3.2	0.3	0.3	0.3	0.3	0.3
2003		0.8	0.8	2.2	3.7	0.8	0.8	0.8	0.8	0.7
合計 (%)										
1999		0.5	0.5	1.9	3.4	0.5	0.5	0.5	0.5	0.5
2000		0.7	0.7	2.1	3.6	0.7	0.7	0.7	0.7	0.6
2001		1.0	1.0	2.4	3.9	1.0	1.0	1.0	1.0	0.9
2002		1.2	1.2	2.6	4.1	1.3	1.3	1.3	1.2	1.1
2003		1.8	1.8	3.2	4.7	1.9	1.9	1.9	1.8	1.7

出所:Statistisches Bundesamt (2005; 2007; 2008) より筆者作成。

表2-17 所得階級別のエコ税負担率

(対所得、所得単位:ユーロ／月)

年		平均	900未満	900～1,300	1,300～1,500	1,500～2,000	2,000～2,600	2,600～3,600	3,600～5,000	5,000～18,000
直接負担（%）										
1999	発熱	0.1	0.5	0.3	0.2	0.2	0.2	0.2	0.1	0.1
	動力	0.1	0.1	0.1	0.1	0.1	0.1	0.1	0.1	0.0
2000	発熱	0.2	0.6	0.3	0.3	0.3	0.2	0.2	0.2	0.1
	動力	0.2	0.3	0.2	0.2	0.2	0.2	0.2	0.2	0.1
2001	発熱	0.2	0.8	0.4	0.4	0.3	0.3	0.2	0.2	0.1
	動力	0.3	0.4	0.3	0.3	0.4	0.4	0.4	0.3	0.1
2002	発熱	0.3	1.0	0.5	0.5	0.4	0.4	0.3	0.3	0.1
	動力	0.3	0.6	0.4	0.4	0.4	0.5	0.4	0.4	0.2
2003	発熱	0.3	1.1	0.6	0.5	0.4	0.4	0.3	0.3	0.1
	動力	0.4	0.7	0.5	0.5	0.5	0.6	0.5	0.5	0.2
間接負担（%）										
1999		0.1	0.3	0.2	1.5	2.7	0.1	0.1	0.1	0.1
2000		0.1	0.4	0.2	1.5	2.8	0.2	0.2	0.2	0.1
2001		0.2	0.5	0.3	1.6	2.8	0.2	0.2	0.2	0.1
2002		0.2	0.6	0.3	1.6	2.9	0.3	0.3	0.2	0.1
2003		0.5	1.4	0.8	2.1	3.3	0.7	0.6	0.5	0.3
合計（%）										
1999		0.3	1.0	0.5	1.8	3.1	0.4	0.4	0.4	0.2
2000		0.4	1.2	0.7	2.0	3.2	0.6	0.5	0.5	0.2
2001		0.6	1.7	1.0	2.3	3.5	0.9	0.8	0.7	0.3
2002		0.8	2.2	1.2	2.5	3.7	1.1	1.0	0.9	0.4
2003		1.2	3.2	1.8	3.1	4.3	1.6	1.5	1.3	0.6

出所：Statistisches Bundesamt（2005; 2007; 2008）より筆者作成。

合が高いという中所得層の特徴の両方が重なり合っているために、極めて高い負担となっている可能性が示唆される。これらの直接負担と間接負担を合計するとほぼ完全な逆U字型の負担になっていることが看取される。

エコ税負担の所得に占める割合は、さらに逆進的な様相を強くする。直接負担において発熱用は逆進的、動力用は逆U字型という傾向はそのままであるが、発熱用の逆進性は強まり、動力用の負担のピークが2,000ユーロ／月から2,600ユーロ／月へと移動していることがわかる。

間接負担の逆U字型の傾向も同じであるが、所得が900ユーロ／月未満の低所得層において負担が大きく高まり、高所得層、特に5,000ユーロ／月から18,000ユーロ／月の最も所得の高い層において負担割合がかなり低くなっていることが見て取れる。所得に占める消費割合の差異が顕著に表れている。換言すると、家計のエコ税の直接・間接の負担は中・低所得層で大きく、高所得層で小さい、逆進性と逆U字型という特徴を持っているといえよう。

最後に、本節の分析結果を用いて環境税の租税体系における位置づけについて考察を加えることにする。

第5章で確認するように、ドイツ・エコ税では逆進性対策として所得税減税と児童税額控除の増額が行われていた。とはいえ、所得税の税率引き下げや課税最低限の引き上げは低所得層に受益を与えることはできない。年金保険料率の引き下げも低所得層には受益をもたらさない。むしろ、逆進性への対処のつもりがさらに所得分配上の不公正を助長している可能性が高い。唯一、現金で給付される児童税額控除に関しては所得分配上の不公平を解消する可能性を有している。しかし、児童税額控除は家族の強化を目的としており、垂直的公平性の改善を目的としていない。

たしかに環境税は、担税力の高い主要な税目の中で最も高い逆進性を示している。とはいえ、垂直的公平性に対処するならば基礎控除の給付付き税額控除化が低所得層への有力な対処になりうる。さらには、消費課税であることは、貯蓄・投資を通じた資源配分のゆがみも生じさせる。それゆえ、資本所得課税への強化も有力な対処手段となりうる。環境税は包括的所得税の体系に組み込まれるというよりも、所得税体系の変更によって補完されることで逆進性の問題を解決しうると考えられる。

〈参考文献〉

Bach, Stefan (2005), *Be- und Entlastungswirkungen der Ökologischen Steuerreform nach Produktionsbereichen, Band I des Endberichts für das Projekt: "Quantifizierung der Effekte der Ökologischen Steuerreform auf Umwelt, Beschäftigung und Innovation"*, DIW Berlin.

Bach, Stefen, Michael Kohlhaas, Bemd Meyer, Barbara Praetorius und Heinz Welsch (2001), *Modellgestützte Analyse der ökologischen Steuerreform mit LEAN, PANTA RHEI: und dem Potsdamer Mikrosimulationsmodell*, Discussion Papers of DIW Berlin 248, DIW Berlin.

Binswanger, Hans Christoph, Werner, Geißberg und Theo Ginsburg Hrsg. (1978), *Der NA WU-Report: Wege aus der Wohlstandsfalle. Strategien gegen Arbeitslosigkeit und Umweltkrise*, S. Fscher, Frankfurt.

Bundesministerium der Finanzen (2007), *Finanzbericht 2008*, Berlin.

Bundesministerium für Arbeit und Soziales (1990), *Übersicht über die Soziale Sicherheit*, Bonn, Der Bundesminister für Arbeit und Sozialordnung - Referat Öffentlichkeitsarbeit (ドイツ研究会訳 (1993)『ドイツ社会保障総覧』ぎょうせい).

Bundesministerium für Umwelt, Naturschutz, und Reaktorsicherheit (2003), *Die ökologische Steuerreform: Einstieg, Fortführung und Fortentwicklung zur ökologischen Finanzreform*.

Fujikawa, Kiyoshi, Akira Yokoyama and Kazuhiro Ueta (2000), "A Green Tax Reform: Converting Implicit into Pure Carbon Taxes", *Environmental Economics and Policy Studies*, Vol.3, pp.1-20.

Kohlhaas, Michael (2005), *Gesamtwirtschaftliche Effekte der ökologischen Steuerreform Band II des Endberichts für das Vorhaben: "Quantifizierung der Effekte der Ökologischen Steuerreform auf Umwelt, Beschäftigung und Innovation"*, DIW Berlin.

Krebs, Carsten und Danyel Reiche (1997), Der mühsame Weg zu einer "Ökologischen Steuerreform", Ein Beitrag zur Systematisierung der Debatte, Peter Lang GmbH, Europäischer Verlag der Wissenschften, Frankfurt am Main.

SPD und Die Bündnis 90/Die Grünen (1998), *Aufbruch und Erneuerung-Deutschlands Wegins 21. Jahrhundert. Koalitionsvereinbarung zwischen der SPD und Bündnis 90/Die Grünen*, Bonn.

Statistisches Bundesamt (2005), *Wirtschaftsrechnungen, Einkommens- und Verbrauchsstichprobe -Einnahmen und Ausgaben privater Haushalte*, Wiesbaden.

Statistisches Bundesamt (2007), *Volkswirtschaftliche Gesamtrechnungen, Input-Output-Rechnung*, Wiesbaden.

Statistisches Bundesamt (2008), *Umweltnutzung und Wirtschaft, Tabellen zu den Umweltökonomischen Gesamtrechnungen 2008 Teil 5: Energie*, Wiesbaden.

Weizsäcker, Ernst Ulrich von and Jochen Jesinghaus (1992), *Ecological Tax Reform: A Policy Proposal for Sustainable Development*, Zed Books.

石弘光編、環境税研究会著 (1993)『環境税――実態と仕組み』東洋経済新報社。

石弘光 (1999)『環境税とは何か』岩波新書。

OECD著、石弘光監訳、環境庁企画調整局計画調査室訳 (1994)『環境と税制――相互補完的な政策を目指して』有斐閣。

OECD編 (2006)『環境税の政治経済学』中央法規。

環境庁企画調整局企画調整課調査企画室監修 (1997)『環境政策と税制――「環境に係る

税・課徴金等の経済的手法研究会」第1次報告』ぎょうせい。
環境庁企画調整局企画調整課調査企画室監修(1998)『地球温暖化対策と環境税——「環境に係る税・課徴金等の経済的手法研究会」最終報告』ぎょうせい。
黒部純二(2012)「平成24年度環境省予算のポイント——大震災復興、低炭素社会構築、原子力安全庁設置」『立法と調査』No.325、pp.116-125。
静岡大学経済・税法研究者の会(1988)『シミュレーション税制改革』青木書店。
下田充・渡邉隆俊(2006)「産業連関分析による温暖化対策税の再検討——家計の所得階層別・地域別負担」『商学研究』第46巻第3号、pp.47-62。
竹内恒夫(2004)『環境構造改革——ドイツの経験から』リサイクル文化社。
中央環境審議会(2004)「ドイツの地球温暖化防止のための税制及びこれに関連する施策」。
〈http://www.env.go.jp/council/16pol-ear/y162-07/mat02_2.pdf〉
中央環境審議会(2006)「産業連関表を用いた環境税導入による物価上昇に関する分析」。
〈http://www.env.go.jp/council/16pol-ear/y163-05/mat03.pdf〉
坪郷實(2009)『環境政策の政治学——ドイツと日本』早稲田大学出版部。
朴勝俊(2009)『環境税制改革の「二重の配当」』晃洋書房。
藤川清史(2002)「炭素素税の地域別・所得階層別負担について」『産業連関』10巻4号、pp.35-42。
藤川清史・渡邉隆俊(2004)「温暖化対策税の所得階層別・地域別負担」環境経済・政策学会編『環境税』東洋経済新報社。
諸富徹(2000)『環境税の理論と実際』有斐閣。
諸富徹(2003)「ドイツ環境税制改革の定量的評価について」地球温暖化対策税制専門委員会WG。
〈http://www.env.go.jp/council/16pol-ear/y161-12/mat_01_2 /04_5.pdf〉
八巻節夫(2000)「環境税制改革の実現可能性」『経済研究年報』第25号、pp.65-95。
良永康平(2001)『ドイツ産業連関分析論』関西大学出版部。
良永康平(2004)「ドイツCO_2排出削減の産業連関分析——ガス化するドイツ」『關西大學経済論集』第54巻第3・4合併号、pp.557-580。

付表1　1999年政策別価格上昇・抑制率（上位30位・下位9位）

(%)

	産業名	課税効果	製造業	農林業	公共交通	差額還付	二重課税	合計
1	電力	6.2	3.5	0.0	0.0	0.0	1.9	0.9
2	鉄道運輸	1.2	0.1	0.0	0.4	0.0	0.0	0.7
3	陸運	0.6	0.1	0.0	0.0	0.0	0.0	0.5
4	漁業	0.6	0.1	0.0	0.0	0.0	0.0	0.5
5	補助・副次輸送	0.5	0.0	0.0	0.0	0.0	0.0	0.4
6	石炭等	2.0	1.5	0.0	0.0	0.0	0.0	0.4
7	水運	0.5	0.1	0.0	0.0	0.0	0.0	0.4
8	加工燃料	1.7	1.3	0.0	0.0	0.0	0.0	0.3
9	金属等	1.3	1.0	0.0	0.0	0.0	0.0	0.3
10	製紙・紙製品等	1.2	0.9	0.0	0.0	0.0	0.0	0.3
11	空運	0.4	0.2	0.0	0.0	0.0	0.0	0.2
12	化学製品	0.9	0.7	0.0	0.0	0.0	0.0	0.2
13	飲食・宿泊	0.3	0.1	0.0	0.0	0.0	0.0	0.2
14	ガラス・陶磁器・土石等	0.8	0.6	0.0	0.0	0.0	0.0	0.2
15	小売	0.2	0.0	0.0	0.0	0.0	0.0	0.2
16	原油・天然ガス	0.8	0.6	0.0	0.0	0.0	0.0	0.2
17	自動車関連サービス	0.2	0.1	0.0	0.0	0.0	0.0	0.2
18	繊維製品	0.7	0.5	0.0	0.0	0.0	0.0	0.2
19	その他のサービス	0.2	0.0	0.0	0.0	0.0	0.0	0.2
20	卸売	0.2	0.0	0.0	0.0	0.0	0.0	0.2
21	二次原料	0.5	0.3	0.0	0.0	0.0	0.0	0.1
22	その他の鉱業	0.5	0.3	0.0	0.0	0.0	0.0	0.1
23	ゴム・プラスチック製品	0.6	0.4	0.0	0.0	0.0	0.0	0.1
24	木製品	0.5	0.4	0.0	0.0	0.0	0.0	0.1
25	食料品等	0.4	0.2	0.1	0.0	0.0	0.0	0.1
26	皮革製品	0.4	0.3	0.0	0.0	0.0	0.0	0.1
27	ガス・熱供給	0.5	0.4	0.0	0.0	0.0	0.0	0.1
28	一般政府サービス	0.2	0.0	0.0	0.0	0.0	0.0	0.1
29	衣料品	0.4	0.3	0.0	0.0	0.0	0.0	0.1
30	道路輸送機械	0.4	0.3	0.0	0.0	0.0	0.0	0.1
41	水道	0.4	0.3	0.0	0.0	0.0	0.0	0.1
42	教育	0.1	0.0	0.0	0.0	0.0	0.0	0.1
43	印刷・複写等	0.3	0.2	0.0	0.0	0.0	0.0	0.1
44	建設・土木等	0.3	0.2	0.0	0.0	0.0	0.0	0.1
45	電気機械	0.3	0.2	0.0	0.0	0.0	0.0	0.1
46	精密・光学機械	0.2	0.2	0.0	0.0	0.0	0.0	0.1
47	林業	0.3	0.0	0.2	0.0	0.0	0.0	0.1
48	金融	0.1	0.0	0.0	0.0	0.0	0.0	0.1
49	不動産	0.1	0.0	0.0	0.0	0.0	0.0	0.0

第2章 炭素・エネルギー税の日独制度比較　61

付表2　2000年政策別価格上昇・抑制率（上位30位・下位9位）

(%)

	産業名	課税効果	製造業	農林業	公共交通	差額還付	二重課税	合計
1	電力	10.6	6.0	0.0	0.0	0.0	3.0	1.6
2	陸運	1.4	0.1	0.0	0.0	0.1	0.0	1.2
3	鉄道運輸	2.0	0.2	0.0	0.5	0.2	0.0	1.1
4	補助・副次輸送	1.1	0.1	0.0	0.0	0.1	0.0	0.9
5	水運	1.1	0.1	0.0	0.0	0.1	0.0	0.8
6	空運	0.8	0.4	0.0	0.0	0.1	0.0	0.4
7	石炭等	3.5	2.7	0.0	0.0	0.4	0.1	0.3
8	飲食・宿泊	0.5	0.1	0.0	0.0	0.0	0.0	0.3
9	卸売	0.4	0.1	0.0	0.0	0.0	0.0	0.3
10	自動車関連サービス	0.4	0.1	0.0	0.0	0.0	0.0	0.3
11	その他のサービス	0.4	0.0	0.0	0.0	0.0	0.0	0.3
12	小売	0.4	0.1	0.0	0.0	0.0	0.0	0.3
13	金属等	2.2	1.6	0.0	0.0	0.3	0.0	0.2
14	情報・通信	0.3	0.1	0.0	0.0	0.0	0.0	0.2
15	ガラス・陶磁器・土石等	1.3	0.9	0.0	0.0	0.2	0.0	0.2
16	製紙・紙製品等	1.9	1.4	0.0	0.0	0.3	0.0	0.2
17	一般政府サービス	0.3	0.1	0.0	0.0	0.0	0.0	0.2
18	その他の鉱業	0.9	0.6	0.0	0.0	0.1	0.0	0.2
19	道路輸送機械	0.8	0.5	0.0	0.0	0.1	0.0	0.2
20	漁業	1.1	0.2	0.6	0.0	0.2	0.0	0.2
21	皮革製品	0.8	0.5	0.0	0.0	0.1	0.0	0.2
22	ガス・熱供給	1.0	0.7	0.0	0.0	0.1	0.1	0.2
23	化学製品	1.5	1.1	0.0	0.0	0.2	0.0	0.2
24	衣料品	0.8	0.5	0.0	0.0	0.1	0.0	0.2
25	食料品等	0.8	0.4	0.1	0.0	0.1	0.0	0.2
26	繊維製品	1.2	0.9	0.0	0.0	0.1	0.0	0.2
27	ゴム・プラスチック製品	1.1	0.8	0.0	0.0	0.1	0.0	0.2
28	木製品	0.9	0.6	0.0	0.0	0.1	0.0	0.2
29	その他の製造業	0.6	0.4	0.0	0.0	0.0	0.0	0.2
30	金属製品	0.8	0.6	0.0	0.0	0.1	0.0	0.2
41	農業	0.8	0.2	0.4	0.0	0.1	0.0	0.1
42	原油・天然ガス	1.0	0.7	0.0	0.0	0.1	0.0	0.1
43	精密・光学機械	0.4	0.3	0.0	0.0	0.0	0.0	0.1
44	タバコ	0.5	0.3	0.1	0.0	0.0	0.0	0.1
45	建設・土木等	0.5	0.3	0.0	0.0	0.0	0.0	0.1
46	電気機械	0.5	0.3	0.0	0.0	0.0	0.0	0.1
47	林業	0.5	0.1	0.3	0.0	0.0	0.0	0.1
48	水道	0.7	0.6	0.0	0.0	0.1	0.0	0.1
49	不動産	0.1	0.0	0.0	0.0	0.0	0.0	0.1

付表3　2001年政策別価格上昇・抑制率（上位30位・下位9位）

(%)

	産業名	課税効果	製造業	農林業	公共交通	差額還付	二重課税	合計
1	陸運	1.9	0.1	0.0	0.0	0.0	0.0	1.8
2	電力	10.2	6.2	0.0	0.0	0.1	2.4	1.5
3	補助・副次輸送	1.6	0.1	0.0	0.0	0.0	0.0	1.5
4	鉄道運輸	2.6	0.2	0.0	0.6	0.3	0.0	1.4
5	水運	1.4	0.1	0.0	0.0	0.0	0.0	1.2
6	卸売	0.6	0.1	0.0	0.0	0.0	0.0	0.5
7	石炭等	4.2	3.2	0.0	0.0	0.5	0.1	0.4
8	その他のサービス	0.5	0.1	0.0	0.0	0.0	0.0	0.4
9	空運	1.1	0.4	0.0	0.0	0.3	0.0	0.4
10	自動車関連サービス	0.5	0.1	0.0	0.0	0.0	0.0	0.4
11	小売	0.5	0.1	0.0	0.0	0.0	0.0	0.4
12	飲食・宿泊	0.6	0.1	0.0	0.0	0.1	0.0	0.4
13	情報・通信	0.4	0.1	0.0	0.0	0.0	0.0	0.3
14	金属等	2.4	1.8	0.0	0.0	0.3	0.0	0.3
15	ガラス・陶磁器・土石等	1.5	1.0	0.0	0.0	0.2	0.0	0.3
16	その他の鉱業	1.1	0.7	0.0	0.0	0.1	0.0	0.3
17	製紙・紙製品等	2.2	1.6	0.0	0.0	0.3	0.0	0.3
18	漁業	1.4	0.2	0.7	0.0	0.2	0.0	0.3
19	一般政府サービス	0.3	0.1	0.0	0.0	0.0	0.0	0.3
20	皮革製品	1.0	0.6	0.0	0.0	0.1	0.0	0.2
21	衣料品	1.1	0.7	0.0	0.0	0.1	0.0	0.2
22	ガス・熱供給	1.2	0.8	0.0	0.0	0.1	0.1	0.2
23	道路輸送機械	0.8	0.5	0.0	0.0	0.0	0.0	0.2
24	食料品等	1.0	0.5	0.2	0.0	0.1	0.0	0.2
25	化学製品	1.6	1.2	0.0	0.0	0.2	0.0	0.2
26	木製品	1.1	0.8	0.0	0.0	0.1	0.0	0.2
27	その他の製造業	0.7	0.4	0.0	0.0	0.0	0.0	0.2
28	ゴム・プラスチック製品	1.2	0.9	0.0	0.0	0.1	0.0	0.2
29	繊維製品	1.4	1.0	0.0	0.0	0.1	0.0	0.2
30	事務・情報処理機器	0.5	0.3	0.0	0.0	0.0	0.0	0.2
41	タバコ	0.6	0.3	0.1	0.0	0.0	0.0	0.2
42	精密・光学機械	0.5	0.3	0.0	0.0	0.0	0.0	0.2
43	電気機械	0.6	0.4	0.0	0.0	0.0	0.0	0.2
44	建設・土木等	0.6	0.4	0.0	0.0	0.0	0.0	0.2
45	金融	0.2	0.0	0.0	0.0	0.0	0.0	0.1
46	農業	1.0	0.2	0.5	0.0	0.1	0.0	0.1
47	原油・天然ガス	1.0	0.7	0.0	0.0	0.1	0.0	0.1
48	林業	0.6	0.1	0.3	0.0	0.0	0.0	0.1
49	不動産	0.1	0.0	0.0	0.0	0.0	0.0	0.1

第2章 炭素・エネルギー税の日独制度比較

付表4 2002年政策別価格上昇・抑制率（上位30位・下位9位）

(%)

	産業名	課税効果	製造業	農林業	公共交通	差額還付	二重課税	合計
1	陸運	2.6	0.2	0.0	0.0	0.0	0.0	2.4
2	補助・副次輸送	2.0	0.1	0.0	0.0	0.0	0.0	1.8
3	電力	14.2	7.0	0.0	0.0	0.1	5.3	1.7
4	水運	1.9	0.2	0.0	0.0	0.0	0.0	1.7
5	鉄道運輸	3.1	0.2	0.0	0.7	0.5	0.0	1.7
6	卸売	0.7	0.1	0.0	0.0	0.0	0.0	0.6
7	空運	1.5	0.5	0.0	0.0	0.3	0.0	0.6
8	その他のサービス	0.7	0.1	0.0	0.0	0.0	0.0	0.6
9	石炭等	5.0	3.8	0.0	0.0	0.6	0.1	0.5
10	小売	0.6	0.1	0.0	0.0	0.0	0.0	0.5
11	飲食・宿泊	0.8	0.2	0.0	0.0	0.1	0.0	0.5
12	自動車関連サービス	0.6	0.1	0.0	0.0	0.0	0.0	0.5
13	金属等	3.3	2.3	0.0	0.0	0.4	0.1	0.4
14	情報・通信	0.5	0.1	0.0	0.0	0.0	0.0	0.4
15	ガラス・陶磁器・土石等	2.0	1.4	0.0	0.0	0.2	0.1	0.4
16	製紙・紙製品等	2.8	2.0	0.0	0.0	0.4	0.1	0.3
17	その他の鉱業	1.3	0.8	0.0	0.0	0.1	0.0	0.3
18	一般政府サービス	0.4	0.1	0.0	0.0	0.0	0.0	0.3
19	食料品等	1.3	0.6	0.2	0.0	0.1	0.0	0.3
20	漁業	1.7	0.3	0.9	0.0	0.2	0.0	0.3
21	その他の製造業	0.9	0.6	0.0	0.0	0.1	0.0	0.3
22	道路輸送機械	1.1	0.7	0.0	0.0	0.1	0.0	0.3
23	衣料品	1.2	0.8	0.0	0.0	0.1	0.0	0.3
24	皮革製品	1.2	0.8	0.0	0.0	0.1	0.0	0.3
25	加工燃料	4.1	3.1	0.0	0.0	0.7	0.0	0.3
26	木製品	1.5	1.0	0.0	0.0	0.1	0.0	0.3
27	化学製品	2.2	1.6	0.0	0.0	0.3	0.0	0.3
28	ガス・熱供給	1.6	1.1	0.0	0.0	0.1	0.2	0.3
29	繊維製品	1.8	1.2	0.0	0.0	0.2	0.0	0.3
30	金属製品	1.2	0.8	0.0	0.0	0.1	0.0	0.3
41	原油・天然ガス	1.4	1.0	0.0	0.0	0.2	0.0	0.2
42	農業	1.4	0.3	0.7	0.0	0.2	0.0	0.2
43	精密・光学機械	0.6	0.4	0.0	0.0	0.1	0.0	0.2
44	電気機械	0.8	0.5	0.0	0.0	0.1	0.0	0.2
45	建設・土木等	0.8	0.5	0.0	0.0	0.1	0.0	0.2
46	タバコ	0.7	0.4	0.1	0.0	0.1	0.0	0.2
47	金融	0.2	0.0	0.0	0.0	0.0	0.0	0.2
48	林業	0.7	0.1	0.4	0.0	0.1	0.0	0.1
49	不動産	0.2	0.0	0.0	0.0	0.0	0.0	0.1

付表5　2003年政策別価格上昇・抑制率（上位30位・下位9位）

(%)

	産業名	課税効果	製造業	農林業	公共交通	差額還付	二重課税	合計
1	電力	15.5	3.9	0.0	0.0	0.1	5.5	5.9
2	石炭等	6.4	2.4	0.0	0.0	0.6	0.1	3.3
3	陸運	3.1	0.1	0.0	0.0	0.1	0.0	3.0
4	補助・副次輸送	2.4	0.1	0.0	0.0	0.0	0.0	2.3
5	水運	2.4	0.1	0.0	0.0	0.0	0.0	2.3
6	加工燃料	4.3	1.6	0.0	0.0	0.5	0.0	2.1
7	鉄道運輸	3.7	0.1	0.0	0.8	0.6	0.0	2.1
8	金属等	3.8	1.4	0.0	0.0	0.4	0.1	2.0
9	製紙・紙製品等	3.5	1.3	0.0	0.0	0.3	0.1	1.8
10	ガラス・陶磁器・土石等	2.5	0.8	0.0	0.0	0.2	0.1	1.4
11	化学製品	2.5	0.9	0.0	0.0	0.2	0.0	1.3
12	繊維製品	2.1	0.7	0.0	0.0	0.2	0.0	1.1
13	木製品	1.9	0.7	0.0	0.0	0.2	0.0	1.1
14	ゴム・プラスチック製品	1.9	0.7	0.0	0.0	0.2	0.0	1.0
15	空運	1.8	0.3	0.0	0.0	0.4	0.0	1.0
16	ガス・熱供給	1.9	0.6	0.0	0.0	0.1	0.2	1.0
17	その他の鉱業	1.7	0.5	0.0	0.0	0.1	0.0	1.0
18	衣料品	1.5	0.5	0.0	0.0	0.1	0.0	0.9
19	金属製品	1.5	0.5	0.0	0.0	0.1	0.0	0.8
20	皮革製品	1.4	0.5	0.0	0.0	0.1	0.0	0.8
21	原油・天然ガス	1.5	0.5	0.0	0.0	0.2	0.0	0.8
22	卸売	0.9	0.0	0.0	0.0	0.0	0.0	0.8
23	二次原料	1.4	0.5	0.0	0.0	0.1	0.0	0.8
24	食料品等	1.6	0.4	0.2	0.0	0.1	0.0	0.8
25	道路輸送機械	1.3	0.4	0.0	0.0	0.1	0.0	0.8
26	その他の製造業	1.2	0.4	0.0	0.0	0.1	0.0	0.7
27	その他のサービス	0.8	0.0	0.0	0.0	0.0	0.0	0.7
28	その他の輸送機械	1.2	0.4	0.0	0.0	0.1	0.0	0.7
29	自動車関連サービス	0.8	0.1	0.0	0.0	0.0	0.0	0.7
30	飲食・宿泊	0.9	0.1	0.1	0.0	0.1	0.0	0.7
41	事務・情報処理機器	0.8	0.2	0.0	0.0	0.0	0.0	0.5
42	農業	1.8	0.2	0.9	0.0	0.2	0.0	0.5
43	精密・光学機械	0.8	0.2	0.0	0.0	0.0	0.0	0.5
44	一般政府サービス	0.5	0.1	0.0	0.0	0.0	0.0	0.4
45	医療	0.4	0.1	0.0	0.0	0.0	0.0	0.3
46	教育	0.4	0.0	0.0	0.0	0.0	0.0	0.3
47	林業	0.9	0.1	0.5	0.0	0.1	0.0	0.3
48	金融	0.2	0.0	0.0	0.0	0.0	0.0	0.2
49	不動産	0.2	0.0	0.0	0.0	0.0	0.0	0.2

第 3 章

日本における環境税の導入過程

1　地球温暖化対策のための税の歴史的背景

　これまで、日独の環境税の制度構造とその影響の比較を行ってきた。環境税の持つ政策課税としての側面、すなわち作用目的税としての側面を本書では「非国庫目的」ないし「非国庫機能」とし、財源調達としての側面を「国庫目的」ないし「国庫機能」という財政学の概念を用いて分析を行ってきた。財政学では理論上、環境税の非国庫目的と国庫目的は衝突ないし矛盾するものとして捉えられてきた。たしかに、外部不経済の内部化、すなわち価格メカニズムを用いた消費の抑制という政策目的は、究極的には財源調達と矛盾するところがある。とはいえ、エネルギー消費の価格弾力性は低いために、現実には非国庫目的と国庫目的が極端に矛盾するという事態は生じない。

　むしろ、税制の設計においては税率を低く抑える政治的誘因が存在している。このことを、政策の実現可能性から見るならば、「政治的受容性」の構築のためには税率を低く抑えることが有効だということになる。とはいえ、低税率を実現することが制度設計の主眼となるならば、租税を通じた環境制御という当初の目的は果たされないことになる。日本の環境税は税率が低く抑えられたために、環境税としては効果の薄い制度として設計されることになった。すなわち、作用目的税というよりも環境政策財源を確保するための用途目的税として設計されたのである。本章では、日本における環境税が非国庫目的を強調するあまりに一般的財政需要に基づいた国庫目的と調和することなく、低税率の特定財源として設計されるに至った過程を分析することにする。

表3-1 石油石炭税の税率

課税物件		旧石油税	2003年10月	2005年4月	2007年4月	現行税率 (増加率)
原油・石油製品 （1kℓ）		2,040円	—	—	—	2,040円 （0％）
ガス状炭化水素 （1t）	天然 ガス	720円	+120円	+120円	+120円	1,080円 （50％）
	それ 以外	670円	+130円	+140円	+140円	1,080円 （61％）
石炭（1t）		—	+230円	+230円	+240円	700円 （100％）
税収*		4,630億円	4,785億円	4,931億円	5,129億円	5,019億円 （8％）

出所：資源エネルギー庁資料より筆者作成。
注：*左から、2002（平成14）年度、2003（平成15）年度、2005（平成17）年度、2007（平成19）年度、2010（平成22）年度の決算より作成。

　地球温暖化対策税の基礎となった石油石炭税について解説しておこう。石油石炭税は2003年に石油税法を改定する形で成立した。それ以前に存在した旧石油税は石油開発、備蓄等の石油政策の推進財源を確保する目的で1978年6月に創設され、原油・石油製品への課税が開始されたのであった。当初は石油の確保のために財源が利用されていたが、1980年には代替エネルギー対策、1993年以降は省エネ対策費としても活用されることになった。1984年にはさらなるエネルギー対策の財源確保のためにガス状炭化水素（石油ガス、LPG、天然ガス、LNG）への課税が図られた。1988年度税制改正においては石油税の税負担の安定を図りつつ、エネルギー対策財源を確保する観点から従量税化が図られ、1989年には完全に従量税として生まれ変わることになった。

　2003（平成15）年度の税制改革では、国際的な情勢を踏まえたエネルギーの安定供給と気候変動対策の必要性から、さらに税収を上げるべく改革がなされた（税率は表3-1を参照のこと）。すなわち、国庫目的の税制改革であった。他方で、課税面ではエネルギー源の間での公平性に配慮して、石炭課税の開始とガス状炭化水素の税率が引き上げられることになった。なお、旧石油税から当初の石油石炭税までは「石油及びエネルギー需給構造高度化対策特別会計（石油特会）」で活用されていたが、2006年からは電源開発促

進税を財源とする「電源開発促進対策特別会計(電源特会)」と統合して「エネルギー対策特会」として運用されている。また、石油石炭税の増税と引き換えに電源開発促進税が減税されることとなった。電源開発促進税の税率は445円／MWhであったのが2003年10月から425円／MWh、2005年4月から400円／MWh、2007年4月から375円／MWhと約16%減少し、税収も2002年の3,768億円から3,045億円へと約19%減少するに至った。ともあれ、旧石油税、石油石炭税は長らく用途目的税として運用されてきたことが確認できよう。

2　地球温暖化対策のための税の理論的背景

2011年12月10日閣議決定された2012(平成24)年度税制改正大綱によって、2012年10月から2016年4月の3年半にかけて、「地球温暖化対策のための税」が施行されることが決定された。新税は日本における炭素税の導入であり、気候変動対策の一里塚であると同時に税制のグリーン化の進展と捉えることができる。本章の目的は、環境税の導入に関する検討の過程を分析することによって日本における環境税の制度的構造を規定した要因を明らかにすることである。第2章で確認したように、日独の環境税の制度構造の比較から、地球温暖化対策のための税は炭素税型で租税支出が少ないという環境税の理論からするとかなり理想的な構造を有している。しかしながら、税率が極端に低く、財源調達機能においても環境制御機能においても大きな効果を得ることは難しい、租税政策としては象徴的なものにとどまっている。もっとも、税収を気候変動対策に利用することで温室効果ガスの排出削減を効果的に達成できると想定している。

本書の問題意識を再び確認しておくと、「環境税は非国庫機能に主目的が設定されているが、国庫機能と調和しなければ非国庫機能も実現することはできない」ということであった。それゆえ、国庫目的と非国庫目的を両立させたドイツにおける環境税の導入に関して分析を加えてきた。とはいえ、国庫目的と非国庫目的の両者を追求する環境税の設計は、その負担が大きくなるためにさまざまな「公平性」に対して政治的に配慮せざるを得ない。この

ことは、政治メカニズムに基づく予算を通じた経済活動である財政の宿命でもあり、それゆえ経済構造や社会構造、財政制度の構造との関係の中で具体的に政策を分析する財政社会学的視点が必要となるのであった。それでは、日本における環境税の導入はどのような経緯をたどったのだろうか。本節では、環境税の具体案の基礎となった財政学の理論的背景を確認し、本書の課題設定と照らし合わせることで、その問題点を明らかにすることにしよう。

環境税に関する先行研究は枚挙にいとまがないが、ここでは本章との関係で重要なものだけ挙げておく。石（1999）は、日本における環境税の導入に関する議論の1つのマイルストーンであると同時に、すでに貴重な歴史的資料となっている。石が編集にかかわった各委員会の報告書である石編（1993＝1997）、環境庁調整局企画調整課調査企画室（1997）と合わせて、日本における環境税導入の経緯を考察するうえでは欠かせない。これらの分析の特徴は、①経済学の理論から環境税の環境政策としての優位を明らかにしていること、②規制、自主的取り組み、助成、排出権取引が抱える問題を批判し、経済的手法の中でも環境税の優位性を訴えていること、③欧州において導入された環境税の制度的構造について詳細に検討していること、④具体的な制度提案を行っていることである。

特に重要なのは、④の具体的な制度提案である。というのも、ここで設定した議論が後々まで日本における環境税導入案に反映される源流となっているからである。具体的に提案の内容を確認しよう。「環境税に係る税・課徴金等の経済的手法研究会」の最終報告書である環境庁調整局企画調整課調査企画室（1997）の表記に従うと、「地球温暖化を防止するための税」の具体的な提案は以下の4パターンであった。[1]

① 「低税率・補助金併用型炭素税」
　炭素税＋インセンティブ効果と補助金の組み合わせ
　税率：3,000円／炭素トン、税収額：1兆円（税収を補助金として利用）
② 「北欧型炭素税」
　炭素税＋インセンティブ効果のみの利用

---

[1] 環境庁調整局企画調整課調査企画室（1997）、pp.54–59。

税率：30,000円／炭素トン、税収額：10兆円（税収は一般財源*）
③ 「低税率・補助金併用型炭素／エネルギー税」
炭素税・エネルギー税＋インセンティブ効果と補助金の組み合わせ
税率：1,500円／炭素トン（残りはエネルギー分に課税）、税収額：1兆円（税収を補助金として利用）
④ 「国際配慮型段階税率炭素／エネルギー税」
炭素税・エネルギー税＋インセンティブ効果のみの利用
税率：1,500円／炭素トン＋エネルギー税（10年間増税）、税収額：10兆円（10年後）（税収は一般財源*）

*二重の配当という表記はないが、他の税を減税する原資としての可能性を指摘している。

　一見して明らかなのは、地球温暖化対策のための税は、①「低税率・補助金併用型炭素税」を基本としてその税率をさらに3分の1に減少させ、④の段階的増税のアイディアと組み合わせたものであるということだ。同書は一方で補助金政策を「汚染者に公的資金から便益を供給することの社会的不公正感や、汚染者負担の原則（PPP）との関係、市場参入者の増加による二酸化炭素排出量の増加に加え、既得権益化、補助金配分システムの非効率等のいわゆる『政府の失敗』の問題など、様々な課題がある」と批判しながらも（同上、p.8）、税収の利用に関しては「省エネ装置、技術等の導入促進に当たって助成的な政策をとることが考えられている場合には、炭素税の税収をそうした目的の歳出に優先して充当していくことが考えられる」としている（同上、p.12）。明らかに理論的矛盾を伴った見解を提示していたわけであるが、環境政策としての効果を固定して、税収に補助金を活用することで税率を10分の1に抑えられるという見解は、日本における環境税の設計の主流になっていくことになる。
　本書の分析枠組みから整理しなおすと、環境税の持つ国庫機能に対して不十分な理解がこうした見解をもたらしたと考えられる。具体的に同書は環境税の税収に対して、「炭素税等の環境税が純粋にインセンティブ目的で課される場合、税収は副次的なものであり、使途は特定されない」と認識してい

たが、実際は高い財政需要と結び付いて環境税が課される場合にはじめて環境税のインセンティブ目的が達成されうる、とするべきであったのだ。もっとも、本書では分析の対象としてはいないが日本においては他のOECD諸国と比較してあらゆる租税の税率が低水準であり、租税による財源調達が極めて困難であるという社会的・政治的構造を有している可能性が高い。とはいえ、財政赤字が拡大し、少なくとも財政再建のための財政需要が増大する中で、非国庫目的と国庫目的が調和することなく環境税の制度設計がなされたのが日本の事例であったのだ。

　このように、日本における環境税の提案の学術的な基礎には、矛盾を抱えながらも環境税収を環境補助金化することで税率を低く抑えるという組み合わせが存在していた。この見解を支えた財政学的な根拠は何だったのか確認しよう。宮島 (1993=1997) は「税収の確保 (財源調達) ではなく CO_2 排出の抑制 (化石燃料消費の節減) を第1の課税目的とする」とし、同様に牧野 (1996) は「環境税は、環境を汚染する生産活動や消費活動を抑制することを第一義的な目的として、賦課される税の総称である」と定義している。その際に、あくまでも副次的に発生する税収については、一般論としては特定の財源と結び付けるのは望ましくないとしながらも、「実際問題として、極めて高い税率設定が必要とされる炭素税単独の温暖化対策に現実性が薄く、課税・補助金交付の組み合わせを現実には選択しなければならないとすれば、補助金財源の一部ないし全額を確実に確保するためにも、あるいは使途の明確化によって新税導入への政治的合意を促すためにも、炭素税の目的税化が支持されるであろう」としている (宮島1993=1997、p.43)。

　税収をどのように利用するのかは租税理論からすれば中立であるという認識が (牧野1996、p.298)、逆に環境税率を低くするという経路をたどるならば逆説的に環境税の存在意義を突き崩してしまう危険性がある。むしろ、税収に占める環境関連税制の割合を増加させる、ないし生産要素ごとの環境に対する課税の割合を増加させる税制のグリーン化の観点からすれば、「炭素税の税収の税額を環境対策の特定財源に用いるべきではない」との認識が正しいことになる (朴2009、p.75)。その際には、どのような財政需要が発生しているのかという財政的状況に応じて必要とされる措置は変わってくる。す

なわち、第5章でドイツの事例を確認するように財政赤字がない、あるいはあったとしても小さく、社会保障需要が大きいのであれば社会保障財源とすることは正当である。二重の配当論に基づく環境税の導入は、「公平性」への配慮は欠かせないものの有力な環境税の導入シナリオとなりうる。もっとも、第6章で確認するように財政赤字を背景とすると、財政再建のために税収を利用することの正当性が高まるのである。

　日本において環境税収が環境目的に限定される理論的背景は、単に補助金額の確保や政治的受容性の構築だけにとどまらない。そこには、税収の利用方法が租税の性質をも規定するという認識が存在していたからである。宮本（2007）は現代的租税原則として、①負担の公平、②公開と参加、③効率、④環境負荷の減少、の4点についてヴァイツゼッカーの議論を租税論的に整理して提唱しているが（同上、p.273）、他方で日本における自動車関連税は「道路財源として使用されているので環境税といえない」とも主張している（同上、p.268）。

　この認識をさらに理論的に深化させたのが諸富（2000）である。諸富は環境税を社会的共通資本の維持管理手段と定義したうえで、①経済的インセンティブを利用した政策手段であると同時に、②「環境税は社会的共通資本の維持管理に必要となる財源を、環境負荷に応じて公正に配分する財源調達手段としての性格をも持っている」とする。諸富の考える社会的共通資本とは、宇沢弘文によって提示された、社会資本・自然資本・制度資本を含む包括的な概念であり（宇沢・茂木1994）、本質的には財政需要そのものを指しうる広義な概念として利用されている。(2) しかし、日本の政治的文脈における「環境税とは税収を環境目的に利用されなければならない」という認識の基礎になってしまった側面がある。

　日本における地方環境税といえば、税収を地方の環境政策を進めるために利用するべきであるという認識につながり（植田2011、p.78）、実際に導入された地方環境税はすべからく環境に対する用途目的税となっていることが、このことを端的に示している。ところが、環境税率を低く抑えるための補助

（2）　諸富の考える社会的共通資本に関しては、諸富（2000）も参照のこと。

金の組み合わせにせよ、社会的共通資本を維持するための財源としての環境税にせよ、環境政策として求められる環境税率を実現することはできないということは強調されてこなかった。財政需要に基づいて環境税率を決定することは本末転倒ではあるものの（宮島1993=1997、p.43）、仮に財政需要に基づいて環境税率を設定したとしても理想的に十分高い環境税率を設定することすら保証されないことは、現実の政策を考える際に重要な視点であろう。すなわち、程度の問題として捉えると財政需要に基づいた環境税率の設定も本末転倒にならないということを示している。さらに、税制のグリーン化という観点からすると、少なくとも税収最大点までは環境税率を上昇させることが正当化されうるということに留意するべきなのである。

　以上、日本における環境税の学術的議論を確認しながら、本書の問題意識に基づいて整理を行ってきた。環境政策の経済的手法として位置づけられた新しいタイプの租税として、またはインセンティブ効果と社会的共通資本維持の財源調達手段という二重の定義によって環境税は認識されてきた。税収の特定財源化に対しては二重の配当論の立場から反論が加えられてきたのであった。とはいえ、非国庫目的と国庫目的という本書の分析枠組みを利用すると、二重の配当に限らず財政再建であっても、環境税増税の背景となる財政需要が存在していればよいことになる。非国庫機能と国庫機能との調和を図ったドイツにおける環境税の導入についてはすでに確認したが、以下では非国庫機能に絞って制度設計がなされた日本について、政策過程を検討することにする。

3　地球温暖化対策のための税の導入経緯

　本節では2012年10月1日における、地球温暖化対策のための税の導入経緯を分析する。同税の導入は、本格的な炭素税の導入という環境政策・租税政策上の悲願が達成されたと見ることができる。日本においても地球温暖化対策のための経済的手法として環境税の導入が検討されはじめたのはかなり古く、1991（平成3）年11月に当時の環境庁に石弘光を座長として「環境税研究会」[3]が設置されたことに端を発する。気候変動問題への意識の高まりを背

景として、1990年10月には「地球温暖化防止行動計画」が策定されており、環境税やほかの経済的手段への言及はないものの、「これによって日本は、世界で初めて、地球温暖化防止と積極的に取り組む姿勢を確立した」とされている（石1999, p.27）。1990年はちょうどフィンランドで炭素税が導入された年でもある。同研究会ではOECDの議論をベースとしながら、環境税の理論的根拠を整理したうえで、北欧諸国を中心に欧州における環境税の導入状況を整理し、環境税の導入の必要性を訴えたのであった。

　1992年6月にリオデジャネイロで開催された地球サミットにおいて「気候変動枠組み条約」が制定され、1994年に発効した。日本国内においては、1992年4月に環境基本法の編纂が企図され、翌1993年11月に制定された。その際に同法22条において、経済的手段の重要性が訴えられたのである。[4]「環境税研究会」は、ほとんど同じメンバーによって「環境に係る税・課徴金等の経済的手法研究会」[5]に引き継がれ、同研究会では環境基本法や環境基本計画に位置づけられた経済的手段について、環境に係る税や課徴金を中心に調

（3）　1991年11月～1994年7月。
（4）　石弘光は同条項のことを環境政策における経済的手段の重要性を規定するものとして評価する一方で、通産省と環境庁の妥協の産物であり、意味のわからない天下の悪文であると批判している（石1999, p.31）。条文は以下のとおり。
　　第二十二条（環境の保全上の支障を防止するための経済的措置）
　　国は、環境への負荷を生じさせる活動又は生じさせる原因となる活動（以下この条において「負荷活動」という。）を行う者がその負荷活動に係る環境への負荷の低減のための施設の整備その他の適切な措置をとることを助長することにより環境の保全上の支障を防止するため、その負荷活動を行う者にその者の経済的な状況等を勘案しつつ必要かつ適正な経済的な助成を行うために必要な措置を講ずるように努めるものとする。
　2　国は、負荷活動を行う者に対し適正かつ公平な経済的な負担を課すことによりその者が自らその負荷活動に係る環境への負荷の低減に努めることとなるように誘導することを目的とする施策が、環境の保全上の支障を防止するための有効性を期待され、国際的にも推奨されていることにかんがみ、その施策に関し、これに係る措置を講じた場合における環境の保全上の支障の防止に係る効果、我が国の経済に与える影響等を適切に調査し及び研究するとともに、その措置を講ずる必要がある場合には、その措置に係る施策を活用して環境の保全上の支障を防止することについて国民の理解と協力を得るように努めるものとする。この場合において、その措置が地球環境保全のための施策に係るものであるときは、その効果が適切に確保されるようにするため、国際的な連携に配慮するものとする。
（5）　1994年8月～1997年5月。

査研究と検討を重ね、2度の報告書を提出している。他方で、世界的な気候変動政策は、気候変動枠組み条約の締約国会議が開催され、1995年のベルリンCOP 1、1996年のジュネーブCOP 2 を経て、1997年の京都COP 3 に至っていた。

　京都議定書の合意内容についてはこれまで十分に解説されてきているため割愛するが、日本においても京都議定書で合意された温室効果ガスの1990年比マイナス6％という目標に向けて、具体的に議論が始められることになる。翌1998年には「環境政策における経済的手法活用検討会」(6)が発足するとともに、ポリシーミックスによる低税率の環境税が提案されることになる。一方では環境税の価格効果による環境改善を目指し、他方では税率を低く抑えるために環境税収を環境対策として活用する日本型の「環境政策財源調達式」の環境税が既定路線となっていくことになった。

　1990年代は、石弘光を中心として議論が進められてきた環境政策としての環境税であるが、環境庁から環境省への改組を機に2001年に発足した「中央環境審議会　総合政策・地球環境合同部会：地球温暖化対策税制専門委員会」(7)においては、それまでの委員会でも委員を務めていた飯野靖四に委員長をバトンタッチすることになる。ここでも、財源措置による低税率が志向された。その後は、森嶌昭夫委員長のもとでの「中央環境審議会　総合政策・地球環境合同部会：施策総合企画小委員会」(8)、同時期ではあるが神野直彦委員長のもとでの「中央環境審議会　総合政策・地球環境合同部会：環境税の経済分析等に関する専門委員会」(9)と続き、同じく神野委員長のもとで「中央環境審議会　総合政策・地球環境合同部会：グリーン税制とその経済分析等に関する専門委員会」(10)と環境税の導入について議論が続けられることになった。2010年からは環境税に限らず総合的な地球温暖化対策を審議する「中央環境審議会　地球環境部会：中長期ロードマップ小委員会」に実質的な議論

（6）　1998年5月～2000年5月。
（7）　2001年10月～2003年8月。
（8）　2003年12月～2006年7月。
（9）　2005年5月～同年11月。
（10）　2008年9月～2010年1月。

は受け渡されている。

　これらの各審議会・委員会での議論を経て、環境省が具体的に行ってきた環境税の制度設計を確認しよう。2004年には、環境省が環境税の具体案として2005年度税制改革の要望を発表し始めた。2005年度税制改革案の特徴は以下のとおりである。①税率は2,400円／炭素トンで、②税収規模は4,900億円、③家庭の負担は年間3,000円で、④税収の用途として3,500億円を温暖化対策に、1,500億円を社会保険料の引き下げに充てていること、⑤軽減措置の中に低所得者対策を盛り込んでいることである。同案は成案に至らず、環境税の行方は2006年度税制改正案に引き継がれることになる。各審議会・委員会では低税率・補助金財源化路線が主流となってはいたものの、複数案が提示されていたこともあり、この時点では環境省は二重の配当を組み入れた環境税の提案を行っている。とはいえ、二重の配当部分は税収の30％程度にすぎないだけでなく、他の国庫目的との調和可能性をすでに当初から失っていたことが看取されよう。

　2006年度税制改正案の特徴は以下のとおりである。①税率は2,400円／炭素トンで変化はないものの、②税収規模は3,700億円と1,200億円減少し、したがって③家計の負担は年間2,100円と同じく減少し、④二重の配当をあきらめて、税収は全額地球温暖化対策とした。ただし、あくまでも一般財源として位置づけられたうえで、地球温暖化対策への財源とするとされた。さらには、⑤低所得者対策の軽減措置が削除された。税収の減少に関しては、ガソリン、軽油、ジェット燃料について、原油価格の高騰および既存税負担の状況等に鑑み、当分の間適用を停止したことによる。2006年度税制改正案も、成案には至らなかった。同年最大の特徴は、税率の減少分を以って、社会保険料の引き下げを棄却するという二重の配当の完全なる廃棄にあったといえよう。

　2007年度税制改正案の特徴はそのほとんどが2006年度改正案と同じであるが、①税収規模が3,600億円と多少減少し、②家計の負担も年間2,000円と微減した。このことは、提案された制度が変化したというよりも、原油価格の高騰といった経済的背景によるものであると考えられる。2007年度税制改革案も、成案には至らなかった。2008年度税制改革案も2006年度改革案と同じ

で、2005年度、2006年度、2007年度税制改革大綱において環境税の導入を総合的、ないし早急に検討することが明記されたことを強調するにとどまった。もっとも、炭素税の導入だけでなく、道路特定財源のあり方、特に暫定税率部分の維持や、バイオディーゼルの非課税化、自動車税や住宅関連税のグリーン化などの減税案と併記されるという特徴を持った。2008年度改正案も成案には至らなかったが、総合的な税制のグリーン化を企図したことによって、2009年度以降の税制改革に大きな影響を与えることになる。

　2009年度税制改革案においては、「現下の厳しい経済状況を踏まえ、極力増税とならないよう措置する。具体的には、平成21年度においては、見合いの環境減税を進める（省エネ住宅、低燃費自動車、森林吸収源対策等）」こととされた。また、ガソリン、軽油について、それまでの課税の延長という方針から、「揮発油税、軽油引取税等において環境課税することを前提に、課税対象としない」という方針に転換した。税率等の構造は、それまでの案と同様であった。しかし、二重の配当という意味ではなく、経済環境を理由に、環境税増税と税制のグリーン化を通じた減税を組み合わせることで税収中立的な税制改革が標榜されたのであった。

　もっとも、同年度税制改革案は、増税部分はこれまでと同様に先延ばしされ成案とならなかったが、減税部分に関しては先行して実現することになった。2009年度・2010年度の環境関連減税は、エコカー減税に700億円、エネルギー需給構造改革推進投資促進税に480億円、エコ住宅にかかわる所得税額控除に300億円の合計1,480億円が減税され、両年の補正予算も合わせると、家電エコポイントに6,929億円、住宅エコポイントに2,442億円、エコカー補助金に6,311億円、グリーン・ニューディール基金に610億円と実に1.6兆円以上の環境関連支出がなされるに至った。

　2010年度税制改革案で、それまでと違ったいくつかの大きな動きがあった。同年度改革案の特徴は以下のとおりである。①税率について、石炭4,303円、原油・石油とガス状炭化水素3,900円と税率を引き上げた。また、揮発油税（ガソリン税）の暫定税率分を廃止し、別建ての環境税として27,380円とした。[11] このことによって、②税収規模は、前者で1兆円、後者で1兆円の計2兆円の規模となった。もっとも、暫定税率の廃止による減収効果も大きく、③家

計の負担はそれまでの提案と比べて大幅に減少し、年間1,127円とされた。また、「国際競争力強化等の観点からの特定産業分野への配慮や低所得者等への配慮については、使途となる歳出・減税で対応」するとされたことから、前者の石油石炭税部分の1兆円の税収に関しても、額面どおり受け取ることができないことに注意が必要だ。2010年度税制改革案も成案には至らなかったが、2010（平成22）年度税制改革大綱において、「平成23年度実施に向けて成案を得るべく更に検討を進め」るとの条項を導入することに成功した。

同大綱を受けた2011年度税制改革案は、税率の構造については前年度案を踏襲しながらも、石油石炭税部分に関しては「エネルギー起源CO_2の排出抑制対策に全額充てることとし、その具体的仕組みについては、現行エネルギー対策特別会計を活用しつつ、経済産業大臣と環境大臣が管理する」とし、それまでの一般会計による処理から大きく路線を転換することになった。(12)また、環境省だけではなく経済産業省の予算ともしたことの影響は大きかった。それまで環境税の導入は環境省だけの要望事項であったのだが、2011年度税制改正に際しては、経産省も地球温暖化対策税の導入を要望するに至った。その際、農林水産省や国交省も地球温暖化対策税の導入に対する税制改革の要望を提出しており、環境税の導入を目前に控えて省庁間の調整が行われていたことが看取される。同案は2010年11月9日税制調査会においては前年度案と同様に暫定税率の廃止を前提としたガソリン税の上乗せ部分も合わせて2兆円規模とされた。

しかし、2010年12月8日税制調査会においては、民主党からの要望で石油石炭税部分のみ考えて、税収規模を2,400億円とすると説明された。その際、2010年10月中央環境審議会中長期ロードマップ小委員会の、約2,500億円の税収規模を全額地球温暖化対策に充てることで、二酸化炭素排出削減効果は900万トンから1,400万トンに達し、同じく2008（平成20）年11月中央環境審

---

(11) 石炭課税について若干税率が高いのは、石油石炭税において存在していた、ガス状炭化水素と石炭の間の税率の差を埋めるためであり、炭素税の導入から石油石炭税の炭素税化に若干の舵を切ったことを意味している。

(12) エネルギー対策特別会計とは、行政改革推進法によって2007年度より、電源開発促進税による電源開発促進対策特別会計（電源特会）と石油石炭税による石油及びエネルギー需給構造高度化対策特別会計（石油特会）が統合されたものである。

表3-2　環境税の具体案の比較

(円)

	2005年度 改正案	2006〜2009年度 改正案	2010年度 改正案	2011・2012年度 改正案
石炭（トン）	1,580	1,580	2,740	670
揮発油（kℓ）（ガソリン）	1,520	1,520	2,780 (17,320)	760 (24,300)*
灯油（kℓ）	820**	820**		
軽油（kℓ）	860**	1,720		
ジェット燃料（kℓ）	810**	1,610		
天然ガス（kℓ）	1,760	1,760		
LPG（トン）	1,960	1,960	2,870	780
電気（kWh）***	0.25	0.25		

出所：環境省「環境税の具体案」各年度より筆者作成。
注：*暫定税率の維持による。
　　**税率1/2の軽減税率。
　　***転嫁による価格上昇分。

議会グリーン税制専門委員会の資料を根拠に揮発油税の暫定税率を維持することで約1,200万トンの削減効果があり、合わせると2020年段階で1990年比約2％の二酸化炭素排出削減効果があるとした。このことを根拠に、民主党の2,400億円という税収規模の提案は、「税収を、環境省が8月末時点で要望していたとおり、全額エネルギー起源CO_2排出抑制対策に充てる前提であれば、中長期の目標達成に向けて、ぎりぎり理解し得る範囲」であると説明されたのである。

　このような変遷を経て、同案は2011（平成23）年度税制改正大綱（2010年12月16日閣議決定）に盛り込まれることになった（表3-2）。そこでは、2011年10月1日、2013年4月1日、2015年4月1日と3段階に分けて税率が引き上げられる予定であった。税率に関しては、税収規模の調整に合わせて税率も大幅に引き下げられるに至った。「地球温暖化対策のための税」は、「経済社会の構造の変化に対応した税制の構築を図るための所得税法等の一部を改正する法律案（第177回国会閣法第2号）」として提出されたが、「平成23年11月10日の民主、自由民主党、公明党の3党協議などの国会における審議の結果により」、先送りされることが決定され、2011年11月24日の第179回国会において衆議院で修正されることとなった。こうして、導入直前でさ

第3章　日本における環境税の導入過程　　79

らに先送りされることとなった新税であるが、2012（平成24）年度税制改革大綱に同じ案が掲載され、「租税特別措置法等の一部を改正する法律案」として2012年1月27日に国会に提出され、同年3月30日に参議院で可決されることによって成立した。

　かくして、日本の環境税は石弘光らによってその導入の検討が開始されてより約20年の間に、可能な限り税率を引き下げるために二重の配当を棄去し、一般財源としての位置付けも環境省独自の財源としての位置付けも捨て去ることによって、ようやく政治的受容性の構築に到ったのである。

〈参考文献〉

Baumol, William J. (1972), "On Taxation and the Control of Externalities", *The American Economic Review*, 62 (3), pp.307-322.

Krebs, Carsten und Danyel T. Reiche (1997), *Der mühsame Weg zu einer "Ökologischen Steuerreform", Ein Beitrag zur Systematisierung der Debatte*, Peter Lang GmbH, Europäischer Verlag der Wissenschften, Frankfurt am Main.

Krebs, Carsten und Danyel T. Reiche (1999), *Der Einstieg in die ökologische Steuerreform, Aufstieg, Restriktionen und Durchsetzung eines umweltpolitischen Themas*, Peter Lang GmbH, Europäischer Verlag der Wissenschften, Frankfurt am Main.

OECD (2006), *The Political Economy of Environmental Related Taxes*, Paris, Organisation for Economic Co-operation and Development（環境省環境関連税制研究会訳（2006）『環境税の政治経済学』中央法規）．

Schmölders, Franz Hermann Günter (1970), *Finanzpolitik 3. Auflage*, Berlin, Göttingen, Heidelberg（山口忠夫訳（1981）『財政政策　第3版』中央大学出版部）．

Schreurs, Miranda Alice (2002), *Environmental Politics in Japan, Germany, and United States*, Cambridge, The Syndicate of the Press of the University of Cambridge（長尾伸一・長岡延考監訳（2007）『地球環境問題の比較政治学――日本・ドイツ・アメリカ』岩波書店）．

Schumpeter, Joseph Alois (1942), *Capitalism, Socialism and Democracy*, Harper and Brothers, New York（中山伊知郎・東畑精一訳（1995）『資本主義・社会主義・民主主義』東洋経済新報社）．

Weizsäcker, Ernst Von and Jochen Jesinghous (1992), *Ecological Tax Reform: A Policy Proposal for Sustainable Development*, Zed Books.

Zimmermann, Horst und Kuraus-Dirk Henke (1994), *Finanzwissenschaft, 7., überarbeitet und ergänzte Auflage*, München, Verlag Franz Vahlen GmbH（里中恆志・篠原章・半谷俊彦・平井源治・八巻節夫訳（2000）『ツィンマーマン＆ヘンケ現代財政学』文眞堂）．

(13)　黒部（2012）p.122。

石弘光（1999）『環境税とは何か』岩波新書。
石弘光編、環境税研究会著（1993=1997）『環境税――実態と仕組み』東洋経済新報社。
植田和弘（2011）「地方環境税と都市自治体」日本都市センター編『環境税制・都市税制と都市自治体』pp.69-82。
宇沢弘文・茂木愛一郎編著（1994）『社会的共通資本――コモンズと都市』東京大学出版会。
OECD著、石弘光監訳、環境庁企画調整局計画調査室訳（1994）『環境と税制――相互補完的な政策を目指して』有斐閣。
環境庁企画調整局企画調整課調査企画室監修（1997）『環境政策と税制――「環境に係る税・課徴金等の経済的手法研究会」第1次報告』ぎょうせい。
環境庁企画調整局企画調整課調査企画室監修（1998）『地球温暖化対策と環境税――「環境に係る税・課徴金等の経済的手法研究会」最終報告』ぎょうせい。
黒部純二（2012）「平成24年度環境省予算のポイント――大震災復興、低炭素社会構築、原子力安全庁設置」『立法と調査』No.325、pp.116-125。
財団法人日本都市センター（2011）『環境税制・消費税制と都市自治体』日本都市センター。
財団法人地球環境戦略研究機関（IGES）編（2009）『地球温暖化対策と資金調達――地球環境税を中心に』中央法規。
神野直彦（2007）『財政学　改訂版』有斐閣。
竹内恒夫（2004）『環境構造改革――ドイツの経験から』リサイクル文化社。
爲近英恵・伴金美（2006）「京都議定書遵守による国際的産業構造変化と炭素リンケージ――動学的応用一般均衡モデルによる分析」『大阪大学経済学』Vol.55、No.4、pp.91-105。
坪郷實（2009）『環境政策の政治学――ドイツと日本』早稲田大学出版部。
朴勝利（2004）「環境税制改革の「二重の配当」の可能性をめぐって」環境経済・政策学会編『環境税』東洋経済新報社。
朴勝俊（2009）『環境税制改革の「二重の配当」』晃洋書房。
牧野源泉（1996）「環境税の基礎理論」木下和夫編著『租税構造の理論と課題』財務経理協会、pp.287-304。
宮島洋（1993=1997）「環境税（炭素税）の租税論的検討」石弘光編、環境税研究会著『環境税――実態と仕組み』東洋経済新報社、pp.31-46。
宮本健一（2007）『環境経済学　新版』岩波書店。
諸富徹（2000）『環境税の理論と実際』有斐閣。
諸富徹・沼尾波子編著（2012）『水と森の財政学』日本経済評論社。

第4章

ドイツ・エコ税改革前史

　本章の目的は、ドイツにおけるエコロジー税制改革以前のエネルギー税制の状況について解説することである。戦後の西ドイツにおいては、道路建設財源として鉱油税の担税力が期待されてくるようになり、オイルショックを機に道路建設の需要予測が減少するとともに鉱油税に対する国庫目的の期待が後退した。そしてドイツ再統一以後は、州の交通政策財源の補償のために鉱油税の担税力に再び光が当てられることになる。1998年よりはじまるエコ税改革はこのような鉱油税の国庫機能への期待の高まりを背景として制度設計がなされたことが重要である。

　なお、連邦政府が鉱油税の国庫機能を利用しなければならなかった背景には、ドイツにおける財政調整（Finanzausgleich）の構造が存在している。担税力の強い所得税・法人税と売上税（付加価値税）は、その税収を連邦政府と州政府・ゲマインデ（日本の市町村に相当する）が共有しているために、連邦政府の財政需要に単純に利用できないという背景が存在していたからである。これについては、補論で補足することにする。

　本章の構成は以下のとおりである。第1節で戦後の西ドイツ・統一ドイツにおける鉱油税の歴史を概観する。鉱油税は交通政策財源として位置づけられてきたため、交通政策支出との関係に注意しながら解説を行う。第2節では交通政策における財政需要の変化に伴い、鉱油税の位置づけが変化してきたことを説明する。

（1）　戦後西ドイツのエネルギー税制は化石燃料に対する課税である鉱油税が中心となってきた。1975年からは発電用国内炭の価格支持政策のための財源確保として電力に賦課金が課せられていた。この石炭調整賦課金に関しては、第7章3節で簡単に解説を加えているので参照されたい。

1 鉱油税と交通政策支出の歴史の概観

1.1 鉱油税の誕生

　本節では交通政策支出の財源としての鉱油税の歴史を長期的な視点から概観する。[2]

　はじめに、西ドイツにおける鉱油税史を簡単に確認することにする。鉱油（Mineralöl）とは化石燃料のうち石炭・褐炭などの固形燃料を除いたガソリン・灯油・軽油・重油・天然ガスなどを指す。鉱油に対する課税は、19世紀に近代的掘削技術の発展による石油（Erdöl）の普及に伴い、1879年に導入された帝国石油関税（Petroleumszoll des Reiches）にはじまる。[3] 1930年の世界的経済危機に伴い、海外からの鉱油に対する関税を急激に上昇させざるを得なかった。そのため、国内で産出される鉱油に対する調整・補完措置として同時にガソリン（Benzin）に対する内国課税を開始した。1936年に初めて税率は引き上げられる（2.29セント／ℓ）ことになった。[4] 鉱油関税にしても鉱油に対する調整税（Ausgleichssteuer auf Mineralöle）にしても、国庫目的というよりも国外産の鉱油に対する輸入防止や国内産の鉱油への価格調整という非国庫目的に主眼があったといえよう。

　戦前に導入された帝国石油関税、それを補完するための調整税という非国庫目的を中心に開始された鉱油に対する課税は、経常収支の改善を目的とした化石燃料の輸入抑制のための関税補完税制であったが、1939年にはディーゼル燃料（Dieselöl、1.68セント／ℓ）にも課税対象は拡大され、わずかながら国庫目的としても意義づけられることになる。[5] 戦後の鉱油税の法的起源は複数の鉱油に対して課税を開始した1939年法にある。[6] とはいえ、財政収入に与える影響は軽微なものにすぎなかった。本格的に鉱油税に対する担税力が

（2）　本節の歴史的説明はSoyk（2000）とBundesministerium der Finanzen（2009）と各法律に依拠している。

（3）　のちに企図された帝国による石油の専売は実現しなかった。

（4）　以下、できる限りユーロ・セントを利用する。本来であれば、ドイツマルク・ペニヒが正しいが、現在との歴史的な連続を理解しやすくするために単位を変換してある。なお、1ユーロは1.95583ドイツマルクである。

（5）　1939年2月22日の公告（RGBl. I S.566）と同年9月5日の政令（RGBl. I S.1687）。

第 4 章　ドイツ・エコ税改革前史　83

重要となってくるのは戦後になってからである。

　戦後の鉱油税は1951年 1 月19日の鉱油税法改正法（BGBl. I S.73）に端を発する、製造業者が出荷時に賦課されるいわゆる蔵出し税である。国内で生産されるか輸入された原油（Rohöl）の市場供給の統制を目的として、ガソリンの税率を7.24セント／ℓ、ディーゼルを4.69セント／ℓに引き上げると同時に、課税対象を発熱油（Heizeöl、0.51セント／kg）と液化ガス（Flüssiggas、5.11セント／kg）に拡大した。1953年 6 月 1 日には戦後の鉱油産業の構造変化と戦後復興による財政需要の高まりに対応するために、市場の調整ではなく純粋な財源税（reine Finanzsteuer）として税率を調整した。そこでは、輸入鉱油に課税対象を拡大するとともに、ガソリンの税率を10.28セント／ℓに引き上げる一方で、ディーゼルを2.71セント／ℓに引き下げ、発熱油を非課税にした。市場の統制という非国庫目的に端を発した鉱油税が国庫目的を主眼とした税制へと転換したことを意味している。

　図 4 － 1 は戦後の主たる鉱油税率を図示したものである。純粋な財源税として位置づけられた鉱油税であったが、当初から高い税率を実現できていたわけではない。むしろ、後述するように交通政策財源として位置づけられる中で動力用のガソリン、ディーゼル、液化ガスの税率は1970年代までほぼ一貫して引き上げられ、その税率の上昇を通じて強い担税力を示すことになる。日本においてもそうであったように、道路建設のための財源は道路の利用者

（ 6 ）　Neubekanntmachung des Artikels 3 （Ausgleichssteuer auf Mineralöle - Mineralölsteuer）des Gesetzes über Zolländerungen vom 15. April 1930（RGBl. I S.131）.
（ 7 ）　本章では基本税率のみを記す。条件による税率の違いについてはBundesministerium der Finanzen（2009）を参照されたい。
（ 8 ）　軽発熱油と重発熱油に関しては、本章では十分に取り扱うことができなかった。というのは、石炭産業に対する生産調整・設備の近代化を目的として1960年から軽発熱油 1 ペニヒ／kg、重発熱油0.25ペニヒ／kgが 3 年の期限で導入されたが、鉱業の国際競争力維持のためにたびたびその延長が図られていた経緯があるからだ（BR-Protokoll 362. S.52）。この問題に関してはエネルギー政策・石炭政策との関連で論じなければならないため、今後の課題としたい。
（ 9 ）　もっとも、ガソリン課税に対しては担税力を期待するとともに他の鉱油、特に発熱油や発熱用液化ガスについてはエネルギー政策の政策手段としての事実上の補助金として認識されていた。石炭鉱業のエネルギー市場の変化への適応を想定し、新しいエネルギー源の開発を意図していたからである。

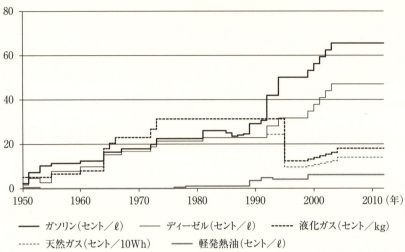

図4-1 戦後ドイツ鉱油税率

―― ガソリン(セント／ℓ)　―― ディーゼル(セント／ℓ)　------ 液化ガス(セント／kg)
------ 天然ガス(セント／10Wh)　―― 軽発熱油(セント／ℓ)

出所：Bundesministerium der Finanzen（2009）より筆者作成。
注：液化ガスと天然ガスは動力用燃料の税率である。発熱・発電用に関しては1960年から1988年まで非課税で、その後軽減税率が適用され続けている。また、1989年より発熱油は軽発熱油と重発熱油に分離され、重発熱油は発電用から熱生産用は分離・軽減されているが、図が見難くなるために除外した。

に求められたのであった。道路建設によって直接的に利益を得られる道路利用者に負担を求めるためのツールとして鉱油税の国庫機能が期待されたといえよう。このことは、関税との関係では作用目的税として設計された鉱油税が、国庫目的に転換する過程で用途目的税化したことを示している。他方、鉱油税が道路財源として位置づけられることで、主に暖房のために利用される軽発熱油の税率が低く抑えられていることが見て取れる。

図4-2は鉱油税収と連邦交通支出を図示したものである。鉱油税収が連邦政府の税収に占める割合を見ると、戦前の制度のままであった1950年にはわずかに0.3%を占めるにすぎなかったが、純粋な財源税として再設計された1951年改正法の成立によって1.7%と急上昇していることが看取される。連邦税収に占める鉱油税収の割合は1967年まで一貫して伸び続けて8.2%を占めるようになる。1967年は鉱油税の国庫機能の1つのピークと考えられる。鉱油税率も鉱油税収もその後も伸び続けるが、後述するように他の財源が充

図4-2　鉱油税収と連邦交通支出

出所：Fnanzbericht (2010) とVerkehr in Zahlen各年版より筆者作成。

実することで、鉱油税の国庫機能は相対的に弱められることになる。

1.2　鉱油税の交通政策目的税化

次に、西ドイツにおける道路財源としての鉱油税の発展を見ることにする。1955年には、交通財政法が制定され、鉱油税、輸送税、自動車税の税率を引き上げ、その増収分を道路財源に充当することになった。同法は西ドイツにおける初めての特定財源制度であるという（佐々木1982）。この背景には、1953年に連邦長距離道路法によって高速道路であるアウトバーンと連邦道路の整備が本格化したことがある。1955年は連邦と州の間で所得税と法人税を共有するいわゆる税源小結合が実現した年でもある（レンチュ1991=1999、p.177ff.）。戦後の連邦財政においては、所得税・法人税が州政府の財源とされていたために安定した財源が極端に不足していた。つまり、道路建設需要の高まりと財源の不足という両面に挟まれて国庫目的の鉱油税に期待をせざ

---

(10)　Verkehrsfinanzgesetz vom 6. April 1955（BGBl. I S.166）.
(11)　Bundesfernstraßengesetz 1953（BGBl. I S.903）. 同法は2003年の改正まで有効であった。

るを得ないという状況が背景として存在していたといえよう。

　さらに、1957年7月29日には連邦長距離道路整備計画法が制定され、1959年から1970年までの12年間で3次にわたる4カ年計画によって連邦長距離道路の整備が行われることとなった。同法を受けて、1960年3月28日には道路建設資金調達法が制定され、鉱油税と自動車税の税率を引き上げるとともに、鉱油税収を道路整備目的の財源となった。

　当初は鉱油税収のうち一般財源分として6億ドイツマルク（DM）を控除し、残りを道路整備の財源とする予定であったが、「その後の景気後退と国防費および社会保障費の膨張による連邦予算の財政難のため、鉱油税収入の目的財源化方針を改め」、鉱油税収のうち道路財源を45％、一般財源として55％が割り当てられることになった（佐々木1982）。6億DMは1960年の鉱油税収の44％であり、61年には35％、62年には32％、63年には28％であることを勘案すると、一般財源の額を控除する方式よりも、交通政策との割合を定めた方が連邦予算の財政難にとっては有利であったことがうかがえる。もっとも、連邦政府の交通政策支出は1950年では鉱油税収の7.2倍、1955年には1.5倍、1960年には1.3倍であり、戦後の復興需要の中で連邦予算において鉱油税収よりもむしろ交通政策支出の方が大きかったことが見て取れる。

　1963年12月20日には鉱油関税の鉱油税への転換に関する法律が制定され、道路建設資金調達法が失効するとともに、鉱油税収のうち道路財源は1964年には46％、1965年には48％、そして1966年以降は50％と定められた。ここに、基本的には鉱油税収を交通政策と一般財源で折半するという原則が確立した。この原則は、後述する補助金財源を別として、1981年まで15年間続くことになる。もっとも、このような鉱油税の用途特定割合の減少は交通政策支出の

---

(12)　Straßenfinanzierungsgesetz vom 28. März 1960（BGBl. I S.201）。
(13)　Verkehr in Zahlenに記載されているデータの制約により、1965年以前は5年おきにしかデータを確認できない。1950年に関しては1950／1951会計年度、1955年に関しては1955／1956会計年度のデータであり、かつザールラント州を除いたものとなっている（Verkehr in Zahlen2000, S.126）。
(14)　Gesetzes über Umstellung der Abgaben auf Mineralöl vom 20. Dezember 1963（BGBl. I S. 995）。同法はEEC条約に基づき1964年より鉱油関税が撤廃されるのに伴い、その減収分を補てんすることを主たる目的としていた。

抑制を意味しているわけではなかった。1965年から1971年までの交通政策支出は鉱油税収の90〜107%となっており、両者を合わせる意図が制度的に埋め込まれていなかったにもかかわらず、結果として連邦予算における鉱油税収と交通政策支出は同じような推移をたどることになった。

1966年には大連立のキージンガー政権下で税制改正法と「ゲマインデにおける交通事情の改善に対する連邦補助金要綱」が成立し、1967年よりガソリン・ディーゼルに対する税率を1ℓ当たり1.53セント（3ペニヒ）引き上げるとともに、それをゲマインデの交通状況の改善のための財源とした。鉱油税収の連邦予算収入に占める割合は戦後ほぼ一貫して伸び続け、1967年には8.2%に達した。基本的には間接税が連邦税として割り当てられていたことに加えて、モータリゼーションの急激な進展による高い担税力は鉱油税の重要性を高める結果をもたらした。ところが、1969年にSPDとドイツ自由民主党（Frei Demokratische Partei, F.D.P.）の連立によるブラント政権が成立し、付加価値税の共有税化によるいわゆる税源大結合が成立すると、鉱油税収比率は徐々に減少し始めることになった。戦後ドイツにおける財政調整制度の完成とともに鉱油税の国庫機能に対して期待する必要性が低下したからである。

1960年代にはこのような鉱油税の変遷と並行して、交通政策にも大きな動きがあった。戦後初期の連邦交通政策は1945年から55年頃までは戦争による破壊施設の修復に重点があったが、55年以降は米国の経験を前提として都市内のマイカーの増加を想定した需要予測モデルが用いられ道路建設が進められることとなった。1963年に英国で発表されたいわゆるブキャナン・レポート（Traffic in Towns）は1964年の専門委員会のレポート作成に影響を与え、道路中心の交通計画からすべての交通機関を対象とした交通計画の策定が提言された（ブロイエル1988）。1965年にはじめて西ドイツ全土を対象とした総合的な連邦交通路計画が策定され、1967年には都市における公共交通を重視したいわゆるレーバープランが発表され、1967-1972年の交通政策の方針が示されたが、当時の総合交通路計画は諸分野の交通計画の寄せ集めにすぎなかっただけでなく、それまでの自動車用道路偏重の傾向に対する嫌悪感から諸利害の対立を招いた。

レーバープランに基づいて1971年にはゲマインデの交通事情を改善するた

めの連邦財政助成法〔Gesetz über die finanzhilfen des Bundes zur Verbesserung der Verkehrsverhältnisse der Gemeinden: GVFG〕が成立し、「要綱」を法的に根拠づけると同時に、近距離公共旅客交通（ÖPNV）重視の方針が打ち出された。GVFGに関しては後に詳述するが、これ以降も道路建設よりも公共交通を重視する傾向の改革が図られることになる。鉱油税に関しては、1972年交通財政法、1973年鉱油税法改正法によってそれぞれ2.05セント／ℓ（同額は4ペニヒ、3ペニヒがGVFG財源で1ペニヒが連邦交通路計画財源）、2.56セント／ℓ（同額は5ペニヒ、連邦交通路計画と一般財源に2.5ペニヒずつ）と大幅に引き上げられた。1971年から1974年にかけては2度の増税を経て鉱油税収は増加していたが、交通政策支出はそれ以上に上昇することになった。

　1973年には1976〜1985年の10カ年の総合的な交通政策を定めた第一次連邦交通路計画（Bundesverkehrswegeplan: BVWP'1）が策定される。BVWPは、需要予測と費用便益分析に基づいて長期にわたる諸交通政策への投資総額を定めたものであった。ところがBVWP'1が実行に移される前に、第一次オイルショックが訪れる。原油価格の高騰とそれに伴う経済成長の鈍化によって交通政策も変更が余儀なくされた。1977年にはBVWP'1の改正のために1985年までの連邦交通路に対する総合投資計画（Koordiniertes Investitionsprogramm für die Bundesverkehrswege bis zum Jahre 1985: KIP）が制定され、需要予測の減少に伴い投資総額は全体としてはわずかに圧縮され、特に赤字続きの連邦鉄道への投資を大幅に抑制するとともに、GVFGを通じた地域交通への投資を大幅に増加させた。

　KIPの制定により再び交通政策支出の増大を招いたが、1970年代後半においては鉱油税増税による財源の確保は伴っていなかった。そのため交通政策支出は1979年には鉱油税収の1.25倍に達した。しかし、BVWP'1に続きKIPも不運に見舞われる。計画の変更直後の1979年に第二次オイルショックが発生したのである。そこで、KIPの計画期間が終了する前であったが、第二次

---

(15)　Gemeindeverkehrsfinanzierungsgesetz vom 18. März 1971（BGBl. I S.239）.
(16)　従量税である鉱油税は、表面上の増税が必ずしも本質的な増税を意味していないことに留意が必要である。持続的な物価上昇下ではむしろ税収の維持を目的としていたと解釈するべきで、実際に連邦税収における鉱油税収の比率は減少傾向にあった。

連邦交通路計画であるBVWP'80を制定することになる。BVWP'80では1981〜1990年の投資計画を定め、KIPとは反対に道路建設を抑制し鉄道を重視する姿勢が明確に表された。連邦交通政策支出は1979年にピークを迎え（135億ユーロ）、80年代に入ると明らかに抑制への道をたどることになったのである。

1.3　鉱油税の一般財源への揺り戻しとドイツ再統一

　2度のオイルショックを経て、鉱油税の性格付けは大きく変化することになる。すなわち、交通政策の財源として拡張され続けてきた鉱油税であったが、化石燃料消費の抑制とともに一般財源としてその税収が期待されるようになった。1981年鉱油税および蒸留酒税改正法では、GVFG分を控除した残りの鉱油税収の分配を変更して、新たな増税で得られた税収は一般財源とされた。このことは、鉱油税収を交通政策支出と連邦政府の一般財源との間で50：50の割合で折半するという原則を逸脱したという意味で1つの歴史的画期といえよう。しかも、オイルショックによる物価高騰という特殊な条件下ではあったが、化石燃料の利用抑制を意図した増税は、経済政策的意図を強く帯びているものの、戦後の鉱油税がいわば戦前の鉱油関税の意図に回帰すると同時に環境政策としての鉱油税増税への前身として理解することができる。

　交通政策財源としての用途目的税の性格が薄れ、国庫目的と非国庫目的の両者の役割が強調される傾向を有しながら一般財源化の道が開かれた鉱油税であったが、その傾向は持続的に制度に反映されることはなかった。むしろ、ガソリン税に関しては1985年と1986年にはわずかながら税率が引き下げられ、鉱油税収総額と交通政策支出の推移が一致する傾向は80年代も続くことになる。しかし、ガソリンに対する課税は87年、88年と続けて引き上げられたのちに、89年には大幅に引き上げられたが、ドイツ再統一が実現した1991年のわずかな引き上げを経て、ガソリン税だけでなくディーゼル税も92年と94年に大幅に引き上げられることとなった。その一方で、交通政策支出の抑制基

---

(17)　Mineralöl und Branntweinsteuer Änderungsgesetz 1981（BGBl. I S.301）.

調は続いたため、徐々に両者はかい離していった。

これまで述べてきたように、鉱油税収と交通支出を比較すると、ほとんど連動して膨張してきた様が看取される（図4－2）。しかし、1987年のGVFG改正では、鉱油税を財源とした補助金の上限を設定するなど、交通政策支出に対して財源面から増加の歯止めをかける措置が組み込まれ、1989年以降は両者の間に明らかなかい離が生じてきた。1990年代中盤まではそのかい離はわずかなものであったが、1995年頃からその差は拡大し、鉱油税収と交通支出は別の動きをするようになったかに見える。しかし、ドイツ再統一と交通政策の分権化方針を合わせて理解すると、以下に説明するように結局鉱油税収の一般財源化は制度的に組み込まれはしたものの、実態としてはそれほど進展していなかったことが見て取れる。

1990年代に入るとドイツ再統一の影響が強く表れることになる。統一ドイツの交通政策支出を規定したのはBVWP'92であり、1991～2012年の計画期間における投資総額を定めたが、そこでは新連邦州における大きな交通投資需要を認定し、さらに財源としてはアウトバーンの有料化を企図するなど収入面の多様化が図られていた[18]。そのため、GVFGを通じた交付額も一時的な増加を規定し、連邦政府の交通政策支出は1991年から1995年まで急激に上昇することになる。GVFGにおいては、13.3億ユーロに設定されていた補助総額を16.8億ユーロに増額するとともに、1991年と1992年には「東の発展財源」から、税制改正法1992によって1992年から1995年まで大幅に増額され、1996年においては鉄道再編法によって増額が果たされた。

さらに、地域化法1992によってGVFGの枠外での交通政策支出の増加が決定された[19]。鉱油税の一般財源化という観点から見るならば、鉱油税収から連邦の交通政策支出を控除した額は、1986年に1970年以来16年ぶりに正に転じ、1992年には77.8億ユーロとピークを迎えた。しかし、前述のとおりドイツ再統一に伴う交通路建設需要に応えようと交通支出を増額したために1996年までは減少し、地域化法による州への補助を加味すると、1996年には50.2億

---

(18) ドイツ国内を素通りする長距離輸送の増加に対して、アウトバーン利用者から財源を調達するべく、1995年よりトラックを対象として課金が開始された。

(19) Regionalisierungsgesetz vom 27. Dezember 1993（BGBl. I S.2378, 2395）。

第4章 ドイツ・エコ税改革前史　91

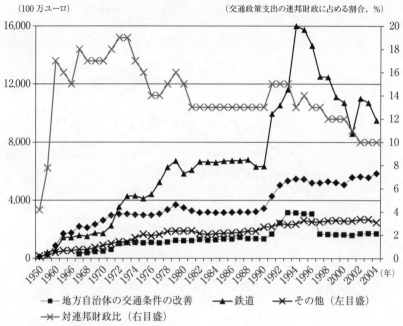

図4-3　連邦政府の交通政策に対する支出

出所：Verkehr in Zahlen各年版より筆者作成。

ユーロ、1997年には57.1億ユーロ、1998年には59.6億ユーロと50億〜60億ユーロ分のみの一般財源化に成功したことになる。ドイツ再統一による財政需要の高まりによって、鉱油税の国庫機能に再び焦点が当たっていたといえる。

図4-3は連邦政府における交通政策に対する支出を図示したものである。連邦政府の交通政策支出は1972年と1973年を1つのピークとして減少し、1979年からさらに減少するとともに、1980年代には安定的に推移していたことが看取される。しかし、ドイツ再統一に伴う交通政策需要の増大によって急激に支出額が増大していた。交通政策支出の急拡大の最大の理由は、地域化法も含めた鉄道の整備に対する支出の増大であったことが看取されよう。図4-4はドイツ連邦全体の道路・橋梁建設支出を図示したものである。建設費がドイツ再統一直後の1990年代前半に急拡大していたことが見て取れる。その背景には本章の補論で論じるように、所得税・法人税と売上税は連邦政

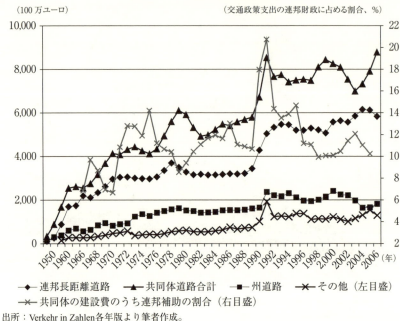

図4-4　道路・橋梁建設費

出所：Verkehr in Zahlen各年版より筆者作成。

府と地方政府の共有税として位置づけられていたために、連邦政府としては固有の税源であり、かつ担税力の高い鉱油税に頼らざるを得なかったことが存在している。

1.4　赤緑政権の誕生とエコロジー税制改革

　1998年にはドイツ再統一に伴う交通政策支出の一時的増大が落ち着き、実態としても、制度面においても、鉱油税収と交通政策支出は完全に分離されるに至っていた。同年9月の連邦議会選挙で勝利したシュレーダーを首班とするSPDと緑の党の連立政権は、気候変動政策の一環としてエコロジー税制改革を打ち出した。同改革の理念や制度構造については第2章で論じたが、その成立過程については第5章で論じるために、ここでは鉱油税に与えた影響について確認することにする。同改革を通じてエコ税は、1999年から2003年の5年間に順次引き上げられ、合計で15.34セント／ℓ引き上げられた。

この税収のほとんどは一般会計を通して年金会計へと移転されることとなった。ところで、シュレーダー政権における鉱油税の引き上げと、コール政権の鉱油税の引き上げを比較するとどのような特徴があるだろうか。

コール政権においてはガソリン税が合計で24.34セント引き上げられる一方で、ディーゼルについては8.77セントの引き上げにとどまっており、液化ガスに至っては18.99セント引き下げられた。税収については113億ユーロから340億ユーロへと大幅に増大しており、ドイツ再統一で鉱油の消費量が非連続的に増加したとはいえ、連邦財政収入に占める鉱油税収の割合は6％から8％へと増大するなど、増税による税収増の効果が如実に表れていることがわかる（図4－2）。この間、売上税が2％引き上げられていたことを加味すると、かなりの増収効果を示しているといえる。他方で、シュレーダー政権のエコ税改革においては鉱油税率が全体的に増加している。税収に関しても1998年の340億ユーロから2003年には432億ユーロへと5年間で大幅に増収しており、連邦財政収入に占める割合も8％から9.8％へと急上昇しているが、コール政権とは異なり赤緑政権では他の税が増税されていないどころか所得税・法人税減税が行われていたことを勘案すると若干割り引いて理解する必要があろう。

一方で、交通政策の需要に関してはBVWP'92の計画期間内であったが、新たに2001-2015年を計画期間としたBVWP'2003が策定されることになる。BVWP'2003では新連邦州における交通路建設需要の一段落を前提として、総投資額をBVWP'92の1,489億ユーロから2,319億ユーロに更新するとともに、BVWP'92では鉄道の建設に重点を置いていたが、BVWP'2003では道路部門への予算配分を増加させた。しかし、さらに特徴的であるのは、「財源については、従来の連邦通常予算に加え、高速道路料金収入の交通整備財源化措置、連邦道路プロジェクトへの民間資金の導入など、新たな財源の可能性を取り上げた」ことである（山崎2008）。このことはBVWP'92から続く方針でもあるが、エコ税改革によって鉱油税収を年金財源と規定する一方で、交通路計画の財源を他に求めざるを得なかったとも理解されよう。

2006年、連邦と州の関係をより分権的なものに見直す基本法改正によって、GVFGはその32年間に及ぶ役割を終えることになる。もっとも、このことは

補助金の即座の打ち切りを意味しているのではなく、交通政策において連邦政府の統制を完全に排除したということにすぎない。GVFGを通じた財政援助に相当する額が補助金として交付されることになっていたからである。GVFGの補助金は州政府の裁量によって交通政策に支出されることとなったという意味では、1996年から発効した地域化法の延長線上にあると考えられよう。2007年には地域化法も改正され[20]、2008年の鉱油税収からの移転総額が66.75億ユーロに設定されるとともに、2009年以降は毎年2008年の1.5％（約1億ユーロ）ずつ増加した。

以上、戦後ドイツにおける鉱油税と交通政策の歴史を概観してきた。その特徴は以下の3点に集約できよう。第1に、ドイツにおける交通政策支出は、交通需要の算定に基礎が置かれていたということである。たしかに、鉱油税収の約半分は交通政策への支出と結び付けられていたが、そのことによる財政的制約よりも将来の交通需要予測の変遷が支出水準を規定していたといえよう。第2に、とはいえ、2度のオイルショック以降は鉱油税収と交通政策支出の切り離し（デカップリング）が意識されるようになっていた。そのようなデカップリングは1981年の鉱油税増税や1988年からのGVFG補助額の上限設定に象徴される。第3に、先の第2点目とは部分的に逆の動きであるが、鉱油税財源の分権化傾向である。エコ税改革においては連邦政府の強力なイニシアチブによって増税分の税収を年金財源に充当したが、通史的に鉱油税収の変遷を見るならば、GVFGを通じた補助金化と地域化法による補助金など、鉱油税収の補助金財源化が図られてきたことが見て取れる。もっとも、このことは交通政策における分権化が進められたことを直ちに意味しない。本章の補論で見るように、州政府による交通政策の裁量権を考慮しなければならないからである。

---

(20)　12. Dezember 2007（BGBl. I S. 2871）.

2 鉱油税の補助金財源から一般財源化への道のり

2.1 補助金財源としての鉱油税

　前節では、鉱油税と交通政策の変遷を概観してきた。本節では、その中でもGVFGによる連邦政府の補助金の変遷について詳述する。本節の記述についてはGVFGBericht（2006）、渡邉（2010）と各法による。GVFGによる補助金額は、総額から見ても鉱油税収に占める割合から見ても大きくはない。[21]しかし、鉱油税の一般財源化という観点から分析するならば、象徴的な意味合いが存在している。すなわち、1988年のGVFGによる補助金支出の総額の決定は、統一ドイツにおいて鉱油税の国庫機能を活用するための前提条件となっているからである。そこで、本節ではGVFGについて解説を加えるとともに、補助額の上限の設定についても説明することにする。

　戦後のドイツにおいて鉱油税収は連邦政府の交通政策財源として位置づけられた。ところが、連邦政府の交通政策は都市と都市を結ぶ長距離交通に焦点が当てられていたため、「都市への人口集中化傾向およびモータリゼーションの急激な進展」（佐々木1982）による、都市部の渋滞・交通事故の多発や騒音・排ガス問題の悪化といった問題に対処できなかった。このような状況の中で連邦政府は「都市交通事情の改善措置を研究するための専門家委員会」を設置し、同委員会は1964年8月24日に報告書を提出した。報告書では、①将来の都市交通問題は、連邦と州と都市の共同努力によって解決すること、②有軌の公共近距離旅客運送機関を優先的に整備拡充すること、の2点が強調された（杉山1984）。この報告書を受けてなされた改革が、税制改正法1966（Steueränderungsgesetz）と要綱1967（Richtlinien）である。

　1966年12月23日に制定された税制改正法1966では、鉱油税が1.53セント／ℓ引き上げられ、ゲマインデにおける交通事情の改善計画へ新たな財源が結び付けられた。鉱油税の増徴分に関して、1967年の5月には連邦政権の「ゲマインデにおける交通事情の改善に対する連邦補助金要綱（要綱1967）」が公布された。その詳細は、要請（Förderung）の前提（Voraussetzung）、規模

---

[21]　図4-3の地方自治体の交通条件の改善を参照のこと。

(Höhe) と範囲 (Umfang) に渡っており、財源は共同体の道路 (Komnal Straßenbau: KStB) と公共近距離旅客交通 (Öffentlich Personennahverkehr: ÖPNV) に対して60：40の比率で割り当てられた。また、補助総額のうち0.25％を研究目的のために利用することができると定めた。さらに、交通委員会の1968年9月25日の提案 (Drucksache V/3294) に基づき、ドイツ連邦議会は1969年12月11日の決議 (BT-Plenarprotokoll 5 /11102) によって連邦交通省 (Bundesminister für Verkehr) に対して、交通委員会 (Verkehrausschuss des Deutschen Bundestages) に毎年の連邦財源によるゲマインデの交通政策の費用について報告するように委託した。

税制改正法1966と要綱1967によるゲマインデの交通政策目的の補助は、1971年1月1日にGVFGの発効によって引き継がれることになる。要請の条件、規模、範囲は本質的に変更されず、特にGVFGの財源は強化されることはなかった。しかし、分割比率はÖPNVにとって有利になるように55：45に変更された。

ゲマインデの交通事情の改善措置と連邦長距離道路建設に向けてのさらなる資金調達のための交通財源法1971 (Verkehrsfinanzgestz) は1972年3月1日より、GVFGによる補助と結び付けられた鉱油税財源を1.53セント／ℓから3.07セント／ℓ（6ペニヒ）へと倍増させた。同時に財源の配分割合はÖPNVにとって有利になるように50：50に変更された。加えて、交通施設と主要な工場の建設と改修 (Bau und Ausbau von Betriebshöfen und zentralen Werkstätten) についても財源を利用できるように助成範囲を拡張し、最高補助率は50％までから60％まで（東西の国境沿いの地域では75％まで）へと引き上げられた。税制改正法1973は州に対して、KStBのための財源のうち10％をÖPNVに用いる可能性を与える積替可能性 (Umschichtungsmöglichkeit) を導入した。

第一次オイルショックを経て連邦交通路計画はKIPによって総投資額を圧

---

(22) 共同体の道路とは、地方道のうち州道を除く、郡道とゲマインデの道路を主に指す。
(23) ゲマインデの交通事情の改善に対する研究目的のためにGVFGの財源の0.25％が事前に控除されることとなったが、1976年から1983年の間にその取り分は0.27％となり、1993年と1994年には0.35％に達した。1999〜2004年の財政年においては分配は0.22％に下落した。2005年以降はその割合は0.25％に固定されることとなった。

縮したが、GVFGにおいても、1976年1月1日に成立した予算構造を改善するための法律（Gesetz zur Verbesserung der Haushaltsstruktur, Haushaltsstrukturgesetz 1975）によって鉱油税収（6ペニヒ／ℓ）のGVFGへの分配を1977年以降10％減少させるとともに、2年間にわたり分割比率をÖPNVに有利に変更した（50％から55％へ）。同法によって、州はさらにKStBのための財源のうち15％がÖPNVに積み替えられることになった。1986年4月24日の第一権利清算法（Erstes Rechtsbereinigungsgesetz）によって、KStB措置の計画作成という連邦の出資に対する州の義務は廃止された。以後、連邦交通・建設・都市開発省（Bundesministerium für Verkehr, Bau- und Wohnungswesen）は州から助成された計画の数値に関する概要と財政援助によって支払われた補助金の金額を単に受け取ることになった。

前節で簡単にふれたが、GVFGの性質を大きく変化させたのが1988年発効のGVFG改正法である。1987年12月18日に制定された同法の最大の特徴は、GVFGによる財政援助と結び付けられた目的財源を年間で26億DMに制限することであった。このことの背景には、第二次オイルショックを経て経済成長と交通需要の伸びの予想が鈍化する一方で、鉱油税収の増収が続き、GVFG助成額が伸びていたことがあった。GVFG助成総額は1979年には12.3億ユーロに達したが、1980年と1981年にわずかに減少するものの、その後は伸び続け、1987年には14.5億ユーロに達していたのである。同法は助成総額に上限を設定する一方で、有軌交通の強化の方針をさらに明確にし、1991年まで事前に1億DMをUバーン（地下鉄）、Sバーン（都市近郊鉄道）、都市鉄道のインフラ措置に割り当て、そのうえで、残りの財源についてKStBとÖPNVに50：50の比率で分配されることになった。助成範囲についても、基準線バスと間接連結バスの調達に助成項目を拡大するとともに、そこでは州に対して年間1億DMまでの利用を可能とした。さらに、ÖPNVに有利となる積み替え可能性をKStBに利用される財源の15％までから30％までへと拡大した。

図4-5はGVFGによる補助額に加えて、KStBとÖPNVの比率を示したものである。制度の成立以来、補助額は増加し続けていたが、第二次オイルショックの影響が強く表れて1979年からは伸びが鈍化していることが見て取れる。GVFG改正法1988によって補助額に上限が設けられたため、GVFGの

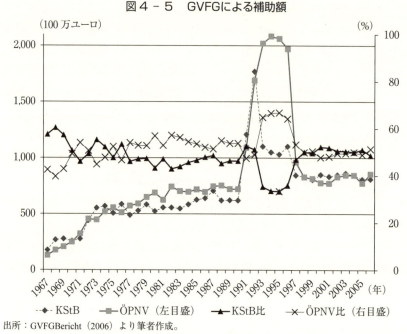

図4-5　GVFGによる補助額

出所：GVFGBericht（2006）より筆者作成。

増額は停止したが、ドイツ再統一に伴い1991年以降急激に補助額が増加することになった。GVFGの補助に関しては一時的な増加にすぎなかったがこのことを無視することはできない。そこで、次にドイツ再統一とGVFGによる補助金の関係について解説する。

2.2　ドイツ再統一に伴う鉱油税の一般財源化

　ドイツ再統一を規定した1990年9月23日の統一協定法（Einigungsvertragsgesetz）を通じたGVFGの新たな改正の概要は以下のとおりである。新連邦州の連邦への加入により、年間26億DMのGVFG財源を年間32.8億DMへと拡大し、そこでは研究財源を確保した後で、24.2％を5つの新連邦州とベルリンに、残りの75.8％を旧州に割り当てることとなった。26億DMは32.8億DMの79％であり、新州の加入によって増加した6.8億DMは32.8億DMの21％であるが、後述するようにベルリンへの財源配分が4％弱であることを考慮すると旧連

邦州への配分額はほとんど変更されなかったといえる。また、5つの新連邦州では事業費の75％まで、バスでは37.5％まで助成率を高めた。土地更新措置の補助資格は新連邦州とベルリンにおける補助に際して、1996年1月1日まで人口稠密地域と付随地域（Vordichtungsräume oder zugehörige Randgebiete）の制限を停止することとなった。

　同改正では、GVFGによる財政援助の基礎額を増額したが、それ以上に重要であるのが予算付随法1991（Haushaltsbegleitgesetz）と税制改正法1991を通じたGVFGの改正である。予算付随法1991を通じて新連邦州とベルリンには「東の発展（Aufschwung Ost）」の共同活動（Gemeinschaftswerkes）の財源から1991年には8億DM、1992年には14億DMをKStBの計画のために、両年に4億DMをÖPNV計画のために追加的に調達することになった。さらに、ベルリンを除いた新連邦州の助成率は（1991年に限って）インフラ計画については100％まで、車両については50％までに高められた。ただし、高められた補助率は以前の「東西国境沿いの地域（Zonenrandgebiet）」においてはもはや適用されないこととされた。とはいえ、1992年1月1日以前に「国境沿いの地域」で開始された、引き上げられた補助率による計画は継続された。

　1992年2月25日の税制改正法（BGBl. 1 S.297）は、32.8億DMのGVFG財源を1992年には15億DM、1993年から1995年にかけては30億DM上乗せすることにしたのであるが、以下の本質的な改正をもGVFGにもたらした。第1に、KStBとÖPNVの間の配分割合を廃止した。第2に、GVFGの財源配分の中で80％までを諸州の計画に、20％までを連邦の計画（ただし周辺地域を含む人口稠密地域における1億DMを超える軌道計画は除く）に配分し、諸州の計画の分配においては、車両（Kfz）ストック量（ただし、都市州であるベルリン、ハンブルク、ブレーメンでは1.35倍の倍率を乗じる）によって配分されることとなった。

　さらに、助成項目を拡張し、これまでの「主要交通道路（Hauptverkehrsstraßen）」だけでなく交通上重要な国内地域道路（innerörtliche Straßen）（ただし沿岸道路と開拓道路（Anlieger- und Erschliessungsstraßen）は除く）、モータリゼーション化する個人交通の減少のための乗換駐車場（Umsteigeparkplätze: パークアンドライド用の駐車場）、ÖPNVのための路面電車の停留所整備、貨物交通セン

ターのための公共交通区画（1992～1993年）、ÖPNVの促進措置、ÖPNVのための軌条車両調達（1992～1995年の新州においては現存する路面電車車両の更新と変更（Modernisierung und Umrüstung）にも）に財政援助を利用できるようにした。加えて、補助要件として州の拠出が義務付けられていた20万DMのいわゆる「些細な贈り物（Bagatellgrenze）」条項を廃止し、州計画におけるÖPNV軌道計画のための「周辺地域を含む人口稠密地域において」という助成条件を削除した。ただし、新しい助成条件としてGVFG助成計画に障がい者の利益を考慮するという項目を追加するとともに[24]、新州における州計画の補助率を低減させ、1992年には90％までに、1993年には85％までに、1994年までは80％までとした。連邦計画のためには補助率は画一的に最高60％までに制限することとなった。

　税制改正法1992によるGVFG修正はÖPNVの領域において連邦から州へと計画権限の移行を実現するものであった。全財源のうち80%を州計画に確保し、州への優先的分配とは無関係に連邦は人口稠密地域における近距離交通の軌条計画に1億DMを確保することとなった。諸州は州計画の中で連邦財政援助を自らの考えや需要に可変的に合わせられることになったのである。

　このような変更によって、ÖPNVを有利にするさらなる強調も、KStBの改善も可能となるとされたのであった。GVFGは1993年8月13日にも改正され、1993年と1994年において、旧連邦州に69.5％、新連邦州に30.5％が分配され、ベルリンを除く新連邦州は両年に最高90％の補助率が適用されることとなった。鉄道再編法（1993年12月27日）[25]では、GVFGによる貨物交通センターの公的交通空間への助成の時間的制限を廃止し、32.8億DMに30億DMの上積みを1996年まで延長することを決定するとともに、都市圏におけるÖPNV政策の権限と財源を1996年から州政府に移管することにした。このことは、地域化法[26]によって実現された。その後、鉄道交差法（1998年9月9日）第3条によって、年間1,000万DMが1998～2003年の5年間に、ベルリンを除く新連

---

(24)　障がい者への配慮については、障がい者の平等のための法律49条等（2002年4月27日）においても、GVFGによる補助要件としてバリアフリーなどの項目が追加された。
(25)　Gesetz zur Neuordnung des Eisenbahnwesens（Eisenbahnneuordnungsgesetz-ENeuOG）Vom 27. Dezember 1993（BGBl I S.2378）.

表4－1　GVFGによる補助総額上限

(100万ユーロ)

年	補助総額の上限	東の発展財源 KStB	東の発展財源 ÖPNV	税制改正法1992	鉄道再編法	修正後の補助上限	決算（参考）
1988	1,329					1,329	1,372.11
1989	1,329					1,329	1,341.63
1990	1,329					1,329	1,339.23
1991	1,677	409	205			2,291	2,297.9
1992	1,677	716	205	767		3,364	3,460.32
1993	1,677			1,534		3,211	3,120.52
1994	1,677			1,534		3,211	3,132.69
1995	1,677			1,534		3,211	3,091.88
1996	1,677				1,534	3,211	3,069.8
1997	1,677					1,677	1,803.28
1998	1,677					1,677	1,657.1
1999	1,677					1,677	1,618.34
2000	1,677					1,677	1,623.81
2001	1,677					1,677	1,605.3
2002	1,677					1,677	1,677.02
2003	1,677					1,677	1,708.53
2004	1,667					1,667	1,688.51
2005	1,667					1,667	1,582.83
2006	1,667					1,667	1,665.61

出所：GVFG Bericht 各年版より筆者作成。

邦州において主要道の列車の陸橋の土地更新費のための補助率を最高90％に定めた。予算付随法2004（2003年12月29日）第23条では、連邦財政援助の上限を2004年より16.67億ユーロに減額した。

以上のGVFGを通じた補助総額上限の推移をまとめたものが表4－1である。1991年から1996年までの補助総額が大幅に増加しており、決算もほぼ法的な助成上限前後で推移していることが見て取れる。1997年以降は基礎的な補助総額の上限である16.77億ユーロで推移しているが、そこには前述の地域化法の枠組みによるÖPNV政策財源が組み込まれていないことに注意が必要である。次節で確認するように、地域化法による財政移転はGVFGと同様鉱油税を財源としているが、その規模はGVFGを大幅に上回っており、交通

---

(26)　Gesetz zur Regionalisierung des öffentlichen Personennahverkehrs（Regionalisierungsgesetz）Vom 27. Dezember 1993（BGBl I S.2378, 2395）.

政策の財政需要を算定基礎とした財政移転は大幅に拡大されていたのである。

　2006年8月28日に連邦政府と州政府の事務関係を根本的に見直す基本法改正（Grundgesetzes: GG）が行われた。基本法第125c条第2段落によって州計画に関するGVFGによる調整は2006年12月31日までにしか適用されないことになり、GVFGの歴史的役割はここに終わることになった。もっとも、基本法第143c条第1段落によって、諸州は2007年1月1日よりゲマインデの交通事情改善のための財政援助の廃止を通してもたらされる連邦による財政負担の撤廃に対して毎年全額を連邦財源から受け取れると規定された。2013年12月31日までにその金額は13.355億ユーロに達し、その全額が諸州に分配されることになったのである（解体法第3条と4条の第3段落）。[27]

　以上のような変遷をたどったGVFGを概観すると、以下の3点が重要である。第1に、上限の設定である。ドイツ再統一以降、急激な拡大を見せたGVFGによる財政援助であったが、それらはいくつかの法律を通じた時限的な措置であり、1988年より設定され始めた補助総額の上限設定が後々まで制度を規定していたことは、基本的には交通需要の予測をもとに計画されてきたドイツにおける交通政策上重要な要素であった。第2に、ÖPNVの重視である。レーバープラン以来重視されてきた有軌交通は、州による裁量の拡大を伴いながら、GVFGにおいても優遇されるに至った。ドイツ再統一による共同体の道路建設需要の一時的拡大はあったが、前述のようにGVFGの枠外においても州の鉄道計画資金が鉱油税収を財源として確保されたことを鑑みれば、なおのこと交通政策における有軌交通の重視が見て取れる。第3に、州政府の権限拡大である。GVFGの歴史は、そのまま交通政策における州政府の権限拡大の歴史として捉えることができる。前節で指摘したとおり、鉱油税と交通政策の概観からは財源の連邦から州への移転の拡大が存在していたが、権限と裁量権においても分権化傾向を見て取ることができる。

---

(27)　連邦改革調整法（Föderalismusreform-Begleitgesetz）（2006年9月5日（BGBl.I S.2098））13章　共同事務と財政援助の解体のための法律（EntflechtG）。なお、GVFGに関しての文言の調整が、連邦交通・建設・都市開発省の管轄範囲における連邦法の改変についての第一法（Erstes Gesetz über Bereinigung von Bundesrecht im Zuständigkeitsbereich des Bundesministeriums für Verkehr, Bau und Stadtentwicklung）2006年9月19日（BGBl.I S.2146）第13条によってなされているが、機能に関する変更を伴うものではない。

3 小括

　以上、西ドイツと統一ドイツの交通政策と財政調整の関係について議論を行ってきた。まず、簡単にこれまでの議論を振り返っておこう。戦後の西ドイツにおいて、鉱油税収の約半分は交通政策財源として確保されてきた。しかし、交通政策における財政需要の認定は連邦と州の交通路計画に負うところが大きく、鉱油税収で確保されていた財源を上回る支出がなされてきた。その結果として、交通政策に関する財政需要の約半分を目的財源としての鉱油税収によって賄う一方、残りの半分は一般報償原理的に一般会計から拠出されていたが、その額は事実上鉱油税収と並行して上昇していった。しかし、連邦政府の税収に占める鉱油税の割合は1967年をピークに減少し始め、総合交通路計画の進展によって交通政策支出は鉱油税収を上回るようになる。その後、2度のオイルショックを経て財政需要の見通しが減少する中で、交通政策支出は1979年を頂点として安定するようになる。

　1981年には鉱油税収の約半分を交通政策財源とするというそれまでの枠組みを逸脱し、1988年からはGVFGによる補助総額に上限を設定するなど鉱油税収と交通政策支出のデカップリングが企図されたが、その試みはドイツ再統一によって一時的に頓挫することになる。ドイツ再統一によって、交通政策支出が大幅に引き上げられるとともに、鉱油税率も引き上げられることとなった。GVFGを通じた補助額の一過的な増加は1991年から1996年の間に続いたが、1997年からは地域化法によって鉄道政策の財源が州に交付されることとなった。このような文脈の中でのエコロジー税制改革は、ガソリン中心の課税というそれまでの鉱油税の構造を逸脱し、鉱油税と交通政策のデカップリングの明らかな完了を意味していたが、それは部分的には1981年から始まったコンセプトの貫徹として理解できよう。[28]

　このような背景のもとで、統一ドイツの財政調整の形成過程においてGVFGの廃止と近距離旅客鉄道交通（SPNV）の州への移管を通じて連邦政府はドイツ再統一の費用を捻出、ないし費用負担を州政府へ付け替えようと画策したのであった。その際の州政府への財源保障は、売上税の配分を州政府に有利にすることであった。しかし、州政府に新たに発生する交通政策の財

政需要に応じた財源の手当てを考えるならば、売上税の配分や狭義の財政調整とは正反対の財源配分が必要となっていた。富裕州は連邦との交渉の末、財政需要を表していると考えられる原動機付き車両の登録数に基づいた財源配分を勝ち取ることに成功した。GVFGに関しては規模は拡大されるどころか縮小されたものの、廃止は免れることになった。

　ドイツにおける鉱油税の役割は、交通政策需要やオイルショックといった経済的背景、ドイツ再統一という社会的背景、さらには主要な税目の共有税という財政調整の制度的背景のもとで、国庫目的と非国庫目的、一般財源と特定財源（用途目的税）の間を揺れ動きながら発展してきた。とはいえ、税率が上昇する局面の背景には、何らかの財政需要が存在していたことは明らかである。このことは、環境税の設計に際しても、「環境目的とは別の強い財政需要を背景として国庫機能と非国庫機能を調和させなければ高い税率を実現できない」という本書の議論を間接的に裏付けているといえよう。

---

(28)　もっとも、連邦と州、道路整備と有軌交通整備の間には思惑の対立が存在していた。そのことは、税収は連邦において発生しているが、財政需要は州の管轄において発生していることに起因する連邦と州の間での財政的・事務配分的対立といえる。財源確保というよりも、財源の利用方法に関して道路建設を重視したい連邦と、公共交通を充実させたい州の間での対立である。その変遷は、積替可能性の導入と拡大、連邦による州計画の統制の廃止、鉄道政策財源の州への移管、ひいてはGVFG財源の一般補助金化という州権限の拡大の歴史であった。
　　その背景には道路建設と交通政策を巡る、収入の源泉と支出先を関連させるか否かという本源的な対立があったといえる。事実上の目的税という制度は、連邦の財政状況に依存せずに交通政策の財政需要を充実する意図で導入されていた。その租税論的背景には道路利用者による道路建設財源の支払いという応益原則が存在していた。ところが、道路の混雑の緩和のためには、道路建設ではなく公共交通への投資が必要とされた。このことが、公共交通への支出の拡大の際には問題となったのである。
(29)　近距離交通における交通政策の財政需要を道路の混雑で計測する、すなわち具体的には原動機付き車両の登録数に応じて財政需要が発生しているという観点については本章補論を参照のこと。

第4章補論　ドイツ・財政調整と鉱油税

　本章ではドイツの鉱油税の歴史について概観した。そこでの結論の1つに、ドイツにおける財政調整制度を背景として連邦政府が鉱油税の担税力に期待せざるを得なかったことを指摘した。しかし、鉱油税に関することを中心に解説したために、ドイツの財政調整制度に対する説明は十分に行うことができなかった。そこで補論を設けて、本書の中心的なテーマとは外れるが、鉱油税との関係で説明が必要なドイツ・財政調整について簡単に解説するとともに、鉱油税収の利用が財政調整に与えた影響について考察を加えることにする。

　財政調整制度は連邦国家における要であるという認識は一般的なものである。西ドイツにおける現代的な財政調整制度は1969年のいわゆる税源大結合によって成立した。レンチュによれば税源大結合を可能とした政治的諸力は次のようなものである。西ドイツにおいては連邦と州の所得税と法人税の共有（税源小結合）、州間の水平的財政調整、連邦補充交付金の三者で成り立っていた。財政調整の主役は州間の水平的財政調整であったが、そこでの根本的な問題は財政調整機能の不足、すなわち州間の自主的な水平的財政調整においては富裕州と貧困州の間の租税力格差を十分に調整しきれないということにあった。それゆえ、連邦政府はかねてよりの念願であった売上税の共同税化、すなわち税源大結合を通じて「協調的連邦主義」の名のもとに財政調整機能を強化するとともに連邦財源の強化と単一国家への志向を実現しようとしたのである。

　税源大結合を可能とした最大の要因は、連邦政府が諸州の結束を突き崩し、連邦と貧困州の連合を形成したことにある。売上税は「地域的収入」と「地域帰着性」の観点からすると、州の財源として必ずしもふさわしくない。それゆえ、富裕州も貧困州も売上税の共同税化に反対する理由があった。しかし、従来の水平的財政調整は富裕州の恣意性が強く反映されるため、貧困州

にとって望ましいものではなかった。このことを連邦国家における財政調整制度の意義という観点から考察すると、それまでの水平的財政調整は連邦国家の要として十分に機能していなかったことを示している。水平的財政調整が財政力の弱い州にとっても不満のないものであったならば、連邦政府と貧困州の合従連衡を引き起こすことはなく、税源大結合の実現も困難となっていたであろうからである。連邦に対する諸州が富裕州と貧困州に分裂したことに、西ドイツにおける現代的財政調整確立の要因を求めることができる。

もっとも、この状況はドイツの再統一によって大きく変化することになる。旧東ドイツの新連邦州がアクターとして加えられることによって各アクターの力関係も大きく変化することになったからである。レンチュによれば1995年より新連邦州を西ドイツの財政調整制度に組み込むことには成功したものの、その結果は、旧連邦州が「ドイツ統一によって財政上の勝者となり、連邦が唯一東に対する財政援助のスポンサーである」というものであったという（レンチュ 1999、p.455）。

ところで、これまでのドイツ・財政調整の研究は共同税、水平的財政調整、連邦補充交付金（垂直的財政調整）の3点に着目して分析が行われてきた。ドイツにおける財政調整は連邦、州、ゲマインデによって税収を共有する租税連合を中心に発展してきた。租税連合は政府間における垂直的財政調整であると同時に、人口を主たる基準とした水平的財政調整の機能を担い、それに加えて連邦補充交付金によって補完されるという構造を有している。ところが、統一ドイツの財政調整の形成について分析を進めるに当たり、それらの主要な財政調整制度のほかに交通分野の権限の割り当て変更と交通政策補助金が重要であることがわかってきた。すでに論じたように、鉱油税の国庫機能に焦点が当てられたのは交通政策を巡る連邦政府と州政府の対立が存在していたからである。連邦政府による交通路計画のもとで鉱油税収は、地方政府の交通路政策の財源である特定補助金の原資ともされてきた。すなわち、ドイツ・財政調整を考えるうえでも鉱油税と交通政策は重要となってくる。

ドイツの財政調整は、理論的にも制度的にも数多くの研究が存在している。ポーピッツに端を発する理論・原則は財政調整論の基礎であるし、協調的連邦主義の名のもとに戦後西ドイツで発達した財政調整システムは、いわば財

政調整の1つの理想形として認識されてきたといってよい。ドイツ基本法（憲法）に明記され、多くの研究者が分析対象としてきたところの財政調整の現在の体系は以下のようにまとめられよう。すなわち、①所得税と法人税を通じた垂直的財政調整、②売上税（付加価値税）を通じた垂直的・水平的財政調整、③州間の水平的財政調整、④連邦補充交付金による垂直的・水平的財政調整である。戦後の西ドイツについても統一ドイツについても、これらの制度の持つ租税力の平準化効果やその制度の形成過程については十分な研究蓄積が存在しているが、この範囲外の問題に切り込んだ研究は多くない。先駆的な研究である伊東（1988）は西ドイツの補助金の全体像を明らかにしている。連邦政府から州政府を経由して地方自治体に交付される補助金のうち47.1%は目的交付金であり、そのうち最大の項目は公営交通・道路で、目的交付金の27.0%を占めていたことを指摘している。

補.1　統一ドイツにおける財政調整の形成過程

統一ドイツにおける財政調整制度の研究は豊富に存在している。ここでは代表的なものについて簡単に確認しておく。霜田（2004a; b）は統一ドイツの財政調整において連邦補充交付金、すなわち垂直的財政調整の意義が高まっていることを指摘している。「州間の水平的な関係を主要な内容としていたドイツの連邦・州間財政調整制度に対して」（霜田2004b、p.45）、東西の経済的格差が垂直的な財政調整の強化をもたらしたとする一方で、1995年の統一ドイツの財政調整制度の運用開始直後から富裕州による過剰平準化に対する不満が出てきたとしている。水平的財政調整の行き詰まりと垂直的財政調整の拡大をパラレルに捉えたうえで、「状況によって、連邦と州が話し合い新しい制度を構築してゆくというあり方は、分権制をしくドイツならではであり、より住民に近い単位において行政が行われることを保証するという点については非常に良いものである」と評価している。

中村（2004）は財政調整が効率化のインセンティブを削減するという経済学理論に基づく「過剰平準化」の議論に対して、水平的財政調整と垂直的財政調整の混同ないし意図的な歪曲が見られると喝破したうえで、「制度に即した冷静な議論としては評価しがたい」としている（同上、p.24ff.）。集権的

連邦主義から競争的連邦主義への移行に関する議論や州自治向上と自己責任の強化の議論に関しても、理論的妥当性については認めながらも、「理論の実践的適用は政治利害の調整を不可欠とする」ために問題の解決は一筋縄ではいかないと結論付けている（同上、p.34）。

統一ドイツにおける1995年の財政調整制度、垂直的財政調整の拡大とその後の違憲判決、2005年の新制度への移行に関して、「地域間利害対立を背景とする『競争』と『連帯』との間の選択という面では財政調整一般に共通する問題を提起しながらも、水平的財政調整と垂直的財政調整とを組み合わせた重層的システムとその改革プロセスへの諸州の参加という面では、ドイツ的個性を色濃く反映する連邦国家に特有の事象としてきわめて興味深い事例を示している」と評している。いわば、連邦政府は集権と財政調整の強化を求めているが、統一ドイツの形成にあたり1995年にいったんは財政調整のあり方について合意を得るも、富裕州が財政調整の縮小を求めたことについて、理論的妥当性を認めたうえで、それをドイツ的個性であると評価しているといえよう。

両者の指摘するところの垂直的財政調整の拡大は、レンチュのいうところの旧連邦州の財政的勝利である。すなわち、旧連邦州は事実上何の負担をすることなく、連邦がドイツ再統一のコストを負担することを意味しているからである。たしかに財政調整制度の改革だけに着目すると、上記のような結論が導き出されるのは当然である。しかし、財政改革の全体像に目を向けると少し違った見え方になってくる。

表4補－1は連邦強化計画（Föderalen Konsolidierungsprogramm: FKP）の1993年当時の提案に基づいた連邦と新旧連邦州の財政負担を表にしたものである。1995年の制度では水平的財政調整の規模が半減しているのに加え、表には「ドイツ統一」基金の廃止に伴う金額が含まれていないため、レンチュが根拠とした数値とは大幅に異なっている。しかし、本章が問題とするのは表上部の「債務と財政調整」に関する部分ではなく、下部の「調整措置」に関する部分である。たしかに、1995年の財政調整においては連邦州が大幅に拠出をし、それを新連邦州が受け取るという構図になっている。しかし、調整措置を勘案するとその規模が大分緩和されていることが看取されるだろう。こ

第4章 ドイツ・エコ税改革前史　109

表4補-1　連邦、旧連邦州、新連邦州における連邦強化計画の影響（1995年）

(億マルク)

	連邦	旧連邦州	新連邦州
Ⅰ．債務と財政調整（Erblasten, Finanzausgleich）			
1．遺産負担償還基金	－400		
2．連邦信託庁と住宅供給公社の債務整理	－40		－20
3．連邦国家的財政調整			
水平的州間財政調整		－205	＋205
不足額連邦補充交付金	－70	＋2	＋68
連邦補充交付金（新連邦州）	－225		＋225
移行期連邦補充交付金（旧連邦州）	－26	＋26	
ブレーメン・ザールラント両州財政再建交付金	－25	＋25	
4．東の諸州財政援助	－100		＋100
小計	－886	－152	＋578
Ⅱ．調整措置（Ausgleichsmaßnahmen）			
1．FKPに基づく予算縮減			
支出の節約	＋37	＋40	＋15
租税優遇措置の縮小	＋48	＋18	＋1
2．財政移転（Finanzierungsverlagerung）			
近距離旅客鉄道交通（SPNV）	＋77	－53	－24
公共近距離旅客交通（ÖPNV）と共同体の道路建設	＋63	－48	－15
ECの追加負担の調整	＋9	－9	
3．売上税参与の配分比率の見直し	＋100	－76	－24
4．連帯付加税の割増	＋120		
合計	－432	－280	＋531

出所：BR-Drucksache 121/93 S.9；レンチュ（1999）pp.444-445より筆者作成。

こではFKPの内容に深くは立ち入らないが、統一ドイツ全体で92億DMの支出削減と租税優遇措置の縮小による67億DMの増税の組み合わせによる財源の捻出が企図されていた。連邦にとっては、売上税参与の配分比率の見直しでさらに100億DM、連帯付加税の割増で120億DMの財源が期待されていた。

交通分野に関して、近距離旅客鉄道交通と公共近距離旅客交通・共同体の道路建設の2つの分野で130億DMの負担について、諸州に転嫁することが目論まれていた。これらの分野も含めた改革全体では、連邦の拠出額は886億DMから432億DMへと減少し、連邦の負担は半減することになる。連邦のFKP案では州政府に負担をある程度転嫁することを前提に考えられていたことが見て取れる。後に見るように、この試みは大部分において挫折するが、その帰結が鉱油税の増税につながることになる。これまでのドイツ財政調整

の研究においては財源の分配方法や分配割合に焦点を当ててきたため、財源そのものを増やす改革については見過ごされてきたように見える。そこで、本節では特に交通関連の2分野について考察を深めることにする。

　ドイツの再統一に際する巨額の財政需要を満たすために考えられていた手段は、前述のとおりFKP、連帯付加税の増額、売上税（1993年に基準税率を15％にするが、歴史上はじめて軽減税率を据え置いた）、そして交通政策費の州への転嫁であった。特に、この議論がなされた1993年においては経済環境が悪化しており、旧連邦州におけるGDP成長率がそれ以前の1％から0％ないし－1％となっており、失業率も20万人から45万人へと急激に増大していた。それゆえ、社会の低下する負担能力に際して国家的機能と社会的水準を強化することが必要と考えられていたのであった。(30)そのためには支出の削減、租税優遇措置の縮小に加えて税率の上昇を限定することが必要であった。それゆえに、上述のFKPと連邦・州間の分配の変更で財政改革を乗り切ろうとしていたのであった。いわば、統一のコストを捻出したいが、不況を眼前にして連帯付加税と売上税以外の増税は困難であり、交通政策の権限を財源の保障なく州に譲渡することによって連邦政府の財政の健全化を図ろうとしたのであった。

　ドイツ再統一に伴い旧西ドイツのドイツ連邦鉄道（Deutche Bundesbahn: DB）と旧東ドイツのドイツ国有鉄道（Deutsche Reichsbahn: DR）の統合が論点となっていた。(31)DBとDRの統合・再編に際して問題となったことの1つが、近距離旅客鉄道交通（SPNV）の扱いであった。自動車の普及が進んでいるドイツではSPNVは鉄道事業の中でも特に採算性が悪かったからである。しかも、Uバーン、路面電車、バスといった分野のÖPNVは州の管轄となっていたために、近距離公共交通の一体性の問題も存在していた。それゆえ、連邦にとっても州にとってもSPNVの権限を州に移管する地域化（Regionalisierung）は合理性が存在していたのであった。

　しかし、1993年1月に連邦財務相が行った提案は、連邦政府の財政難を理

---

(30)　BR-Drucksache 121-93, p.3.
(31)　地域化に関する議論は渡邉（2010）p.298 ffを参照のこと。

由にそれまで拠出していたSPNVの補助金を翌年以降廃止するというものであった。当然のことだが、このことは州政府の大きな反発にあう。同年6月より連邦政府と連邦参議院との間で議論が行われ、11月には両者は最終的な合意に至ることになった。その結論は、連邦参議院の主張が認められ、SPNVの地域化に際して連邦政府の財源手当てが行われるというものであった。なお、地域化の実施時期に関しては後の議論を通じてさらに1年延期され、1996年から行われることとされた。

当初の連邦政府の提案は、SPNVの権限を財源手当なしに州に移管するというものであった。一方、州政府の提案は権限の委譲に見合った財源手当をすることであった。SPNVの地域化に関する財源について興味深い提案が存在していた。野党SPDのラーヒャー（Detlev von Larcher）は「SPNVの地域化のための売上税の分配による公正な財政調整」について質問している（BT-Drucksache 12/4794 S.19）。議会国家諸機関のDr.グリューネヴァルト（Dr. Joachim Grünewald）は、地域化に際する州の経費は基本法（GG）第4章第106節に基づいて連邦と州の間の売上税参与比率を考慮することによって賄われると答弁している。SPNVの地域化に際する連邦と州の経費の算定もしており、それによると連邦政府はSPNVのために1995年で77億DMの支出が予定されており、その分を売上税の垂直的分配に織り込むことで州の交通政策財源を満たすことができるというのである。連邦政府の説明によると、地域化における連邦の負担は74億DMから80億DMで済むことになる（表4補-2）。[32]

それでは、SPNVの地域化に関して売上税を通じた財源手当てと、実額の需要に応じた補助金の違いは何であろうか。売上税を通じた財源手当ては、その制度の構造上財政力格差を是正する方向で配分されざるを得ない。しかし、交通政策の需要は都市部において大きいために、実需に応じた財源の分配は財政力格差を広げるようになされる。そして、後述するように実際の改革は交通政策に関する財政需要を念頭に置いた形で財源手当てがなされるようになったのである。そのためには、連邦政府は連邦財政から財源を捻出し[33]

---

(32) もっとも、表から明らかなように差額の財政需要分に関しても連邦が負担せざるを得ないために、「地域化」に限定した負担と考えるのが妥当であろう。

表4補-2　連邦予算と連邦鉄道資産の合算モデル計算

年	1994	1995	1996	1997	1998	1999	2000	2001	2002	2003
連邦予算の鉄道収入	110	113	116	120	120	122	122	123	126	131
地域化による収入減	-74	-77	-80	-80	-80	-80	-80	-80	-80	-80
収入合計	36	36	36	40	40	42	42	43	46	51
支出合計	430	438	427	428	445	435	426	417	409	400
不足額	394	402	391	388	405	393	384	374	363	349
DBとDRの財政計画	245	256	254	254	254	254	254	254	254	254
差額需要	149	146	137	134	151	139	130	120	109	95
財政需要（連邦鉄道資産の利子込）	152	149	139	129	120	110	104	96	88	77

出所：BR-Drucksache 131/93.

なければならなかった。このような財政調整制度を背景とした政治的情勢の中で、連邦政府は鉱油税の増税に追い込まれていったのである。

補.2　交通支出の安定期における州間配分

次に、交通政策における州間の財源配分について確認する。交通政策と鉱油税財源による制度の変更は、ドイツ・財政調整体系にどのような影響を与えたのだろうか。表4補-3はGVFGの州間配分と地域化法を通じた予算の州間配分、すなわち特定補助金であるその二者と狭義の財政調整との比較である。狭義の財政調整とはここでは、共同税の配分、州間の財政調整、連邦補充交付金の三者を指す。GVFGの配分は、連邦計画と州計画の間で2：8の割合で配分した後に、州計画においては旧連邦州と新連邦州の前年度の原動機付き車両の登録数に応じて配分される。地域化法においては、法律にその配分割合が記されている。これらの配分は、基本的には交通需要に基づいた財政需要を想定して行われるが、当然それは交通需要の多い、したがって経済力が強く、財政力も強い地域ほど重点的に配分されることになる。

　GVFGを通じた財政援助を最も多く受け取っているのはノルトライン＝ヴェストファーレン州（NW州）で州計画の20％弱を、次にバイエルン州

---

(33)　このことは、レンチュが指摘する旧連邦州の勝利以上に、富裕州に有利な財政改革がなされていたことを意味している。

第4章　ドイツ・エコ税改革前史　113

表4補-3　GVFGの州間配分（1999—2006年平均）

（100万ユーロ）

	GVFG			地域化法（参考）		州の平均的受取額	一般的財政調整**
	州計画予算	州計画決算	連邦計画決算	1997年予算	2008年予算		
BW	12.5%	12.6%	12.0%	11.6%	10.4%	917	－2,133
BY	14.8%	14.3%	18.6%	14.7%	15.0%	1,151	－298
BE*	3.7%	3.8%	5.9%	4.0%	5.5%	316	4,578
BB*	4.0%	4.0%	0.4%	5.0%	5.7%	360	1,858
HB	0.8%	0.8%	0.9%	0.8%	0.6%	64	1,272
HH	2.2%	2.3%	4.2%	2.0%	1.9%	164	－226
HE	7.2%	7.3%	6.8%	7.0%	7.4%	548	－2,623
MV*	2.6%	2.6%	2.6%	3.3%	3.3%	247	1,453
NI	9.3%	9.3%	2.3%	9.0%	8.6%	686	1,852
NW	19.5%	19.7%	26.0%	18.0%	15.8%	1,449	－269
RP	4.9%	5.0%	2.5%	4.7%	5.2%	365	781
SL	1.3%	1.3%	1.9%	1.3%	1.3%	103	807
SN*	6.5%	6.5%	8.3%	6.8%	7.2%	533	3,432
ST*	3.7%	3.8%	3.7%	4.6%	5.0%	344	1,984
SH	3.3%	3.2%	0.4%	3.1%	3.1%	236	279
TH*	3.7%	3.7%	3.5%	4.0%	4.0%	303	1928
合計額	1,333	1,321	329	6,136	6,675	7,785	14,675
ABL	75.8%	75.7%	75.6%	72.3%	69.3%	73.0%	－3.8%
NBL	24.2%	24.3%	24.4%	27.7%	30.7%	27.0%	103.8%

出所：GVFGBericht1999、2000、2001、2002、2003、2004、2005、2006、BGBl. I S. 2378、2395、BGBl. I S. 2871より筆者作成。

注1：BW：バーデン＝ヴュルテンベルク州、BY：バイエルン自由州、BE：ベルリン、BB：ブランデンブルク州、HB：自由ハンザ都市ブレーメン、HH：自由ハンザ都市ハンブルク、HE：ヘッセン州、MV：メクレンブルク＝フォアポンメルン州、NI：ニーダーザクセン州、NW：ノルトライン＝ヴェストファーレン州、RP：ラインラント＝プファルツ州、SL：ザールラント州、SN：ザクセン自由州、ST：ザクセン＝アンハルト州、SH：シュレスヴィヒ・ホルシュタイン州、TH：テューリンゲン自由州、ABL：旧連邦州、NBL：新連邦州。

2：*新連邦州　**木村（2004）25頁、図表11より作成。年度は不明だが2000年前後と考えられる。内訳は州間財政調整に伴う交付・負担金（計2,039）、不足額連邦補充交付金（計3,242）、政府運営費特別需要連邦補充交付金（計786）、旧東ドイツ特別需要連邦補充交付金（計7,158）、旧西ドイツ過渡的連邦補充交付金（計275）、財政再建連邦補充交付金（計1,176）である（カッコ内は連邦の支出合計額）。

（BY州）が14％強を、次いでバーデン＝ヴュルテンベルク州（BW州）が12％強、ニーダーザクセン州（NI州）が9％強を受け取っており、これらの上位4州で過半数の財源を受領していることになる。地域化法においても同様の傾向であり、これらの上位4州で過半数の財源を受け取っている。しかし、これらの交通政策税源を受け取っている上位3州は、狭義の財政調整におい

てはむしろ州間財政調整における負担金を拠出している州である。NW州とBY州は交通財源の受け取りによって、結果的に拠出額より受領額が上回っているが、BW州は依然としてかなりの財政力平準化の財源を拠出している。一方、NI州では一般的な財政調整においても大きな財源を受け取っていることが見て取れる。このような財源の州間配分はどのように理解されるだろうか。すなわち、交通政策における財政需要に基づいた配分が、財政力格差の是正という観点からは一見すると正反対に見える財源配分となっているのである。

　これまでドイツにおける財政調整の研究は、共同税を通じた垂直的・水平的財政調整や、州間の水平的財政調整、連邦補充交付金による垂直的・水平的財政調整に焦点が当てられてきた。たしかに、ドイツにおける財政調整の中心はそれらの制度構造にある。とはいえ、ツィンマーマンとヘンケによれば、財政調整とは「公共団体間における任務、支出、収入の配分」のことであり、収入と支出のアンバランスを是正することは財政調整の一部にすぎない。このような政府間の移転は、政府間財政関係と呼ばれることが多いが、これまで扱ってきたように財政需要に基づく財源の確保が、ドイツ・財政調整の背景に存在していたことは示唆的である。すなわち、交通政策という特定分野において、地方政府の財政需要に対して一定程度の財源が確保されていることを前提として、上述のいわゆる財政調整が機能しているからである。主に1人当たり税収に着目した財政力を平準化させる財政調整は、一見財政力の格差を広げているようなGVFGと地域化法を通じた財政援助によって特定分野の財源が確保されているがゆえに機能すると考えられる。

補.3　ドイツ財政調整と鉱油税

　鉱油税と交通政策の変遷をドイツ・財政調整史の裏側として理解するのであれば、協調的連邦制の根源として認識される州間での水平的財政調整であるが、その背景では州の交通政策に関する財政需要を連邦が担保していたことは強調されてよい。人口を基本として算定される財政需要は、たしかにい

---

(34)　ただし、2008年からは大幅に財源配分の割合が変更されていることが見て取れる。

くつかの補正が導入されているが、必ずしも十分に地域的な需要を把握しているわけではない。しかし、交通政策に関していうならば、交通需要を算定し、それに応じた財政援助がなされていた。このことによって、旧連邦州は全体として見れば広義の財政調整で財源を受け取っていたことになる。このような財源を担保する措置なくして、統一ドイツにおける狭義の財政調整は困難だったと考えられる。

　以上の議論から明らかになることは、富裕州ないし旧連邦州は統一ドイツにおける財政調整の形成過程で、狭義の財政調整のみならず、交通政策の事務配分と財源配分に関しても勝者であったということである。それにもかかわらず、1998年の連邦憲法裁判所への提訴と2005年の新財政調整の形成に至らざるを得なかった理由は、以下の3点に整理できよう。第1に、ドイツにおける狭義の財政調整は限られたパイの配分に焦点を当てた議論であるということだ。地域化法とGVFGの議論を通じて明らかになったように、再統一に際して連邦も新旧連邦州も含めたドイツ全体で必要な財政需要に対して税収が決定的に不足していた。税収が不足している状態でいくら公正な財源配分の議論を行ったとしても、各アクターが納得するような妥協点を見つけることはできない。たしかに、鉱油税の増税によって地域化法に必要な財源を確保することには成功したが、富裕州が勝者であるにもかかわらずすぐに不満が噴出したのにはこのような背景があったと考えられる。

　第2に、狭義の財政調整はあくまでも租税力格差を是正するものであったということである。提訴の理由である「過剰平準化」の議論は、財政需要を勘案しない租税力の順位を問題としていた。地域化法とGVFGといった財政需要に応じた補助金に関しては、狭義の財政調整として認識されない。交通政策の補助金も勘案して財政調整の全体像を見るならば、必ずしも富裕州の主張は正しくない。逆にいうならば、財政需要についての考慮を連邦補充交付金という狭義の財政調整の枠組みを利用して行ったことに問題があったと考えられる。財政調整の運用に地方政府が参加するようなドイツの財政調整制度において、このことは対立をあおる火種となってしまったのである。

　第3に、所得税・法人税と売上税という担税力の高い基幹税が共同税化され、連邦も州も課税自主権を大幅に制限されたということである。それでも、

連邦政府には鉱油税という高い担税力のある間接税が残されており、財源不足の最後の砦を有していたといえる。しかし、州政府には担税力のある自主税源が残されておらず、富裕州といえども「過剰平準化」の議論だけがラストリゾートとなっていたことがうかがわれる。

〈参考文献〉

Bundesministerium der Finanzen (2009), *Entwicklung der Energie- (vormals Mineralöl-) und Stromsteuersätze in der Bundesrepublik Deutschland*, Bonn. Bundesministerium der Finanzen, Finanzbericht 2010.

Bundesministerium für Verkehr, Bau- und Whnungswesen, Verkehr in Zalen, 1985, 86, 87, 88, 92, 94, 95, 96, 97, 98, 99, 00, 01/02, 02/03, 03/04, 04/05, 05/06.

Bundesministerium für Verkehr, Bau und Stadtentwicklung, 2007, Bericht für das Jahr 2006 über die Verwendung der Finanzhilfen des Bundes zur Verbesserung der Verkehrsverhältnisse der Gemeinden nach clem Gemeindeverkehr sfinanzierungsgesetz (GVFG-Bericht).

Bundesministerium für Verkehr, Bau- und Whnungswesen, Bericht über die Verwendung der Finanzhilfen des Bundes zur Verbesserung derr Verkehrsverhältnisse der Gemeinden nach dem Gemeindeverkehrsfinanzierungsgesetz, für das Jahr 1999, 2000, 2001, 2002, 2003, 2004, 2005, 2006.

Renzsch, Wolfgang (1991) Finanzver fassung und Finanzausgleich, Die Ausseinandersetzungen umihre politische Gestaltung in der Bundesrepublik Deutschland zwischen Währungsreform und deutscher Vereinigung (1948 bis 1990), Bonn.

Soyk, Stefan (2000), *Mineralöl- und Stromsteuerrecht, Die besonderen Verbrauchsteuern auf die Energieverwendung im Rahmen der ökologischen Steuerreform, 2., überarbeitete und erweiterte Auflage*, Verlag C. B. Beck, München.

青木真美 (1982)「第2次オイルショックと西ドイツ社会」『運輸と経済』第42巻第1号、pp.64-70。

伊東弘文 (1988)「西ドイツの政府間財政関係と補助金」『経済学研究』第54巻第1・2号、pp.281-294。

エットレ, カール (1984)「ドイツ連邦鉄道の社会的評価と交通政策」『運輸と経済』第44巻第6号、pp.4-14。

木村陽子 (2004)「住民一人当たり税収格差だけに着目した財政調整は可能なのか——ドイツの州間財政調整と逼迫したベルリン市州財政を例に考える」『地方財政』43(2)、pp.10-38。

佐々木勉 (1982)「西ドイツの鉱油税値上げとその変遷」『運輸と経済』第42巻第2号、pp.58-62。

霜田博史 (2004a)「現代ドイツ州間財政調整の意義と限界」『経済論叢(京都大学)』第173巻第4号、pp.19-37。

霜田博史 (2004b)「ドイツ統一後における垂直的財政調整の展開」『経済論叢(京都大

学)』第174巻第3号、pp.32-52。
杉山雅洋（1984）「西ドイツの総合交通投資計画をめぐって」『運輸と経済』第44巻第7号、pp.63-70。
中村良広（2004）「ドイツ州間財政調整の改革——「水平的財政調整」の射程」自治総研ブックレット79。
中村良広（2006）「ドイツ財政調整の構造と問題」『月刊自治研』第48巻3月号、pp.55-69。
半谷俊彦（2007）「ドイツの地方財政調整——形成過程と機能」『地方財政』46（2）、pp.155-170。
フーバー, J.（2001）「ドイツにおける新たな財源と交通路計画のシナリオ」『高速道路と自動車』第44巻第10号、pp.64-67。
ブロイエル, F. J.（1988）「ドイツ連邦共和国の交通路計画」『運輸と経済』第48巻第6号、pp.24-34。
山崎治（2008）「ドイツにおける道路行政と道路建設プロセス」『レファレンス』平成20年12月号、pp.93-95。
レンチュ，ヴォルフガング著、伊東弘文訳（1999）「ドイツ財政調整発展史——戦後から統一まで」九州大学出版会。
渡邉徹（2010）「ドイツ・ベルリン州における公共近距離旅客輸送の現状と課題——公的補助制度とその活用の状況を中心に」『早稲田商学』第426号、pp.115-163。

第 5 章

エコ税改革と「公平性」

　日本の地球温暖化対策のための税と比較してドイツのエコ税改革が高い税収を上げるに至った理由は、税率の漸進的増加によって鉱油税ならびに電力税の高い税率を実現したことにある。しかし、課税標準の設定においては多くの軽減税率が導入され、むしろ税収を引き下げる要因が散見される。この不整合を理解するためには、エコ税改革において導入された軽減税率に焦点を当てて分析する必要がある。軽減税率の導入については、国際競争力の維持という観点から産業界への配慮が存在していたことが指摘されてきた（諸富2000; 八巻2000; OECD2006; 朴2009）。しかし、これらの研究では軽減税率の導入における政治的理由と二重の配当論(1)に基づいた税制改革の持つ問題点について十分に明らかにしていない(2)。

　これまでの環境税や二重の配当の研究において十分に着目されてこなかった軽減税率の導入による負担の調整にこそ、租税論的課題があると考える。環境税の持つ非国庫目的と国庫目的を調和させるならば、「公平性」の問題に対処することが必要となってくるからである。したがって、本章の課題はドイツ・エコ税改革において軽減税率が導入された理由を「公平性」に着目して明らかにし、これを環境税と二重の配当論と併せて考察することである。分析の特徴は第1期シュレーダー政権で成立したエコ税改革の導入法と継続

（1）　二重の配当とは環境負荷を発生させる財に課税することでその利用を抑制し（第一の配当）、その税収によって既存の歪みを発生させる租税の税率を引き下げることで厚生の改善を図る（第二の配当）という考えである。その際にドイツにおいては、第二の配当は賃金付帯費用を引き下げることによって失業を改善できるという雇用の二重の配当が目標とされていた（朴2009）。

（2）　なお、赤緑政権の環境・エネルギー政策の転換の中にエコ税改革を位置づける議論に関してはPehle（2006）と坪郷（2009）を参照のこと。

法という 2 つの法律を、ドイツ連邦議会における本会議の議事録（Deutscher Bundestag: BT-Protokoll）と、州政府の代表で構成されるドイツ連邦参議院の議事録（Deutscher Bundesrat: BR-Protokoll）を用いて、議会と財政委員会における議論の要点を明らかにするところにある。

導入法の分析に当たっては公的年金制度の分析を併せることで、エコ税改革の導入に際しての政治的課題を浮き彫りにする。さらに、継続法の分析に当たっては政治的状況の変化が重要となってくる。1999年の第 1 期シュレーダー政権におけるエコ税改革の導入法と継続法では、政権が直面していた政治的状況が大きく異なり、税制改革の意図と設計に微妙な違いが存在しているのである。

本章の構成は以下のとおりである。第 1 節ではエコ税改革導入法の制定過程において軽減税率が導入されるに至った理由を明らかにするとともに、環境税・二重の配当論における軽減税率の導入の意義を考察する。その際、年金構造を通じた職種間の「公平性」の議論と、交通政策を通じた経済的弱者への配慮について特に重点的に論じる。第 2 節ではエコ税改革継続法の制定過程を分析する。その際に、連邦参議院の議論を通じた地域間の「公平性」について考察する。第 3 節において本章の議論を小括する。

1 エコロジー税制改革の導入法を巡る議論
──エコ税負担と第二の配当

1.1 年金構造と受益の不均衡

本節ではエコ税改革の導入法における政治的議論を中心に分析し、軽減税率導入の理由を明らかにする。導入法において軽減税率が設定されたため、課税ベースは縮小されることになり、エコ税改革の継続法において標準税率が引き上げられてもその効果は制限されざるを得なかった。すなわち、長期的に環境制御効果を減少させ、税収の減少を通して失業に与える影響も限定的になったといえる。したがって、導入法において軽減税率が導入された経緯を精査する必要がある。

エコ税改革導入法における軽減税率は、①エネルギー集約産業への20％の

軽減税率、増税部分の免除、②農業者への20％の軽減税率、③公共交通機関の電力税に50％の軽減税率を適用するというものであった。このうち、野党の要求によって導入されたものは後の2つ、すなわち農業者と公共交通機関への軽課であった。1999年2月10日時点での連立合意では、①の軽減税率の導入のみが決定されていた。しかし、同年2月24日の財政委員会において事態は急展開し、②と③の軽減税率導入が決定されたのである。

　ドイツ連邦の政治的状況において、連邦議会と連邦参議院で与野党の逆転は常態化している(3)。しかし、1998年のシュレーダー政権が発足してから約半年間は、赤緑連立与党が両院においては過半数を占めるという特殊な状況にあった。州政府の代表で構成される連邦参議院においても、1999年4月まではSPDと緑の党は事実上過半数を占める状況にあった。そのような必ずしも政治的妥協が求められなかった状況でも、各種の軽減税率が連邦議会と委員会での議論を通じて導入されることとなった。

　政治的に優位な立場にあったシュレーダー政権が野党の要求にこたえて軽減税率を導入したのはなぜか。それは、エコ税収を公的年金保険料率の引き下げ財源としたことによる受益の不均衡によるものであったと考えられる。エコ税改革による年金保険料率の引き下げの受益者となれない人々は、一般年金制度への加入が義務付けられていない人々である。年金保険料の引き下げによって職員30.1％（総人口に占める割合、以下同様）と労働者17％の合わせて47.1％は直接受益を得ることができる(4)。自営業者6.1％のほとんどは一般年金制度と特殊年金制度に加入しているが、後述のように農業者のみがその年金構造ゆえに保険料率の引き下げの恩恵を直接受けることができなかった。失業者の5.5％と無業者の4.8％もエコ税改革においては負担の増加を被るだけであった。

　公的年金保険料率の引き下げによって、農業者や低所得者がエコ税改革の受益者となれなかったといえる。エコ税改革の「受益者は年金保険を支払っ

（3）　連邦議会は住民の代表によって構成されるが、連邦参議院は地方政府の代表によって構成されるため、単純に与野党のねじれということはできないことを付言しておく。
（4）　以下の割合は、収入と消費の標本調査（Einkommens- und Verbrauchsstichprobe）による収入別・職種別の人口推計から筆者が独自に算出したものである。

ている人たちだけ」であるがゆえに、受益の不均衡が発生したのである。二重の配当論に基づいた制度設計は、一応、法律上ノン・アフェクタシオン原則を担保しているとはいえ、事実上は年金財源としてエコ税は位置づけられたことを意味する。受益で発生した不均衡を背景として、政治的対立が生じ、それがエコ税の制度設計に影響を与えたと考えられるのである。

1.2 農業者軽課への道筋――農業者老齢年金、EU共通農業政策と東西格差

本項ではエコ税導入法における農業者への軽減税率の導入を考察する。農業者は労働者人口に対する比率は決して大きくないが、野党議員たちから次々とエコ税導入が「農業に過重な負担」となる可能性が指摘され、激しく批判されることになる。「7％の鉱油税増加は初年度で4.5億～5億DMの追加的負担になり、農村地域の特に大家族においては大きな影響がある」といった主張が正当性を持ち、赤緑政権によって軽減税率の導入が受け入れられることとなったが、実際に農業者の置かれた事情とはどのようなものだったのか。

このような政治的批判を引き起こした農業者に特殊な事情は次の3点にあると考えられる。第1に、ドイツの公的年金制度の構造によって農業者はエコ税改革から受益を得られなかったからである。第2に、同時期に議論されていた欧州共通農業政策（Common Agricultural Policy: CAP）の改革であるアジェンダ2000によって農業者への負担が増大するという、エコ税改革とは全く別の文脈の影響を受けたことである。第3に、統一ドイツにおいて常に配慮が求められる東西格差問題の影響を受けたことである。

まず、ドイツにおける年金制度の構造から分析を始めよう。農業者が加入を義務付けられている農業者老齢扶助は独立農業経営者及び家族従業者を対象とする特別老齢保障制度であって、農民の老齢保障の確立とともに農業構造政策の目標も追求しているところにその特徴がある。そのため、同扶助は公的年金保険について記述されている社会法典第六巻に収録されておらず、

（5）　CDU/CSU会派のHeinz Seiffertの発言（BT-Protokoll, S.1839）。
（6）　CDU/CSU会派の当時の副代表Friedrich Merzの発言（BT-Protokoll, S.491）。
（7）　CDU/CSU会派のNorbert Barthleの発言（BT-Protokoll, S.1186）。

他の年金保険とは同列に論じることができない。ドイツにおいて農業経営者とされるのは、一般的に、葡萄栽培家、園芸農家、野菜栽培家、庭園植物栽培家、魚の養殖家を含むすべての農業・林業経営者である。このうち、農業者老齢扶助に加入が義務付けられているのは、耕作地を生活基盤にしている農業経営者だけである。どの程度の耕作地を生活基盤としているかの評価については各農業老齢金庫が独自の責任において査定しているが、小規模農家を強制加入させるためにこの基準は一般的に低い。

エコ税改革との関連で重要なことは、農業者老齢扶助の保険料は一般年金制度とは異なり、基本的には所得とは無関係に徴収される、いわば人頭税的な定額保険料であるということである。1986年より保険料負担の軽減のために補助金と負担軽減金が支給されるようになり、1991年以降は保険料補助金制度によって負担の軽減が図られており、給付総額に対する連邦財政の負担は70～80％に上っていた。このような、一般年金制度とは異なる「老齢扶助」という枠組みゆえに、年金保険料率の引き下げの対象とならず、その負担と受益の不均衡からエコ税改革に際して農業者に対して租税負担の側から特別な配慮が求められることとなったのである。

このような農業者に対する年金構造は、本来であれば普遍的な皆年金への制度を志向して然るべきかもしれない。普遍的な皆年金制度のもとであれば、エコ税改革の導入において受益の不均衡は生じえなかった。しかし、農業政策の見地から年金制度が分離されてきたドイツにおいて「農業従事者に社会保険への加入を促す構造改革に着手するのは勇気がいる(9)」という。農業者を一般年金制度に包摂することが難しいため、エコ税改革から農業者は受益を得ることができなかったのである。

次に、アジェンダ2000によるCAP改革の農業者への影響に考察を加える。

アジェンダ2000とは拡大EUを視野に入れたCAPの改革についての戦略であり、1999年3月26日にベルリンでの特別欧州理事会において合意された。まさに、エコ税導入法の議論と同時期にEUの拡大に伴う農業政策の転換が

（8）　農業経営権の譲渡を支給要件とすることによって、農家の後継者に農業経営権を早期に移すことを目的としている（Bundesministerium für Arbeit unt Soziales 1990）。
（9）　F.D.P.会派のUlrich Heinrichの発言（BT-Protokoll, S.1736）。

議論されていたといえよう。アジェンダ2000は主に3つの部分より成り立っている。CAP改革、構造政策の統合、各国の財政負担の調整と予算の中期的シーリングの設定である。ここではドイツにおける農業者の負担と関係の深いCAP改革についてのみ説明する。アジェンダ2000において、欧州共通の支持価格に関して牛肉は約30％、穀物は約20％、牛乳は約15％引き下げることとなった。さらに、補助金制度について生産量からのデカップリングが義務付けられた。この背景には欧州共同体における農産物が過剰生産に陥っていたことがある。しかし、それは農業者にとっては事実上の補助金である価格支持政策が後退し、補助金のあり方についても厳しく制限されることを意味する。

　このような農業分野への負担の増加が野党から厳しく批判されることになった。たとえば、ドイツ最北端のSchleswig-Holstein州にあるBönstrupのCDU代表であるベルンゼン議員は次のように発言している。「アジェンダ2000からエコ税までの追加的な負担は6億DM以上であるが、農業分野への投資は年12億DM程度であることを考えると極めて大きい。現在、EUの議長国であるドイツはすぐに行動する必要がある。EU委員会での議論は英独仏の合意にもかかわらずデンマークのような小国に振り回され、14万人もの雇用が失われることになった。ドイツ北部でのさらなる6,000人の失業を防ぐためにも今すぐ行動しなければならない。つまり、EUの農業政策の変化によって農家に対する補助金を減額しなければならないにもかかわらず、さらなる負担を求めてはならない(10)」と。

　当時のCDU党首であり、コール政権では首相府長官と内相を務めたショイブレ博士は次のように発言している。「牛乳の価格制限や生産量の増加のような規制政策は市場にとってはリスクであって、全くナンセンスである。すなわち、ドイツ農民の総所得約100億DMのうち20％にあたる20億DMの所得の減少を受け入れなければならず、そこに加えて連邦政府の増税計画では15億DMの負担の増加となる。そのうちエコ税による増税は3.5億DMで、ドイツ農業を破壊する(11)」というのである。CAPによる価格支持政策や補助金政

---

(10)　CDU/CSU会派のWolfgang Börnsenの発言（BT-Protokoll, S.1615）。

第5章　エコ税改革と「公平性」　125

策の変更による負担増に加えて、エコ税が農業者に過重な負担をもたらしているると認識されていたのである。

したがって、「エコ税は農業のための補助金を事実上削減していて、ドイツ農業の所得の追加損失は18億DMに達する」(12)であるとか、「予算委員会ではエコ税の農業における負担は3.8億DMというが、農業の分野の新たな補助金は2,000万DMから2,500万DMにしかすぎず、約3.6億DMは農業界の負担として残ることになる」(13)という認識に至る。少なく見積もって、農業分野の負担としてアジェンダ2000によるものが約18億DM、エコ税による増税が3.5億DMになると考えられていた。エコ税改革に伴う年金保険料率の引き下げの恩恵を受けることができず、その一方でそれまでのような補助金政策による負担調整が困難となる中、CAPによる価格支持政策の後退により所得の減少が見込まれていたことが、「農業政策においてエコ税は害がある」(14)とされた所以である。

加えて、東西ドイツの再統一という文脈も重要であった。すなわち、新連邦州において農業従事者が多く、なおかつドイツ統一の文脈においては特別な配慮が求められていた。新連邦州のSachsen州における最東端の町であるGroßhennersdorf代表でCDUのハシュケ議員は「特に東部の農民は不平等にさらされている」(15)ことを訴えた。統一ドイツにおいて東西格差への配慮は、欠くことのできない政策課題であったことが背景に存在していた。

以上、エコ税改革に際して農業者に20％の軽減税率が適用されるに至った経緯を確認してきた。そこでは、個別消費税であるエコ税の負担は広範囲に及ぶ一方で、公的年金保険料率の引き下げという受益は農業者老齢扶助という特別年金制度に及ぶことはないため、農業者への負担が過重となっていた。この点では、農業者の負担するエコ税率を軽課せよという野党の要求を受け入れる合理性が存在していたといえる。もっとも、アジェンダ2000のCAP改

---

(11)　CDU/CSU会派のDr. Wolfgang Schäubleの発言（BT-Protokoll, S.2153）。
(12)　CDU/CSU会派のDr. Wolfgang Schäubleの発言（BT-Protokoll, S.2577）。
(13)　CDU/CSU会派のBartholomäus Kalbの発言（BT-Protokoll, S.1733）。
(14)　CDU/CSU会派のJosef Hollerithの発言（BT-Protokoll, S.1732）。
(15)　CDU/CSU会派のGottfried Haschkeの発言（BT-Protokoll, S.2062-3）。

革に伴う農業者の負担増加がそれを後押しし、補助金政策の制限が農業者老齢扶助の保険料軽減補助金の裁量性を奪っていたこと、さらに、新連邦州への特別な配慮という文脈はエコ税改革とは全く別の政策課題の影響があったことを示唆している。[16]

以上の分析から、農業者への軽減税率導入の主な理由は、ドイツに独特な農業者の年金構造によるものであり、さらにアジェンダ2000と新連邦州への配慮といったエコ税改革とは別の問題によるものであった。換言すると、それは環境税の負担の特徴でも、二重の配当の本質的特徴でもなく、年金構造と他の文脈の影響によるものであるといえる。しかし、その軽減税率の導入によって、環境税としての効果も二重の配当の効果も制限されることになった。さらに、エコ税の根拠は原因者原則にあると考えられるが（Zimmermann und Henke1994=2000, pp.297-304)、政治的合意形成のための軽減税率の導入は租税原則からの逸脱であると考えられる。とはいえ、軽減税率の導入によってエコ税改革の導入の意義が決定的に損われたとは考えられない。農業者は受益の不均衡にさらされていたため、軽課措置の導入には正当性が存在していたからである。

1.3 低所得者対策、非所得基準の限界と環境交通政策

年金保険料率の減額によって受益者となれない層は低所得層も同様であった。「エコ税に関連する複雑な影響は、労働力、資本、農村部や遠隔地域の社会的影響や、年金受給者、農民、少人数の家族のように低所得であり、かつエネルギー利用の代替財のない人々に難しい問題を発生させる」[17]のである。エコ税の課税標準であるエネルギー消費は、たしかに一方において環境負荷となるが、しかし他方において生活に密着した基礎的な消費である。そのため、「環境とかエコと呼ぶことによって他の税ではなく鉱油税、暖房油税、ガス税を増税し、電力税を導入しようとしている。これは暴利を貪っている

---

(16) 農業政策や東西宥和政策など、他の政策的課題に基づいた批判は、エコ税改革の理念からすると的外れな批判だといえよう。しかし、それぞれの政策的文脈の中では正当性を持っており、政治的合意形成に重要な影響を与えたことには留意する必要がある。
(17) CDU/CSU会派のDr. Paul Laufsの発言（BT-Protokoll, S.2512)。

だけで環境の制御効果などない。年金受給者、失業者、学生、社会保険負担を支払っていない人々の、暖をとる、電気を使う、車に依存しているということは自分でコントロールできないことである。これは社会的でもなければエコロジーでもない」[18]と批判されることになる。

しかし、誂え税である所得税とは異なり、環境制御を目的とした個別消費税であるエコ税の枠内では、所得を基準とした軽減税率は導入できない。そこで、野党が着目したのが、低所得層における公共交通機関への支出の多さであった。まずは、最大野党であるCDUのマイスター博士の発言に注目しよう。「技術委員会の公聴会で専門家の多くは赤緑政権のエコ税の不条理な効果を繰り返し指摘した。特に、低所得者の公共交通機関への出費が多いことが（所得分配上：筆者）問題であり、（公共交通機関の利用抑制という：筆者）不適切なインセンティブを持っている。CDU/CSUは公共交通機関に対する付加価値税の免除を行っているが、エコ税はそうではない。ドイツ鉄道株式会社の1.72億DMの追加的負担、他の公共交通機関の8,000万DMの追加的な負担は顧客に転嫁せざるを得ず、公共交通機関の魅力の低下につながる」[19]と指摘している。

F.D.P.からも「エコ税の導入がバスと電車を介して特に年金生活者や社会的弱者の負担となっている」[20]、「税制改革は中産階級の利益になっていないだけでなく、低所得のグループの全員が負担の減少を経験できるわけではない。7万DMの総所得を得ている熟練労働者は毎月3.50DMを軽減されるが、それはちょうど6ペニヒの燃料税の増税、ガソリン60リットルと同等である」[21]と同様の批判がなされた。PDSの党首であるギジ博士も「大企業は課税を減免されているのに、生活保護受給者は自動車を運転しないにしても、暖かい部屋を得るための電力に（エコ税が：筆者）かかるので、反社会的であるといえる」[22]と批判している。このように、野党のすべての会派から低所得者対策

---

(18) CDU/CSU会派のGerda Hasselfeldtの発言（BT-Protokoll, S.1445）。
(19) CDU/CSU会派のDr. Michael Meisterの発言（BT-Protokoll, S.2363）。
(20) F.D.P.会派のJürgen Koppelinの発言（BT-Protokoll, S.1768）。
(21) CDU/CSU会派のPeter Rauenの発言（BT-Protokoll, S.1939）。
(22) PDS会派のDr. Gregor Gysiの発言（BT-Protokoll, S.100）。

の必要性が訴えられることになる。

　さらに、エコ税の環境交通政策としての側面も軽減税率導入の議論に影響を与えた。すなわち、軽減税率の導入によって公共交通機関の利用促進を図ろうということだ。自動車の利用から鉄道やバスなどの公共交通機関の利用へのシフトは「モーダルシフト」として、エコロジー的な社会構造変化だと捉えられていた。「鉄道へのモーダルシフトは必要であるが、エコ税はモーダルシフトを起こさずに、鉄道会社を弱めることになる。具体的には、エアフルト市の交通機関の新たな負担は、バスやトラムだけで年間30.5万DM、ドイツ鉄道全体では2.8億DMになる。この分は値上げかスタッフの削減が必要となる。30万DMがエアフルト市の財務局に転がっているはずがなく、バスやトラムの利用者は車のない高齢者が多い。これは社会的正義ではない。赤緑政権はエコロジー的に賢明な大量のバスや鉄道を擁護するものだと考えていた」[23]というように公共交通機関への負担軽減が求められた。

　もちろん、エコ税改革において環境交通政策が意識されていなかったわけではない。少し長いが緑の党のドイツ鉄道（DBAG）の監督委員であったシュミット議員の発言を引用する。「重要なポイントは、鉄道輸送の運賃が上昇する理由はないということである。第1に、電力価格が下降傾向を示していて、電力の自由化によってこの傾向は継続される。第2に、ディーゼル燃料価格は減少しており、昨年と比べて税込みリットルあたり10ペニヒ安く、エコ税の導入によって相殺されないほど下落している。したがって、公共交通機関の運賃の引き上げの理由は存在しない。第3に緑の党の意見では、エネルギー負担は環境に対する影響の非常に緩やかなコントロールであって、赤緑の連立政権においてはもっと強化するべきである。（SPDは拍手せず。）エコ税のような控え目な関与に対する公共交通事業者の反対は有害で、鉄道分野において経済的かつ効率的なエネルギー利用に必要なインセンティブを提供している。たとえば、ドイツ鉄道の省エネプログラム2005年は25％の消費電力の低減を目指すという。ドイツ鉄道の消費電力は1990年以来52ギガワット時から44ギガワット時へと16％減少した。この効率化の傾向がエコ税

（23）　CDU/CSU会派のNorbert Ottoの発言（BT-Protokoll, S.2361-2362）。

によってさらにエネルギー節約の方向に加速されるので、公共交通機関の競争力の向上を意味するのである」[24]。

すなわち、エネルギー価格の低下とエネルギーの効率化によって、公共交通機関の料金は上昇することなく、したがって低所得者に対する悪影響はないと主張するのである。もっとも、政権党であるSPDと緑の党の立場の違いもあった。SPDとは異なり、緑の党はエネルギー消費に伴う環境負荷に対する政府の関与を強めてもよいとの立場であった。

ここでも、新連邦州への配慮という文脈における議論が存在していた。PDSの議員たちは「鉄道料金について東側の施設が老朽化しており特別の配慮をする必要がある」[25]、「DBAGの旅客券の価格上昇について、4月に全国の長距離輸送は1.5％、西部での輸送も1.5％以上、東部の平均で5.2％、東部での学生の毎月の料金は9.9％上昇するが、東部において特に高い数字でこの背後では賃金の調整と失業の長期化も起こる」[26]と主張して新連邦州への配慮を求めた。

F.D.P.のフリードリッヒ議員の次の発言から、財政委員会において緑の党のシェール委員長主導によって議論は急展開し、公共交通機関への電力税の軽課措置が導入されたことが看取される。「緑の党は驚くべきことに、ほとんどの公共交通機関を神聖なものとして扱い、エコ税改革で優遇している。ミュンテフェリンク連邦運輸大臣は『公共交通の免除措置はない。すべてを支払う必要がある』といっていた。財政委員会での議論で結論が出た後に、緑の党のクリスティネ・シェール財政委員長によって覆された。エコ税改革について財政委員会で一度出した結論を覆すべきではなかった。実際のところ、電力価格が2ペニヒ上がろうが1ペニヒ上がろうが問題ではなく、結局は人件費の方が大きい。このように、意味のない軽減税率は政治的スケープゴートであって政治的プロセスを歪めてまで租税制度を繁雑にするべきではなかったのである」[27]。

---

(24) BÜNDNIS 90/DIE GRÜNEN会派で南部Bayern州のHitzhofen代表のAlbert Schmidtの発言（BT-Protokoll, S.2358-2359）。
(25) PDS会派のDr. Winfried Wolfの発言（BT-Protokoll, S.2359-2360）。
(26) PDS会派のGerhard Jüttemannの発言（BT-Protokoll, S.2355）。

当初より、ドイツ交通業連盟（VDV）とドイツバス連盟（BDO）はバス、鉄道、鉄道物品輸送は電気税全額及び鉱油税の増税を免除するよう要請していた。その一方で、ミュンテフェリング連邦運輸大臣は「法案では、一般家庭も負担しているため、公的サービス企業にも負担を求める」として、鉄道とバスへの課税に賛成していた（環境省2004）。しかし、以上のように、エコ税の負担が公共交通機関を通じて低所得層の負担になるという懸念が訴えられ、モーダルシフトの必要性が強調されると、シェール委員長の主導によって電力税に50％の軽減税率が導入されたのである。原因者原則からするとこのような措置は租税原則からの逸脱であるが、低所得対策は支払い能力原則によって説明可能であり、エコ税が複数の租税原則の間で調整されながら制度設計されたことが看取される。

1.4　僅少労働者と年金改革

　次に、エコ税改革導入法には制度的に反映されなかったが、年金保険料の引き下げを通じて受益者となることのできない僅少労働者（Geringverdienende）について問題視されていたことにふれておく。「エコ税は正規雇用者には受益があるが、年金受給者や僅少労働者にはない」[28]というように、公的年金保険への加入が義務付けられておらず、かといって強制保険を導入するわけにもいかない、働く低所得層が存在していた。まず、簡単にドイツにおける僅少労働者とは何か確認しておく。通称630マルクジョブと呼ばれていた僅少労働者とは、週労働時間が規則的に15時間を下回り、かつ月額630マルク未満の雇用契約のことで、社会保険への加入義務が免除されていた。これらの僅少労働には主婦を主とした女性が従事しており[29]、学生、年金生活者に加えて10％程度は副業であった。

　僅少労働者はエコ税改革に際して受益が得られなかったが、そのことにエコ税改革の制度内で対処をすることはできなかった。社会保険の財政基盤の

---

(27)　F.D.P.会派で南部Bayern州のBayreuth代表のHorst Friedrichの発言（BT-Protokoll, S.2356-2358）。
(28)　F.D.P.会派のWalter Hircheの発言（BT-Protokoll, S.1780）。
(29)　1999年時点でその約4分の3が女性であった。

劣化への対応、僅少労働者の多数を占める女性へのよりよい老齢保障の提供、労働報酬1マルクからの社会保険料の徴収などを目的として630マルクジョブ法の改革が行われた。僅少労働者は社会保険加入義務を免除されたままであるが、雇用主は原則的に総賃金に対して12％の年金保険料と10％の疾病保険を合わせた一括負担金が課されることとなったのである。

　僅少労働者を社会保険の枠組みに包摂することになった改正630マルクジョブ法であったが、エコ税による負担増に対する直接的な配慮は導入されなかった。たしかに、僅少労働に従事する人々は追加的な負担なくして社会保険に加入することになった。しかし、それゆえ、エコ税改革による年金保険料率引き下げの恩恵にあずかることもできなかったのである。そのため、「ライン地方の典型的なホテルにおいてエコ税の負担は2万DMであり、年金保険料の軽減があるという。これまで、経営を助けてくれた近隣住民や知人に対しては630マルク法によって負担を増やせという。事実、ホテル業界は二重の負担（zwei schwarze Tage）を経験しなければならない」[30]という批判がなされることとなった。

　環境税の導入に伴うミクロ的分配問題への対処に限界が存在していたことが見て取れるが、同時にシュレーダー政権における政策のジレンマが明らかになる。すなわち、二重の配当論を念頭に置いたエコ税改革においては、労働付帯費用、すなわち企業の社会保険料負担が労働需要を減少させているという問題意識に立っていた。しかし、僅少労働者が低所得者であることに配慮し、なおかつ社会保険に包摂するという文脈においては労働者の保険料は免除し、使用者にのみ社会保険料の負担をさせることとなったのである。

1.5　軽減税率の理論的検討

　以上、導入法の制定において軽減税率が導入された理由を明らかにしてきた。単に政策課税として環境税を設計するのではなく、大きな税収を上げるという財源目的で設計されたエコ税を巡って種々の観点から「公平性」が論じられ、部分的にではあるが軽減税率として制度に反映されるに至った。軽

---

[30]　CDU/CSU会派のKlaus-Peter Willschの発言（BT-Protokoll, S.2044）。

減税率の導入によって原因者原則が貫徹されなかったことは、エコ税の存在意義を危うくするものであると考えられる。しかも、軽減税率の導入が必要となった背景にノン・アフェクタシオン原則に抵触する二重の配当論があり、エコ税の構造ではなく、年金制度の構造によって軽減税率の必要性が出てきたことに鑑みれば、租税原則上は問題のある税制改革であった可能性がある。しかし、実際の税制改革を租税原則からのみ評価することはできないし、何よりも非国庫目的と国庫目的の調和のためには「公平性」の議論は避けて通れない問題であった。そこで、環境税の理論、二重の配当論と併せて再検討することによって、総体的な評価を試みたい。

　軽減税率の導入による影響を環境税の理論に即して、経済効率性、汚染削減効果と長期的効果の観点から考察する。環境税が環境政策の経済的手段として規制政策に対して優位に立つのは税率が単一である場合であるが、軽減税率の導入はこのナイーブな条件を崩すことになる。とはいえ、経済効率性の観点においても規制政策が優位というわけではなく、別途検証が必要である。汚染削減効果は外部不経済に対して価格付けをすることによって汚染を削減するという短期的効果のことである。長期的効果は、環境税の負担によって技術革新を促進し、産業構造の変化と社会構造の変化をもたらすことである（Weizsäcker and Jesinghaus 1992）。長期的効果は負担の生じない排出権取引に対する環境税の優位性であると考えられてきた。軽減税率の導入は汚染削減効果に対しても長期的効果に対してもその効果を減ずるものであるといえる。

　次に、二重の配当論における軽減税率の導入効果を確認しよう。軽減税率の導入による税収の減少は、賃金付帯費用の引き下げ幅の減少を意味する。ドイツの文脈では年金保険料率の引き下げ幅が制限されることは、失業改善効果が限定的となることを意味する。以上のように租税原則上も環境税・二重の配当の理論上も望ましくない軽減税率の導入であるが、以下の4つの点において積極的に評価されうる。

　第1に、これまでの議論で明らかにしたように、軽減税率を導入せざるを得なかった主因が公的年金制度の構造にあったことに鑑みれば、問題の所在は環境税や二重の配当の理論というよりも、立地論争によって年金保険料率

の引き下げが必要とされたというドイツの歴史的文脈の中にあると考えられる。年金保険料率の引き下げの財源が、シュレーダー政権によって選択されたエコ税であろうが、コール政権の売上税であろうが、農業者や低所得層は受益者となることはできなかったからである。むしろ、エコ税改革に際して軽減税率の導入によって負担の調整がなされたことは農業政策上の要請と支払い能力原則から肯定的に評価しうる。

第2に、二酸化炭素排出量の抑制についても、雇用促進効果についてもシミュレーション分析によって確認されている（Bach et al. 2001）。たしかに、先行研究では環境制御効果や雇用効果の有無に焦点があったため、軽減税率の効果がどの程度のものであったのか明らかでない。しかし、連邦環境省の委託研究によれば、軽減税率の導入は企業と家計の負担のバランスを失するほど大きなものであったことが指摘されている（Bach2005）。それでもなお、二重の配当が発生しえたということは、むしろエコ税改革の潜在能力の高さを示すものといえよう。

第3に、政治的受容性の構築の観点からは、軽減税率はさらに肯定的評価の対象となる。たしかに、連邦議会において野党はエコ税改革による負担増に対する激しい批判を行い、与野党の間での合意形成は図られることなく導入法案は議会を通過することになった。しかし、この議論の過程での軽減税率の導入は少なくとも与党内での合意形成を実現し、エコ税改革の導入に寄与したと考えられる。政策課税としての機能と国庫機能を調和させるためには、すなわち課税の規模を大きくするためには政治的受容性を構築するに際しての「公平性」に関する議論と制度の調整は重要な前提となるのである。

第4に、エコ税は担税力の高さを示したということである。地球温暖化対策の環境税は事実上のエネルギー課税となるが、エネルギーの価格弾力性は短期的には低いため（OECD2006）、大規模な軽減税率を導入してもなお高い税収を上げることになった。[31]そのため、ドイツにおける租税負担構造はエコ税改革によって大きく変化することになった。すなわち、租税構造のグリーン化である。エコ税改革前の1998年における鉱油税収は連邦税収に対して16.7%を占めていたが、エコ税改革の導入によって鉱油税収と電力税収は2003年には21.9%を占めるに至った。もっとも、2003年以降の鉱油税収と電

力税収はゆるやかに減少している。このことは、エネルギーの価格弾力性は短期的には小さいが長期的には大きいとする先行研究と整合的である(Ibid.)。そのため、ヴァイツゼッカーは安定的な税収の確保のために税率の漸進的増加を主張したが、第2期シュレーダー政権とその後のメルケル政権では税率の引き上げが継続されることはなかった。

2 エコ税改革の継続法と地域間の「公平性」

2.1 継続法の特徴

　前節では導入法の制定過程を分析した。エコ税の租税構造を規定するうえではスタートラインといえる導入法では、いかなる軽減措置を導入するのかが問題となった。しかし、継続的な税率の上昇を規定した継続法においては軽減措置の導入を巡る政治的闘争ではない側面が重要となってくる。さらに、継続法の制定過程においては政治的状況に変化が見られる。本節では、このような背景のもとで、どのような「公平性」の議論を参照しながらエコ税の非国庫機能と国庫機能の調和を図ろうとしたのか確認しよう。

　持続的な税率の上昇に関しては、シュレーダー政権の2人目の連邦財務大臣であるアイヒェルの発言が参考になる。「非常に小さいエネルギー消費量で経済的豊かさを達成」し、「我々の経済の持続する発展のためにイノベーションを継続」するという、環境税の短期的効果と長期的効果が期待されていたのであった。[32]さらに、「今日の大量失業に、労働という要素が非常に大きな負担をかけているのがドイツの特徴」であり、経済を労働という要素から解放するために賃金付帯費用（Lohnnebenkosten）を削減することが必要だと認識されていた。エコ税改革における賃金付帯費用とは社会保険料負担であり、具体的には年金保険料率の引き下げが画策されていた。「そういうわ

---

(31)　野党CDUはエコ税改革を激しく批判してきたが、メルケル政権においてはこの担税力の高さゆえに、改革を廃止することは困難であった。ただし、第1期メルケル政権はCDU/CSUとSPDの連立であり、シュレーダー政権と部分的に連続していること、メルケル政権では売上税増税によってさらなる労働付帯費用（ここでは雇用保険料）の引き下げを図ったことに留意する必要がある。

(32)　Bundesminister Hans Eichel（BR-Protokoll, S.413）.

けで、我々はエネルギー消費に衝撃的にいきなり負担をかけるのではなく、漸進的に、長期的目標を立て、少しずつの段階で負担をかけるのである」という。[33]

　本節が焦点を当てる継続法は、そのうちで特に継続的な税率の増加を担っているエコ税改革の第2段であり、5段階の税率引き上げとそれに伴う年金保険料率の引き下げによって構成されている。基本的には、年間で鉱油税が1ℓ当たり6ペニヒ、電力税が1kwh当たり2分の1ペニヒ引き上げられ（表5-1.1）、その税収を賃金付帯費用である公的年金保険料率の引き下げの財源とするものであった。労働付帯費用はエコ税改革実施前の42%から40%に引き下げられることが目標とされていた。導入法において保険料率は0.8%ポイント引き下げられたので、継続法によって1.2%ポイント引き下げられることが目論まれていた。[34] 以上の特徴は、これまで十分に明らかにされてきたが、以下に述べる継続法に独特な特徴は強調されてこなかった。

　税率の引き上げが行われたのは動力用燃料と電力であり、導入法において課税された発熱用燃料は非課税で、ガス燃料には軽減税率が、電熱併給設備で利用される発熱用燃料には戻し税が設定されていた。その際、政策課税として意図されたことは、①発熱用燃料の除外、②電熱供給や高効率のコンバ[35]インド発電の促進、③天然ガスの利用促進であった。[36]寒さの厳しいドイツでは、発熱用の燃料は軽課されており、発熱用燃料は継続法においては増税の対象とならなかった。それと関連して、同様に熱供給を行う電熱供給が不利に扱われないために、電熱併給設備で利用する燃料に戻し税が設定され、鉱油税の非課税化、すなわち事実上の減税が組み込まれていた。[37]

　また、二酸化炭素排出量の少ない天然ガスの利用はエネルギー転換政策において、再生可能エネルギーが普及するまでの過渡的なエネルギー源として

---

(33)　Bundesminister Hans Eichel（BR-Protokoll, S.413）.
(34)　「継続法によって2003年には社会保険料を40%以下に引き下げられる」という認識は共有されていた。Ortwin Runde（Hamburg）（BR-Protokoll, S.309）.
(35)　いわゆるコージェネレーション発電と呼ばれる発電形態で、発電時の排熱を暖房等に利用することによって高いエネルギー利用効率を実現することができる。
(36)　内燃機関による発電とその排熱を利用して蒸気タービン発電を行うことで、高いエネルギー効率で発電することのできる発電形態のことである。

重視されており、温室効果ガスの減少に大きな影響を与えていた（良永2001）。継続法における基本税率表では天然ガス、液化ガス共に3段階の増税が図られているが、同時に軽減税率が設定されており、天然ガスでは約40%弱、液化ガスでは発電と発熱に約13%強、乗り物の動力としては約30%強の税率となっている（表5-1.2）。これは、天然ガス・液化ガスも減税されていたことを意味している。[38]

以上の特徴のうち、連邦参議院による法案修正を経て導入されたのは電熱併給設備への戻し税である。連邦議会を通過して連邦参議院に送られた継続法の当初の法案（BR-Drucksache 474/99）においては、天然ガスの軽減税率と再生可能エネルギーの非課税措置は設けられていたものの、表5-1.3にまとめられている戻し税は存在しなかった。しかし、1999年9月24日の連邦参議院第742回会議において同法案は否決されることになる。そこで両院協議会での議論を経て、継続法は戻し税の設定という改変の後に再提出されることになった。発熱用燃料への完全なる非課税措置に関して、優遇するべき電熱併給設備が競争上不利になるという批判が存在していたからである。[39] しかし、このことによってエコ税の総税収は予定よりも減少する。この税収の減少によって、目標とされていた1.2%ポイントの年金保険料率の引き下げは、0.9%ポイントまで25%の減少を余儀なくされることとなった。

以上の継続法の特徴を総括することにする。シュレーダー政権のエネルギー政策の特徴は、原子力発電への依存からの脱却を目指したところにある。原子力発電所の新規建設計画を停止し、寿命を迎える施設から順次廃止していく漸次的な脱原発計画であった。[40] そのため、原子力に代わるエネルギーの

---

(37) 本章では詳しく取り扱わないが、動力用燃料の大きな部分を占める自動車用燃料については低硫黄化の促進が図られた。1998年10月13日に決定された欧州議会・欧州理事会指令（98/70//EC）において、硫黄分が10ppm以下の超低硫黄ガソリン・軽油の普及が義務付けられていたからである（NEDO2004）。
(38) エコ税の免除については時限規定の問題がある。ガスタービン発電とガス発電、同様に太陽光発電と電熱併給の優遇措置は2003年3月31日まで、天然ガスの軽減税率は2009年までのサンセット条項である（BR-Drucksache 638/99）。
(39) Leo Dautzenberg（CDU/CSU）（BT-Protokoll, S.6267）.
(40) 電力の営業的生産に向けての核エネルギーの利用の整然とした終結に関する法律（BGBl. I 2002 S.1351）。

表5-1.1 継続法の基本税率表

(2001年まではドイツマルク、2002年以降はユーロ)

	硫黄	2000年1月1日	2001年1月1日	2001年11月1日	2002年1月1日	2003年1月1日
ガソリン (1,000ℓ)	50mg／kg以上	1,100	1,160	1,190	639.1	
	50mg／kg以下	1,100	1,160	1,160	623.8	
	10mg／kg以上					669.8
	10mg／kg以下					654.5
ディーゼル (1,000ℓ)		1,200	1,260	1,290	690.3	721
中重油 (1,000ℓ)		1,100	1,160	1,160	623.8	654.5
軽油 (1,000ℓ)	50mg／kg以上	740	800	830	455	
	50mg／kg以下	740	800	800	439.7	
	10mg／kg以上					485.7
	10mg／kg以下					470.4
天然ガス等（1 MWh）		53.4	56.3	56.3	30.3	31.8
液化ガス (1,000kg)		2,070	2,173.4	2,173.4	1,164.1	1,217

表5-1.2 ガス燃料の軽減税率

(2001年まではドイツマルク、2002年以降はユーロ)

		2000年	2001年	2002年	2003年
天然ガス等（1 MWh）	乗り物	20.9	22	11.8	12.4
液化ガス (1,000kg)	乗り物	270.5	285.3	153.4	161
	その他	687.5	725	389.9	409

表5-1.3 戻し税額の設定

(ドイツマルク)

	電熱併給施設	生産業、農林業	通常の発電所
軽油 (1,000ℓ)	120	32	40
重油 (1,000ℓ)	35	―	―
天然ガス等（1 MWh）	6.8	2.56	3.2
液化ガス (1,000kg)	75	20	25.0

出所：BR-Drucksache 638/99.

確保が最優先課題の1つであり、電力需要を賄う代替的なエネルギー源の利用を促進する必要があった。ドイツの再生可能エネルギー普及政策は、再生可能エネルギーによって発電された電力の固定価格買い取り制度が中心的役割を果たしてきたが[41]、エコ税改革においてもエネルギー転換政策を促進する優遇措置が導入されたといえる[42]。

もっとも、エネルギー転換を促進する政策課税としての設計は、費用効率

的な汚染削減を実現する環境税の理論とは矛盾を来すこととなる。環境税の理論において、異なる限界汚染削減費用に直面する企業が存在する場合、費用効率的な汚染の削減のためには、外部不経済に比例する税率が設定される必要がある。したがって、二酸化炭素の排出削減においては、化石燃料に含まれる炭素量に課税する純粋な炭素税が最も費用効率的に汚染削減を可能とし、同時に汚染削減に対する最適投資を実現すると理論上は考えられている。しかし、エネルギー転換のための優遇措置の導入によって、エコ税は炭素税からかい離することになる。いわば、エネルギー政策的要請によって、環境税は理論上の最適汚染削減・最適投資を越えて、天然ガスの利用・コージェネレーション発電・コンバインドサイクル発電への投資を誘導するものであったといえる。

エコ税は温室効果ガスである二酸化炭素排出量の削減に加えて、エネルギー転換という複数の政策的意図を担った租税であったという点を考慮すると、炭素税からのかい離も肯定的に評価されよう。しかしながら、優遇措置は課税ベースを狭め、税収を減少せしめ、ひいては年金保険料引き下げ幅に制限をもたらしたことは租税政策上の難点でもあったと考えられる。

2.2 連邦参議院での継続法を巡る論点

次に、継続法の成立に際しての政治的対立点を確認する。その場合、この継続法の審議に際しての政治的背景は、導入法のそれとは大きく異なることに留意する必要がある。1999年2月7日のヘッセン州議会選挙において、SPDのハンス・アイヒェル州首相率いる赤緑連立は敗北し、ローラント・コッホを首班とするCDUとF.D.P.の連立政権が誕生することになった。[43] 連邦

---

(41) コール政権においては、「再生可能エネルギーから生産した電力の公共系統への供給に関する法律」（BGBl. I 1990 S.2633）によって固定価格買い取り制が導入された。シュレーダー政権ではこれを加速するべく、「再生可能エネルギー優先法並びにエネルギー経済法及び鉱油税法を改正するための法律」（BGBl. I 2000 S.305）が制定されるに至った。継続法はこの再生可能エネルギー優先法の制定以前の段階で議論されていたといえる。

(42) 再生可能エネルギーの電力税非課税措置については本章では取り扱わない。

(43) *Die Frankfurter Allgemeine Zeitung für Deutschland*, 9. Februar 1999.

第5章　エコ税改革と「公平性」　139

参議院の同意を取り付けることができたが、これ以降は連邦参議院における政党間のバランスが変化し連邦参議院の同意は赤緑政権だけでは形成することができなくなった。導入法は4月7日にハンス・アイヒェル州首相と州議会議員が辞任するまでの期間に連邦参議院でほとんど議論がなされなかったが、継続法の制定においては州の代表者たちの意見を取り入れ、政治的合意を図る必要があった。そこで、本項では連邦参議院における対立を中心に分析を進めることにする。

　継続法を巡る論点を確認しよう。

　第1に、エコ税の環境制御効果についての疑問がある。1997年当時にニーダーザクセン州首相であったシュレーダーは「社会民主主義のコンセプトであるエコロジー税制改革は目下のところ達成されえない。期待される環境全体に対する制御効果はほんのわずかにすぎない。しかしながら、地域国家の市民にとってガソリン価格の上昇は厳しい超過支出である。したがって、SPDは人々にうんざりされることを甘受せねばならない」と発言していたことが、バーデン＝ビュルテンブルク州首相でCDUのエルヴィン・トイフェル議員から指摘されいてる。しかし、連邦政府としてはエコ税改革の目的として環境制御を挙げている以上、このような批判には環境制御効果が存在することを強調するより選択肢は存在しなかった。

　第2に、とはいえ、環境税として期待される環境制御効果と財源調達機能は衝突する可能性がある。エネルギー消費量が減少すれば税収も減少するため、「実際にエコロジー的制御効果が働くならば、何が生じるのだろうか」という疑問が呈されることになる。つまり、年金財源としてのエコ税は、税

---

(44)　ドイツ連邦の議会は法的に厳密には二院制ではないが、地方政府の利益に関連する法案の場合、地方の利益を代表した連邦参議院（Bundesrat）の同意を取り付ける必要がある。なお、ドイツの地方政府は議会内閣制を採用しており、連邦レベルでの連立ではない組み合わせの連立政権がしばしば形成されるため、単純に赤緑政権が連邦参議院において過半数を確保できなくなったというのではないことに留意する必要がある。

(45)　ハンス・アイヒェルはシュレーダー政権発足当初の連邦財務大臣であったオスカー・ラフォンテーヌの後任として4月12日には連邦財務大臣に就任することになる。

(46)　Erwin Teufel（Baden-Württemberg）（BR-Protokoll, S.422）.

(47)　Peter Müller（Saarland）（BR-Protokoll, S.435）.

収の安定性の観点から問題があるということだ。もっとも、この問題について、ドイツにおけるエコ税改革の議論ではすでに予想されていたことであった。ヴァイツゼッカーによれば税率の引き上げを継続することによって税収を安定させることが可能であるという。⁽⁴⁸⁾

第3に、賃金付帯費用の引き下げによる失業の解決についても疑問が呈された。エコ税は「年金生活者の実質購買力が減少させられることに等しい」⁽⁴⁹⁾という問題である。二重の配当の存在についての理論的研究においても、環境税による消費抑制効果と所得税減税による効果のどちらが大きいかについ⁽⁵⁰⁾て決着がついていない。経済的な仮定によって結果が左右されるからである。したがって、ザールラント州首相のペーター・ミュラーからは失業の克服のためには純減税が必要であると主張されることになる。もっとも、その批判に対しては、シュレーダー政権における税制改革の全体像は、所得税・法人税改革と児童税額控除・手当によって、低・中所得層及び子供のいる家族を中心に200億DMの純減税がなされる計画であるとの説明がなされることになった。⁽⁵¹⁾

第4に、交通市場に悪影響を与えることが懸念される。当時は、OPECカルテルによって1リットル当たり2DMのガソリン価格の上昇が見込まれており、エコ税によるガソリン価格の追加的上昇は「ドイツの交通産業と自動車運転者に負担を与える」⁽⁵²⁾のではないかということである。この懸念に対して連邦財務大臣アイヒェルは鉱油税を「前政権では50ペニヒ増税した」⁽⁵³⁾とい

---

(48)　(Weizsäcker and Jesinghaus 1992)。もっとも、年金保険料の長期的安定のためには、エコ税を財源とすることは望ましくなく、年金水準引き下げについての合意形成が重要であるという指摘も存在する。Peter Müller (Saarland) (BR-Protokoll, S.434-435)。

(49)　Peter Müller (Saarland) (BR-Protokoll, S.434)。

(50)　環境税の転嫁による価格上昇は、「企業に環境にやさしい製品と環境に優しい生産方式を採用するというはっきりとしたシグナル」になるため、環境政策上望ましい効果がある。Bundesminister Hans Eichel (BR-Protokoll, S.414)。

(51)　Ortwin Runde (Hamburg) (BR-Protokoll, S.308-309)。リュンデによれば、それと同時に、財政健全化法によって、2000年には300億DM、2003年までに500億DMの財政負担を軽減するはずだという。

(52)　Dr. Edmund Soiber (Bayern) (BR-Protokoll, S.427)。

(53)　Bundesminister Hans Eichel (BR-Protokoll, S.413-414)。

第5章　エコ税改革と「公平性」　　141

う事実によって応えている。すなわち、1989年から1994年の間にガソリン価格を50ペニヒ引き上げたが、経済に悪影響はなかったというのである[54]。しかも、エコ税改革においては急激な税率の引き上げではなく、長期的、漸進的、計画的な引き上げであるため、経済に対する悪影響はさらに少ないという。

　第5に、増税か税収中立かという問題がある[55]。導入法も継続法も「環境に効果はない」だけでなく、「純粋な集金・資金調達手段になって」いるという指摘である。トイフェル議員によれば「エコ税によって、年金保険料の引き下げが開始されるが、エコ税による収入は保険料引き下げによって還元される総額よりも高く、すなわち、増税によって明らかに財政の穴が埋められている」ことを、財務大臣ははっきりと説明するべきだという[56]。このような増税批判に対しては、「150億DMは年金保険料の引き下げに使われる[57]」ことを無視するべきではないという反論がなされる。アイヒェルは、これまでの10年間にドイツにおいては「鉱油税も賃金付帯費用も上昇してきた」ことを指摘し、エコ税は税収中立的な税制改革であり、賃金付帯費用引き下げ政策を批判することは正しくないと反論した[58]。

　以上のようにエコ税改革と継続法を巡って議論がなされたが、これらは二重の配当を得ることを目標とした一連のエコ税改革において必然的に噴出する根本的な問題であって、政治的妥協の余地の少ない特徴であるといえる。むしろ、建設的な合意形成の障害となったのは年金保険料引き下げの地域間の不均衡であったと考えられる。

---

(54)　Bundesminister Hans Eichel（BR-Protokoll, S.299）.
(55)　税収中立性に関して、厳密性に欠けるという批判も存在する。「年金保険のために自動車運転者に負担を要求する。それにもかかわらず、エルヴィン・トイフェルが正当にも指摘したことだが、税収のすべてが年金保険料（の引き下げ）に寄与しない」からである。エコ税収の約1割の金額が、太陽光発電の普及のための「10万の屋根計画」などの環境政策の財源とされていたことを指す。Dr. Edmund Soiber（Bayern）（BR-Protokoll, S.427）.
(56)　Erwin Teufel（Baden-Württemberg）（BR-Protokoll, S.318）.
(57)　Dr. Annte Fungmann-Heesing（Berlin）（BR-Protokoll, S.326）.
(58)　Bundesminister Hans Eichel（BR-Protokoll, S.327-328）.

2.3 新旧連邦州における受益の不均衡

　エコ税改革の地域間の不均衡は、従量課税であるエコ税を財源として年金保険料率を引き下げるという税収中立的な税制改革であったということから生じていた。「たとえば一時的になされる財産課税か他の形態のような負担ではなく、"労働"要素の負荷を減らす⁽⁵⁹⁾」ということは、税制改革における中心的概念となっていた。これまでも、環境税の負担が地域間でばらつきが生じる可能性については指摘されてきた。しかし、二重の配当に基づく税収中立的なドイツ・エコ税改革においては、負担よりもその受益における地域間の不均衡が問題となったのであった。

　エコ税改革の東西不均衡の可能性について次のような批判がなされることになる。エコ税の「増税は西部と比較して自然と大きい衝撃を我々（新連邦州）に与える。というのも我々は（西部と比較して）74％以下の所得しか手にしていないからである。我々は西部よりも結局多いエコ税を支払うのだ。しかし、我々は西部よりも極めて少ない賃金付帯費用しか有していない。だから、このコンセプトを実行に移すならば、ある地域（西部）のより高い賃金コストを低下させるために、他の地域（東部）の低い所得に大きい請求を行うことになる。これは均衡がとれていない⁽⁶⁰⁾」というのである。

　このような東西不均衡について確認しよう。東西ドイツの再統一以降、給与水準の顕著な東西格差が存在していた。そのため、年金保険料の納付額には格差が存在し、賃金付帯費用である年金保険料率の引き下げは受益の不均衡をもたらしたのであった。州別国民経済計算によると⁽⁶¹⁾、1999年の新連邦州（旧東ドイツ、ベルリンを除く）の１人当たり総給与は旧連邦州（旧西ドイツ、ベルリンを除く）の76.4％である。給与とは直接関係しないエコ税による負担と保険料率引き下げによる受益の間には、所得格差を通じてずれが生じることになる。二重の配当を目的とした税収中立的な改革であるがゆえに、地域

---

(59)　Ortwin Runde（Hamburg）（BR-Protokoll, S.308-309）．
(60)　Dr. Bernhard Vogel（Thüringen）（BR-Protokoll, S.311）．
(61)　Volkswirtschaftliche gesamtrechnungen der Länder; Arbeitnehmerentgelt, Bruttolöhne und -gehälter in den Ländern und Ost-West-Großraumregionen Deutschlands 1991 bis 2010, Reihe 1, Band 2, 5.1.

第5章　エコ税改革と「公平性」　143

間の対立を引き起こすことになったと考えられる。

　図5－1はエコ税改革の地域間の負担と受益の関係の推計を図示したものである。1999年から2003年までの5年間のエコ税改革による負担の合計は西部で約21億ユーロ、東部で約60億ユーロとなっており、明らかに東部での負担が大きいことがわかる。エコ税の負担は鉱油税が西部で約224.3億ユーロ、東部で約85.7億ユーロ、電力税においては西部で約170.1億ユーロ、東部で約30.3億ユーロとなっており、エコ税の負担は5年間の合計では西部で394億ユーロ、東部で約116億ユーロとなり、その差は3.4倍である。この負担は租税原則上は原因者原則に基づいており、環境政策上は妥当なものであると判断できる。一方、年金保険料率引き下げによる受益は西部は約373.1億ユーロであるが、東部は約55.8億ユーロであり、約6.7倍の開きがある。その結果として、5年間の労働者1人当たりの負担額は、旧連邦州で76ユーロである一方、新連邦州では1,121ユーロとなり、約15倍近い負担の格差が存在していたことになるのである。[62]

　このことの背景には、東西の所得格差がなかなか縮小されないという事情が存在する（表5－2）。「実際に、東西の格差は、我々が注意を払わないのであれば、それは埋まらずに、さらに大きくなるだろう」ということだ。[63]ドイツの再統一以来、東西格差の縮小は最大の社会的課題であり、それゆえに、公共事業、社会保険、財政調整といった3つのチャンネルを通じてその是正のための努力がはらわれてきた（戸原他2003）。しかし、1990年代の後半になると公共事業費は徐々に縮小され、東西の所得格差を是正するために「東の建設（公共事業）は優先事項である」にもかかわらず、「27億DMが近年の東部の建設（公共事業）において削減され」[64]ていると指摘された。この公共事業の縮小が、もう1つの重要な背景であったと考えられる。

　東西の負担不均衡は、エコ税改革の導入法においても問題視されていた。

―――――――――――――
(62)　エコ税の負担は労働者だけでなく全人口によって負担されているため、労働者1人当たりの負担として計算することは必ずしも適切な方法ではないが、改革の直接的受益者は労働者であるため便宜的に計算した。
(63)　Dr. Bernhard Vogel（Thüringen）（BR-Protokoll, S.312）．
(64)　Dr. Bernhard Vogel（Thüringen）（BR-Protokoll, S.312）．

図 5 − 1　エコ税改革の負担と受益の東西格差（鉱油課税、電力税、年金保険料）

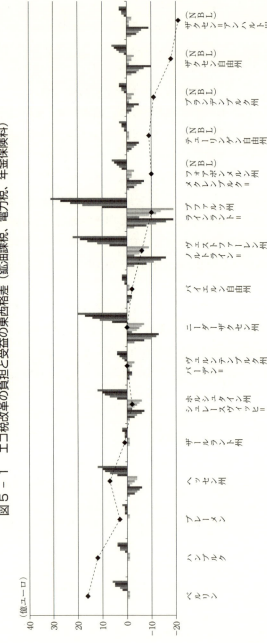

出所：Arbeitnehmerentgelt, Bruttolöhne und -gehälter in den Ländern und Ost-West-Großraumregionen Deutschlands 1991 bis 2010 Reihe 1, Band 2 ; UMWELTNUTZUNG UND WIRTSCHAFT Tabellen zu den Umweltökonomischen Gesamtrechnungen 2009 Teil 5 ; Energie と Länderarbeitskreis Energiebilanzen, 2011 より筆者作成。

注 1　図においで、1999年から2003年までの鉱油税（左側）と電力税（右側）の負担を負の棒グラフで示し、保険料引き下げによる受益を正の棒グラフで示している。負担と受益の合計値を労働者数で除したものを折れ線グラフで示している。
2　エコ税の内訳は、ガソリンへの課税と電力への課税のみの消費量である。鉱油税の課税標準率はガソリンの標準に税率をかけている。なお、ベルリン、ハンブルク、ブレーメンの各都市州に関してはガソリン消費量のデータが欠落したため、厳密な負担額とはかけ離れていている可能性がある。税収を電力消費量に応じて案分したため、厳密な負担額とはかけ離れていている可能性がある。
3　保険料引き下げによる受益は総賃金（Bruttolöhne und -gehälter im Inland）に保険料率を下げ率をかけたものである。マクロデータからの推計のため、自営業者や農業者において取扱いが正確な推近ではないが、一次的接近としては参考にしうると考える。

第5章 エコ税改革と「公平性」　145

表5－2　州別1人当たり所得の全国平均比

(％)

年	1999	2000	2001	2002	2003
バーデン＝ヴュルンテンブルク州	106.3	106.7	107.3	107.6	107.6
バイエルン自由州	102.3	102.5	103.0	103.4	103.7
ベルリン	103.5	103.2	102.5	101.6	101.3
ブランデンブルク州（NBL）	82.3	82.8	83.0	83.0	82.6
自由ハンザ都市ブレーメン	105.3	105.6	103.7	103.5	102.5
自由ハンザ都市ハンブルク	116.1	115.9	115.3	115.8	115.5
ヘッセン州	109.8	109.9	110.2	110.2	110.3
メクレンブルク＝フォアポンメルン州（NBL）	78.0	78.4	78.2	77.9	77.8
ニーダーザクセン州	98.0	97.5	97.2	96.7	96.2
ノルトライン＝ヴェストファーレン州	105.3	104.7	103.7	103.2	103.2
ラインラント＝プファルツ州	99.6	98.8	98.9	98.5	97.9
ザールラント州	99.7	99.0	98.9	99.6	98.4
ザクセン自由州（NBL）	78.8	79.4	79.7	79.8	79.7
ザクセン＝アンハルト州（NBL）	78.9	79.5	79.0	78.8	79.1
シュレースヴィッヒ＝ホルシュタイン州	94.3	94.2	93.7	93.4	93.5
テューリンゲン自由州（NBL）	76.7	77.6	78.0	78.3	78.6

出所：Arbeitnehmerentgelt, Bruttolöhne und -gehälter in den Ländern und Ost-West-Großraumregionen Deutschlands 1991 bis 2010, Reihe 1, Band 2 より筆者作成。
注：NBL＝新連邦州。

　しかし、導入法における東西の負担の不均衡は、農業者と公共交通への軽減税率導入に影響を与えはしたが、根本的な解決には至らなかった。なぜなら、従量税であるエコ税と所得を基準とした年金保険料の性質の違い、原因者原則による租税負担と社会保険料の違いによって生じた受益の不均衡は、税制改革の枠組みでは解決しきれないからである。

　しかも、導入法の成立時点では連邦参議院において赤緑連立は数的に有利な立場にあったので、東西不均衡への懸念は表明されながらも特に解決法が示されることなく同意を取り付けることが可能であった。しかし、前述のとおり継続法においては赤緑連立政権ではない地方政府の同意を必要としていたのである。そこで、財務大臣アイヒェルは、テューリンゲン自由州のフォーゲル議員に対して、東ドイツを不利に扱うつもりはないことを表明し、公共事業の拡大を約束することになる。「新連邦州における建設の特別な要求を保証する」ことによって、東西の共同の目的として、東ドイツ州の所得を西ドイツ州の平均に導くことを目指すと答弁したのであった。[65]

2.4　旧連邦州からの反発と公共事業の行方

　しかし、公共事業によってエコ税改革の不均衡を是正すれば、交通政策との関連で複雑な問題を生じさせることになる。新連邦州に対する公共事業の誘導に対して、旧連邦州のノルトライン＝ヴェストファーレン（NRW）州のクレメント議員は道路建設の状況についての問題点を指摘する。バイエルン州における高速道路は全長300kmであり、1日の交通量は6万台であるが、その一方で、NRW州では700kmを6万台の車両が通過するという。ここで問題となるのが高速道路の車線数で、NRW州では高速道路の車線が少なく、新たな公共事業によって、「特に車線を広げること、アウトバーンを6車線に強化することが必要だ」と主張される。NRW州はベネルクス諸国との道路輸送の圧力にさらされており、その「貨物輸送量は2010年までに1990年と比べて40％の成長が見込まれている」からである。したがって、道路建設は東部においては必要だが、ドイツの流通計画の統一性の観点から西部においても必要であり、「我々NRW州は強い改善を必要としている」と主張されることになったのである。[66]

　さらに、増税に伴って公共事業が誘導されないのであれば、それは「典型的に社会民主主義」の問題だといえると批判されることになる。自動車用燃料に対して重点的に課税強化を行うエコ税改革において、自動車運転者に対する利益の還元は政治上重要な問題であるからだ。経済と自動車運転者から徴収するのであれば、「鉱油税の引き上げは遠距離道路の維持と強化を通して利益とならなければならない」ということである。[67] CDUのお膝元であるバーデン＝ビュルテンベルク州首相のトイフェル議員によれば、このことは、赤緑政権のヘッセン州議会選挙での敗北の原因であり、本来は年金金庫の問題は年金金庫の財源で行うべきであるというのである。

　したがって、エコ税改革を受容するにしても、鉱油税を5年間で30ペニヒ引き上げるのであれば、その3分の1の10ペニヒ分は長距離道路の建設に使

---

(65)　Bundesminister Hans Eichel（BR-Protokoll, S.414）.
(66)　Wolfgang Clement（Nordrhein-Westfalen）（BR-Protokoll, S.432）. なお、クレメントの主張は財源の組み換えによって高速道路を拡張するべきであるというものであった。
(67)　Erwin Teufel（Baden-Württemberg）（BR-Protokoll, S.422）.

われるべきであるという。「10ペニヒの鉱油税引き上げによって我々はさらなる連邦遠距離道路を建設することができ」、租税負担者に受益を還元することができると主張されることになる。

継続法に関連して新連邦州に公共事業の誘導を約束することで、連邦参議院の同意を取り付けようとした財務大臣アイヒェルであったが、上述のように旧連邦州からは、①道路建設計画は需要に基づいて策定されるべきであり、②鉱油税収は自動車運転者にある程度還元されるべきであるという批判がなされることになる。とはいえ、このような批判は連邦参議院における合意形成に大きな影響を与えなかったと考えられる。赤緑政権のお膝元のNRW州首相であるクレメント議員はSPD所属であり、州の利益を代表して上記の発言に至ったが、そもそも継続法に賛成ではあると発言しているからである。たしかにトイフェル議員は、党派的対立を前提として、鉱油税収は道路財源とするべきであるという慣習にのっとった立場と、公共事業の拡大に反対する考えを組み合わせて、継続法案は両院協議会に送るべきだと主張していた。しかし、これらの議論の直後に行われた投票において、継続法案は連邦参議院を通過することができた。連邦参議院はもともとわずかな与野党の逆転であったため、コンセンサスではなかったが、合意形成にこぎつけることになったのであった。

こうして、所得の不均衡による年金保険料率引き下げの受益の東西不均等は、西部諸州の反発を受けながらも、新連邦州における高速道路建設の約束によって是正されることになった。以上の連邦参議院における公共事業誘導のやりとりはどの程度道路建設計画に影響を与えたのか簡単に確認する。表5－3は『道路建設白書（Straßenbaubericht）』の1998年から2004年までの各年版から作成した道路建設投資に関する予算・予算案・財政計画と決算の新

---

(68) Erwin Teufel（Baden-Württemberg）（BR-Protokoll, S.422）．
(69) 鉱油税と道路建設の関係については山崎（2008）を参照されたい。
(70) トイフェル議員はアイヒェル財務大臣のヘッセン州首相時代の発言を引用して、エコ税改革に付随する公共事業の拡大をも批判している。すなわち、「連邦政府の財政政策はそうでなくとも未だに脆弱な国内景気を害する；それは社会的平和を（den sozialen Frieden）危うくし、重要な将来の投資を妨害し、州と自治体の行為能力を遊ばせることになる」という発言である。Erwin Teufel（Baden-Württemberg）（BR-Protokoll, S.422）．

表5-3 道路建設投資の予算・財政計画・決算の変遷

(100万ユーロ)

年	1997	1998	1999	2000	2001	2002	2003
道路建設白書1998 1998年12月29日	決算 4,283	予算 4,241	予算案 4,315	財政計画			
				4,301	4,288	4,273	
道路建設白書1999 1999年12月14日		決算 4,427	予算 4,275	予算案 4,224	財政計画		
					4,186	4,171	4,212
道路建設白書2000 2001年1月5日			決算 4,325	予算 4,224	予算* 4,665	財政計画	
						4,579	4,449
道路建設白書2001 2002年4月8日				決算 4,173	予算 4,613	予算案 4,631	財政計画 4,545
決算—旧連邦州と新連邦州についての内訳**							
旧連邦州	2,436	2,478	2,326	2,244	2,698	2,751	2,748
新連邦州	1,835	1,949	1,999	1,929	1,960	1,970	1,905

出所：BT-Drucksache 14/245; BT-Drucksache 14/2488; BT-Drucksache 14/5064; BT-Drucksache 14/8757;
BT-Drucksache 15/265; BT-Drucksache 15/2456; BT-Drucksache 15/4609より筆者作成。
注：*道路建設白書2000のママ。**合計が決算値とずれるのはその他地域が存在しているため。

旧連邦州の内訳である。連邦参議院における合意形成が与えた影響を証明することはできないが、上記の議論と関連して表からは、①1999年の決算は予算を上回っており、前年と比較すると旧連邦州においては減少しているにもかかわらず新連邦州においては増加していること、②『道路建設白書2001』に記されている2001年以降の予算・財政計画は急激な増加をしていることが看取される[71]。

3　小括

本章によって明らかになった、導入法における軽減税率の導入の理由は、以下の4点である。

---

(71) 本章との関連において、道路建設の動態について不十分な点を付記しておく。
①については、連邦参議院において合意に至ったのは1999年11月26日であり、そこから年内に向けて急激に公共投資を増やしたのかどうか明らかでない。②については、11月26日には2000年予算案（ドイツでは財政年度は1月-12月）はほぼ固まっていたことを勘案すると、2001年予算からアイヒェル大臣の約束が反映された可能性が高いが、旧連邦州を中心として予算の増額が図られている。以上の点については、今後の研究課題としたい。

第1に、ドイツの農業者における年金構造である。農業者老齢扶助のもとでは、年金保険料率の引き下げによって農業者は受益者となることができなかった。いわば、二重の配当における受益の不均衡の影響を受けて軽減税率の導入が図られたといえる。第2に、環境税の逆進性の緩和措置としての公共交通分野での軽課措置である。低所得層においても年金保険料率の引き下げによる受益が得られないという問題が発生していた。これまで議論されてきた環境税の逆進性というよりも、受益の構造が問題とされたのである。

第3に、環境交通政策におけるモーダルシフトの促進を視野に入れていたことである。これは、環境税による経済効率的汚染削減とイノベーションの最適な促進を超えて、経済的には過剰ともいえる公共交通の促進も企図されていたことを意味する。第4に、他の政策的課題の影響を多分に受けたということである。アジェンダ2000や東西格差、僅少労働者問題など、エコ税改革とは無関係な政策の問題が政治的対立を引き起こした。他の政策からの影響による軽減税率の導入は、環境税と二重の配当論からすればその政策的効果を減ずるものであった。しかし、それと同時にエコ税改革の導入における政治的受容性[72]の構築という観点からだけでなく、国庫機能と非国庫機能を調和させるためには関連する制度的領域も含めて負担に関する「公平性」の問題を解決しなければならなかったことを示している。

さらに、継続法の制定過程から明らかになったことは以下の3点である。第1に、継続法の政策課税としての特徴である。エネルギーのガス化のために事実上の減税としてガス燃料に対して軽減税率が設定され、法案の連邦参議院での非同意を通じて電熱供給設備への戻し税が設定されていたことを明らかにした。エコ税改革におけるこのようなエネルギー政策上の措置はこれまで強調されてこなかった。

第2に、環境エネルギー政策における政策課税の衝突が明らかになった。ツィンマーマンとヘンケによれば、環境政策における租税政策と規制政策が衝突する可能性は示唆されている。しかし、租税政策上において、異なる環

---

[72] OECD（2006）において政治的受容性はあくまでも環境税の設計の枠内で論じられているが、実際の政治過程においては他の政策の影響を排除することはできない。

境エネルギー政策が一貫した政策の立案を困難にしていたことが明らかになった。すなわち、二酸化炭素排出削減とエネルギー消費の節約を経済効率的に達成しようとするエコ税の基本設計は、脱原発を背景としたエネルギー転換の促進のために導入された天然ガスへの軽減税率の設定と電熱併給設備への戻し税の設定によって更新されることになったといえる。

第3に、二重の配当論に基づく税収中立的な税制改革の困難さについてである。まず、政策課税として軽減税率と戻し税が設定されることによって税収の減少をもたらし、賃金付帯コストの引き下げ幅を縮小させるに至った。次に、エコ税改革が地域間の受益の不均衡を発生させるという問題を明らかにした。エコ税の負担の地域間の不均衡については、発熱用燃料の非課税措置や各種の優遇措置の導入によって緩和が図られていた。しかし、一律の年金保険料率の引き下げは、地域間の所得格差を背景として、そのまま受益の格差を発生させることになる。このことは、原因者負担原則に基づく政策課税的従量税であるエコ税と、社会保険原理に基づく年金保険料を、二重の配当論によって結び付けたために必然的に発生した問題であった。

税制改革における合意形成の中に財政と社会の関係性が現出することを勘案すれば（神野・池上2008）、政治的変化が税制改革に影響を与えたという点が財政社会学上の観点から重要となろう。ドイツ・シュレーダー政権におけるエコロジー税制改革の継続法の成立に際して、重要な政治的変化は連邦参議院における勢力の変化であった。連邦参議院における議論は党派的対立を背景とした自州への利益誘導として理解できる。しかし、連邦参議院によって修正された戻し税の設定はエネルギー政策上重要なファクターであったし、東西不均衡の是正には正当性が存在していた。

シュンペーターによれば、議会活動の社会的意味ないし機能は権力や官職を獲得するための競争に付随的に満たされるという（Schumpeter1942=1995, p.451）。すなわち、エコ税改革の東西不均衡に対する公共事業の誘導は、たしかに財政権力を巡る利益誘導競争ではあるが、そのような競争を通じて社会的機能が達成されたと理解することができる。つまり、連邦参議院を通じた新旧連邦州の利益の引き合いは、財政の民主主義的統制の一側面であったと解することができよう。導入法においていわば黙殺されてきたエコ税改革

の東西格差は、公共事業の誘導によって是正せざるを得なくなったからである。このような政治過程における妥協は、導入法における軽減税率の導入と同様にエコ税改革の負担を受容する条件となっていたと考えられる。さらに、環境税における非国庫目的と国庫目的の調和という観点から示唆的なのは、必ずしも制度設計の内部で「公平性」の問題を解決しなければならないというわけではないことを示していることである。財政を民主主義的に統制するために政治的に重要な「公平性」を、政策課税としての効果を減じることなく実現できる可能性を示している。

　最後に再び本書の主旨との関係で本章を整理しておこう。環境税の日独比較という観点から、ドイツ・エコ税の税率・税収の高さが浮かび上がる。それは、非国庫目的と国庫目的を調和させたエコ税という概念的特徴を有することを示しているが、負担の高さゆえにさまざまな政治的「公平性」に配慮せざるを得なかったことを示している。本章では具体的な政治過程の分析を通じて、ドイツにおける「公平性」への配慮の過程を示すことで、環境税の設計における国庫目的と非国庫目的の調和の可能性について示したのである。

〈参考文献〉

Bach, Stefan (2005), *Be- und Entlastungswirkungen der Ökologischen Steuerreform nach Produktionsbereichen, Band I des Endberichts für das Projekt: "Quantifizierung der Effekte der Ökologischen Steuerreform auf Umwelt, Beschäftigung und Innovation"*, DIW Berlin.

Bach, Stefan, Michael Kohlhaas, Bernd Meyer, Barbara Praetorius und Heinz Welsch (2001), *Modellgestützte Analyse der ökologischen Steuerreform mit LEAN, PANTA RHEI: und dem Potsdamer Mikrosimulationsmodell*, Discussion Papers of DIW Berlin 248, DIW Berlin.

Bach, Stefan, Michael Kohlhaas, Bodo Linscheidt, Bernhard Seidel und Achim Truger (1999), Ökologische Steuerreform Umwelt- und steuerpolitische Ziele zusammenführen, Wochenbericht, 66 (36), pp.643-651.

Bach, Stefan, Michael Kohlhaas, Volker Meinhardt, Barbara Praetorius, Hans Wessels und Rudolf Zwiener (1995), *Wirtschaftliche Auswirkungen einer ökologischen Steuerreform*, DIW Berlin, Duncker & Humbolt.

Bundesministerium der Finanzen (2007), *Finanzbericht 2008*, Berlin.

Bundesministerium für Arbeit und Soziales (1990), *Übersicht über die Soziale Sicherheit*, Bonn, Der Bundesminister für Arbeit und Sozialordnung - Referat Öffentlichkeitsarbeit（ドイツ研究会訳 (1993)『ドイツ社会保障総覧』ぎょうせい）.

Bundesministerium für Umwelt, Naturschutz, und Reaktorsicherheit (2003), *Die ökologische Steuerreform: Einstieg, Fortführung und Fortentwicklung zur ökologischen Finanzreform.*

Deutscher Bundestag (1998) (1999), *Stenographischer Bericht*, Plenarprotokoll 14/1-14/31, pp.1-2618.

Deutscher Bundestag (1999), *Stenographischer Bericht*, Plenarprotokoll, 14/27-14/49, Bonn, pp.2137-4320, 14/52-14/79, Berlin, pp.4371-7358.

Deutscher Bundesrat (1999), *Stenografischer Bericht*, Plenarprotokoll 742, 745, Bundesanzeiger Verlagsgesellschaft mbH, Bonn, pp.297-461.

Deutches Institut für Wirtschaftsforschung (1995), *Wirtschaftliche Auswirkungen einer ökologischen Steuerreform*, Berlin, Duncker & Humbolt.

Egle, Christoph, Ostheim Tobias und Zohlnhöfer Eimut (eds.) (2003), *Das rot-grüne Profekt. Eine Bilanz der Regierung Schröder 1998-2002, Wiesbaden*, Westdeutscher Vertlag GmbH.

Gutachten des Wissenschaftlichen Beirats beim Bundesministerium der Finanzen (1997), *Umweltsteuern aus finanzwissenschaftlicher sicht*, Bonn, Stollfuß Verlag.

Hansjürgens, Bernd (1992), *Umweltabgaben im Steuersystem, Zu den Möglichkeiten einer Einfügung von Umweltabgaben in das Steuer- und Abgabensystem der Bundesrepublik Deutschland*, Baden-Baden.

Montag, Torsten (2003), *Theorie und Praxis der ökologischen Steuerreform. Eine Bewertung der deutschen Wirtschaftspolitik seit 1998 am Beispiel der Ökosteuer*, Norderstedt, Books on demand GmbH.

OECD (2001), *Environmentally Related Taxes in OECD Countries: Issues and Strategies*, Paris, Organisation for Economic Co-operation and Development (環境省総合環境政策局環境税研究会訳、天野明弘監訳 (2002)『環境関連税制――その評価と導入戦略』有斐閣).

OECD (2006), *The Political Economy of Environmental Related Taxes*, Paris, Organisation for Economic Co-operation and Development (環境省環境関連税制研究会訳 (2006)『環境税の政治経済学』中央法規).

Pehle, Heinrich (2006), "Enrgie- unt Umweltpolitik: Vorprogrammierte Konflikte?" in Sturm, Roland und Pehle Heinrich (eds.), *Wege aus der Krise? Die Agenda der zweiten Großen Koalition*, Oplanden & Farmington Hills, verlag Barbara Budrich Publishers, pp.169-186.

Krebs, Carsten und Danyel T. Reiche (1999), *Der Einstieg in die ökologische Steuerreform, Aufstieg, Restriktionen und Durchsetzung eines umweltpolitischen Themas*, Peter Lang GmbH, Europäischer Verlag der Wissenschften, Frankfurt am Main.

Schreurs, Miranda Alice (2002), *Environmental Politics in Japan, Germany, and United States*, Cambridge, The Syndicate of the Press of the University of Cambridge (長尾伸一・長岡延考監訳 (2007)『地球環境問題の比較政治学――日本・ドイツ・アメリカ』岩波書店).

Schumpeter, Joseph Alois (1942), *Capitalism, Socialism and Democracy* (中山伊知郎・東畑精一 (1995)『資本主義・社会主義・民主主義』東洋経済新報社).

SPD und Die Bündnis 90/Die Grünen (1998), *Aufbruch und Erneuerung-Deutschlands Wegins 21. Jahrhundert. Koalitionsvereinbarung zwischen der SPD und Bündnis 90/Die Grünen*, Bonn.

Statistisches Bundesamt (2005), *Einkommens- und Verbrauchsstichprobe 2003*, Wiesbaden.

Weizsäcker, Ernst Ulrich von and Jochen Jesinghaus (1992), *Ecological Tax Reform: A Policy*

Proposal for Sustainable Development, Zed Books.
Zimmermann, Horst und Kuraus-Dirk Henke (1994), *Finanzwissenschaft, 7., überarbeitet und ergänzte Auflage*, München, Verlag Franz Vahlen GmbH (里中恆志・篠原章・半谷俊彦・平井源治・八巻節夫訳 (2000)『ツィンマーマン&ヘンケ現代財政学』文眞堂).
加藤榮一 (2004)「年金改革の潮流とグローバリゼーション」林健久・加藤榮一・金澤史男・持田信樹『グローバル化と福祉国家財政の再編』東京大学出版会、pp.27-53。
環境省 (2004)『ドイツの地球温暖化防止のための税制及びこれに関連する施策』。
小林航 (2005)「環境税制改革の所得再分配効果と二重配当仮説」『財政研究』第1巻、pp.213-226。
神野直彦・池上岳彦他 (2008)『租税の財政社会学』税務経理協会。
竹内恒夫 (2004)『環境構造改革――ドイツの経験から』リサイクル文化社。
坪郷實 (2009)『環境政策の政治学――ドイツと日本』早稲田大学出版部。
独立行政法人 新エネルギー・産業技術総合開発機構 (NEDO) (2004)『急速に普及した超低硫黄自動車燃料 (ドイツ)』NEDO海外レポート、No.942。
戸原四郎・加藤榮一・工藤章編著 (2003)『ドイツ経済――統一後の10年』有斐閣。
朴勝俊 (2009)『環境税制改革の「二重の配当」』晃洋書房。
諸富徹 (2000)『環境税の理論と実際』有斐閣。
八巻節夫 (2000)「環境税制改革の実現可能性」『経済研究年報』第25号、pp.65-95。
山崎治 (2008)『ドイツにおける道路行政と道路建設プロセス』「レファレンス」12月号、pp.93-109。
良永康平 (2001)『ドイツ産業連関分析論』関西大学出版部。

第6章

エコ税改革と財政再建

　本章の課題は、いかにして二重の配当を目的とした税収中立的な改革からエコ税収が財政再建のために利用されるに至ったかを明らかにすることである。具体的には、「エコロジー税制改革のさらなる発展に関する法律（Gesetz zur Fortentwicklung der ökologischen Steuerreform、以下発展法）」成立における政治過程の分析と、シュレーダー政権における税制改革の全体像を合わせて分析することで、環境税収の利用方法が二重の配当から財政赤字の減少へと目的を変化させた過程を明らかにする。本章の分析によって、環境税増税―労働課税減税という二重の配当だけでなく、環境税増税―財政再建という組み合わせの可能性を探ることにもなる。すなわち、本書の分析視角である環境税政策における非国庫目的と国庫目的の調和という観点からすれば、二重の配当だけでなく財政再建も税収の利用という意味で同列に扱うことができる。
　これまで述べてきたように、一般的には、エコ税改革は1998年から2003年にかけて地球温暖化対策の環境税の導入による環境制御と、社会保険料負担の引き下げによる失業改善を目的とした税収中立的な税制改革であると考えられている。1998年の連邦議会選挙によりSPD（Sozialdemokratische Partei Deutschlands）と緑の党（Bündnis 90/Die Grünen）による赤緑政権が誕生し、一連のエコ税改革が開始された。第一次シュレーダー政権においては導入法と継続法という2つの法律によって鉱油税増税と電力税の新設、税率の漸進的増加が行われた。その後、2002年9月に行われた第15期ドイツ連邦議会選挙は接戦の末に赤緑政権側が僅差で議会多数派の維持に成功し、第二次シュレーダー政権が発足し、本章が分析対象とする発展法が成立することになった。
　前章では第一次シュレーダー政権で行われたエコ税改革の導入法と継続法

の政治過程を財政社会学の観点から分析するとともに、その知見を租税論的に考察した。エコ税改革に関する研究は、成立に至る過程の分析から、事後的な評価に至るまで多面的に分析されてきた。しかし、これらの先行研究は赤緑政権におけるエコ税改革を一体的なものとして捉えすぎている。たしかに、先行研究が指摘してきたとおり、第一次シュレーダー政権の導入法と継続法、第二次シュレーダー政権の発展法によって形成される一連のエコ税改革は、①二酸化炭素排出削減という環境制御効果が期待されており、②税収を年金財源とし、保険料率を引き下げることで失業の減少が目論まれていたし、③全体としては漸進的増税という特徴を有している。

　しかし、個々の法律を分析することによって、それぞれの法律の持つ特徴や、その特徴が形成されるに至った政治的背景、さらにエコ税改革の実施が可能となった合意形成のあり方について新しい知見が得られる。すなわち、労働政策としての二重の配当論が政治的文脈の中で正当性を失うとともに、財政赤字の発生によって「税収中立性」という概念すらも政治的には正当性を失っていく中での発展法の成立であったということだ。環境税制における国庫目的が意味するところは、財政赤字が発生していないうちは税収中立性によって表現されていたが、財政赤字の発生とともに財政再建として表現されるに至ったのである。

　本章においても、連邦議会に提出された文書、本会議議事録、さらに連邦参議院の提出文書と本会議議事録を中心に分析することで、発展法案の意図、政治過程における議論と同法成立の背景を明らかにする。本章の構成は、第1節で第二次シュレーダー政権の置かれた政治的文脈を概説し、第2節で発展法の特徴と政治過程における議論を明らかにし、第3節で発展法の評価を行い、第4節で小括を行う。

（1）　先駆的な研究として、Krebs und Reiche（1999）、諸富（2000）、八巻（2000）がある。
（2）　主要な研究としてBach（2005）、朴（2009）がある。

表6-1 連邦議会選挙結果の推移

政党	1998年 連邦議会第14期選挙 第一次シュレーダー政権			2002年 連邦議会第15期選挙 第二次シュレーダー政権		
	得票率	獲得議席数	議席割合	得票率	獲得議席数	議席割合
SPD	40.9%	298	49%	38.5%	251	42%
CDU/CSU	35.1%	245	41%	38.5%	248	41%
Grüne	6.7%	47	8%	8.6%	55	9%
FDP	6.2%	44	7%	7.4%	47	8%
PDS	5.1%	35	6%	4%	2	0%
連立与党*	47.6%	345／669**	57%	47.1%	306／603**	51%

出所：伊藤（2003）より抜粋。
注：＊SPDとGrüne。
　　＊＊総議席数。

1　第二次シュレーダー政権の置かれた政治的文脈

1.1　雇用政策の失敗と新しい労働市場政策

　発展法の特徴や意義を考察するためには、第二次シュレーダー政権の置かれた政治的背景を理解する必要がある。1999年に成立した第一次シュレーダー政権は失業問題を解決できなかったために支持率の低下を招いていた。しかし、2002年の第15期連邦議会選挙においては、シュレーダーの外交戦略や同年8月に発生したエルベ川の氾濫に対する迅速な対応、さらには野党の失策といった偶然性に加えて、「新中道」路線によって与野党の政策の差異が縮小したためかろうじて赤緑政権は連邦議会において過半数の維持が可能となったという（横井2003）。二大政党である与党SPDと野党CDU/CSUは、比例区の得票率が同率であったにもかかわらず、小選挙区での過剰議席（Überhangsmandat）によって3議席の差でSPDは第一党を堅持することができた(3)（表6-1）。もっとも、緑の党が得票率を伸ばしていたため、連立与党の得票率は微減にとどまっており、それゆえ連邦議会における過半数をかろうじて維持することができた(4)。

　第二次シュレーダー政権の直面していた最も重要な問題は失業問題であっ

（3）　SPDに過剰議席をもたらしたのは旧東独地域のザクセン＝アンハルト州（2議席）、テューリンゲン州（1議席）の3議席とハンブルク市の1議席であり、新連邦州において赤緑政権への支持が強かったことが窺われる。

た。第一次シュレーダー政権における雇用政策は、解雇規制の強化と社会保険料率の引き下げによるものが中心であった。ところが、この雇用政策のポリシーミックスは政治的分脈において失敗に終わったと考えられていた。賃金付帯費用の引き下げによる失業の解決という戦略の中心にエコ税改革は位置づけられていた。エコ税改革への期待の高まりと、負担増への反対という対立の中で導入法と継続法が成立した第一次シュレーダー政権とは異なり、第二次シュレーダー政権においてはそれまで進められてきたエコ税改革に対する審判という性格があったのであった。

図6-1は統一ドイツの失業者数・失業率を表したものである。第一次シュレーダー政権の成立した1998年より経済成長率は上昇に転じ、失業者数・失業率は緩やかな減少傾向にあった。しかし、2001年より失業者数・失業率は上昇に転じ経済成長も減少するという局面にあった。このような経済的背景において、第一次シュレーダー政権の雇用政策が成功したと訴えることは困難であり、雇用政策上の方針転換を迫られていたといってよい。年金保険料率の引き下げによって劇的な雇用環境の改善が可能であるということは幻想であると認識されていたのであった。[5]

このことは、賃金付帯費用の引き下げによっては雇用環境を改善できないということを必ずしも示しておらず、二重の配当が存在しえないことを証明しているわけでもなかったが、政治的にはエコ税改革に対する風当たりを強

（4） 選挙結果を巡る政治学的分析は本章の分析対象ではないが、赤緑政権の勝因について簡単に確認しておく。赤緑政権が政権を維持できた理由にはさまざまな複合的要因が存在する。「当時（8月）選挙の動向に影響をおよぼしたシュレーダー首相の行動としては、エルベ河洪水被災地への機敏な救済措置」が重要であったし（横井2003、p.43）、イラク戦争を巡る対米外交の大転換が重要であったと考えられている。もっとも、野党の失策に助けられた部分も大きい。FDPはCDU/CSUとの協力体制をしかず、党の重鎮であるメレマンによる反イスラエル発言によって得票率を緑の党以上に伸ばすことができなかった。さらに、PDSの存在理由の低下によって、SPDに約28万票が流れたといわれている。得票率が5％に届かないことによってPDSは比例議席が得られず、それゆえ連立与党が過半数を維持することができたのである。赤緑政権はPDSに二重の意味で助けられたといわれている。
（5） もっとも、このことは雇用の二重の配当の存在を否定するわけではなく、税制のグリーン化の必要性を否定するわけでもないことに留意する必要がある。国際的な経済環境の悪化によって、二重の配当論は政治的困難に直面していたと考えられるからである。

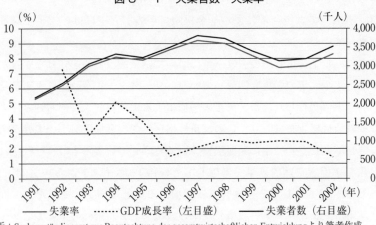

図6-1　失業者数・失業率

出所：Sachverständigenrat zur Begutachtung der gesamtwirtschaftlichen Entwicklungより筆者作成。

いものにしていた。第一次シュレーダー政権前半期の経済状況は良好で、失業率は低下し財政収支の黒字化にも成功していた。しかし、「2000年後半の石油価格の高騰、米国におけるIT不況に伴う景気減速、2001年9月の米同時多発テロ等によって世界的な景気の停滞傾向が見られるようになると、ドイツ経済も2001年以降は再び足踏み状態に陥った」（横井2004）。GDP成長率の低下に伴い、シュレーダー政権発足以降に減少していた失業者数は増加に転じたのであった。

経済環境の変化による雇用政策の行き詰まりだけでなく、後述するように赤緑政権は前回選挙の公約違反という問題を抱えていた。第一次シュレーダー政権の連立合意において42%の労働付帯費用を40%以下に引き下げることが謳われていた。エコ税改革によって年金保険料率を2%以上引き下げることによる労働付帯費用の引き下げを公約していた。労働付帯費用の引き下げは3つの政策目標を持っていたのである。すなわち、①産業の競争力強化、②失業の解決、③勤労世代への負担軽減であった。

ところが、導入法の成立においても継続法の成立においても赤緑政権は妥協を強いられ、予定外の軽減措置・租税支出の導入がなされることになった。このことは、負担の公平性を実現するという意味で積極的に評価されるべき側面がある一方で、税収の減少をもたらすこととなった。予定していた税収

を得られないことは、年金保険料率の引き下げも実現できないことを示していた。事実、エコ税改革による年金保険料率の引き下げは1.7%ポイントにとどまっていた。

さらに、賃金付帯費用の引き下げについて定量的な公約を守れなかった背景には、年金改革の影響も関係していた。リースター年金改革による給付水準の引き下げが行われたが、失業の増加による保険料収入の落ち込みによって年金財政は悪化しており、いわば自然増として年金保険料率の上昇が余儀なくされていた。2002年に発展法について審議しているときは、継続法による保険料率引き下げの効果を考慮しても、19.1%ポイントから19.5%ポイントへと0.4%ポイント年金保険料率は増加することが判明していた。このことは、第一次シュレーダー政権発足時の政権公約の想定外の事態ではあったが、賃金付帯費用に関する公約違反であることには違いなかった。(6)

以上の背景から、エコ税改革のさらなる継続によって労働付帯費用を減少させることで失業問題の解決を訴えることには困難があったと考えられる。それゆえ、労働市場の規制緩和とハルツ改革を中心とする雇用政策へと第二次シュレーダー政権は雇用政策の舵を切ることになった。「首相の友人であるフォルクスワーゲン社人事担当役員ペーター・ハルツ氏を長とする雇用政策諮問委員会、通称ハルツ委員会をつくって、その提案に基づき『3年間で失業者数（この時点で約400万人）を半減させる』」という、連邦史上最大の労働市場改革を実現させることが主張された。(7)このことは、戦後西ドイツが歩んできた「社会的市場経済」を改善する戦略であると認識されていた。そのため、「労働のための同盟」という労使を含んだ組織を形成し、コーポラティズム的協調路線としてハルツ改革を進行させようとしたのであった（横井2003）。

---

(6) 賃金付帯費用に関する公約が実現していたとしても、失業対策としての社会保険料率引き下げの効果は十分なものではなかったと考えられる。その効果が労働市場に与える影響は総体的には小さいだけでなく、2002年は世界的にも景気の減退局面にあり、失業率の上昇は避け難かったからである。
(7) 「パートタイム、低賃金職場の拡大、公共的な職業斡旋業務に市場メカニズムを導入すること、就業意欲のない失業者への手当て支給を打ち切る」という労働市場における規制緩和を中心とした雇用政策である。

以上のような解雇規制強化と二重の配当という雇用政策から、労働市場規制緩和と雇用保険給付水準の引き下げへの雇用政策の大転換という文脈のもとで発展法は理解される必要がある。すなわち、エコ税改革は第一次シュレーダー政権においては失業対策の中心に位置づけられていたが、第二次シュレーダー政権においては、雇用政策としては重要視されえなかったのである。

1.2　継続期に入る環境・エネルギー政策

　雇用政策としてのエコ税改革に対しては厳しい評価の中で発展法は設計されたが、環境エネルギー政策としての評価はどのようなものであったか。シュレーダー政権の環境エネルギー政策は、①エコ税改革、②再生可能エネルギー法(Erneuerbare-Energien-Gesetz)、③電熱併給法(Kraft-Wärme-Kopplungsgesetzes)、④脱原発法の4つの要素によって成り立っている。[8]

　①のエコ税改革では鉱油・電力税によってその利用を抑制するとともに、価格メカニズムを通じてバックストップ技術[9]となっている再生可能エネルギーの利用を促進する。さらに、コージェネレーション発電設備やコンバインド発電への戻し税によってその利用を促進し、天然ガスは税率を相対的に低く抑えることによって利用促進が図られていた。②のいわゆる再生可能エネルギーの買い取り制度は、1990年代のコール政権における相対価格買い取り制度から固定価格買い取り制度へと大きく舵を切っており、その政策的成

---

(8)　電力の商業的生産のための原子力利用の秩序正しい終結に関する2002年4月22日の法律（Gesetz zur geordneten Beendigung der Kernenergienutzung zur gewerblichen Erzeugung von Elektrizität vom 22. April 2002, BGBl. I S.1351.）は以下の7つの要素より成り立っている。脱原発法の詳細とその後の展開については山口（2010）を参照のこと。
　　①原子力法の目的の転換——原子力利用の推進から終了へ
　　②商業発電のための原発及び再処理施設の新規建設の禁止
　　③一定の発電量に達した既存の商業用原子炉の稼働停止
　　④定期的な安全検査の義務付け
　　⑤使用済核燃料の再処理施設への引渡しの禁止（2005年7月1日以降）
　　⑥放射性廃棄物の中間貯蔵施設設置の義務付け
　　⑦損失填補準備金の額の引き上げ
(9)　技術的に確立しているが、高コストであるがゆえに市場において利用されない技術のこと。本文p.191以下も参照のこと。

果が急激に現れていた。目標価格として設定されていた買い取り枠が早々に撤廃されるほど急激な変化が生じていたのである。電熱併給法においては、総発電に占めるコージェネレーション発電の割合を増加させることを目的として、補助金が設定されている。このようなエネルギー政策の背景には、原子力発電所の緩やかな廃止が存在していた。

　こうしたエネルギー政策の文脈の中で、発展法はどのような位置づけとして理解できるだろうか。まず、エコ税の環境制御効果がエネルギー源によってかなり不均等に現れていたことが認識されていた。エコ税改革は自動車用燃料と電力に対して相対的に重課していたが、一方では、自動車用燃料の利用についての効果は顕著で、戦後初めて利用量の伸び率がマイナスに転じていた。他方で、電力税の利用量は増加しつづけていた。たしかに、電力の自由化によって一時的に電力価格の下落が発生していたが、漸進的な税率上昇の効果は認識されていなかったといえよう。このことは、電力税においては環境制御効果よりも財源効果が強かったことを意味している。

　電力の利用量が増加する中で、脱原発の方針を背景として、再生可能エネルギーの利用促進政策[10]とコージェネレーション・コンバインドの促進と天然ガスの利用促進がエネルギー政策の中心となってきていた。さらに、温室効果ガス排出削減政策としてはEUレベルでの排出権取引の導入が議論されていた。これらの背景のもとで、エコ税改革に環境・エネルギー政策としての役割が相対的には強く求められなくなっていた。そこで、発展法で目指されたのはエコ税改革の改良であった。軽減措置を縮小し、不均衡な税率を是正し、税負担のキャップにインセンティブを取り戻すという方針は、さまざまな政策目的が導入されていたエコ税を環境税の理論・原則に復帰させるものであったといえよう。

---

(10)　再生可能エネルギー法に関する分析は第7章を参照のこと。

2 エコロジー税制改革の発展と終結

2.1 「エコロジー税制改革のさらなる発展に関する法律」の構造

　発展法の構造は、第二次シュレーダー政権の発足に際してSPDと緑の党によって新たにかわされた連立合意に基づくものであった[(11)]。公正（Gerechtigkeit）、発展（Wachstum）、持続（Nachhaltigkeit）と名付けられた新しい連立合意は、イノベーションと社会的公正を強調する新中道路線の継続であったが（SPD und Die Bündnis 90/Die Grünen2002）、緊縮財政と減税路線というシュレーダー色の強いものとなっていた（横井2003、p.10）。同文書は、エコ税改革はエネルギー価格の上昇によって環境を改善しており、賃金付帯費用も減少していて、その成功は明らかであると主張している。したがって、赤緑政権の今後の焦点は税法における環境に有害な補助金、すなわち租税支出の削減となるという（SPD und Die Bündnis 90/Die Grünen, p.21）。

　発展法による増税規模については当初18.6億ユーロを想定していたが、企業の負担増に対する経済界側からの反対によって、法案提出段階では14.2億ユーロへと縮小されることとなった（横井2004、p.7）。エコ税改革に関する具体的な合意を以下に列挙する。①製造業へのエコ税減税を削減する、②電

---

(11) 2010年までに、一次エネルギー消費における再生可能エネルギーの割合を倍増と、気候変動対策における世界の先駆者としての地位を維持することが目指された。具体的には、次のような記述がある。2010年（基準年2000年度比）の発電と一次エネルギー消費における再生可能エネルギーのシェアを倍増することを目標とする。風力発電はオフショア地域での容量拡大を目指し、2006年には500メガワット、2010年までに3,000メガワットを導入する（SPD und Die Bündnis 90/Die Grünen, S.38）。農業政策は農業をエネルギー産業化することを目標とする（Ibid., S.48）。さらに、環境交通を促進するために、90億ユーロの投資プログラムを策定するとしている。環境交通は雇用を創出するからである（Ibid., S.10）。再生可能エネルギー産業の発展による失業の削減は最も重要な目標であると考えられていたのである（Ibid., S.12）。

　社会正義と生態学の目標と整合している持続可能な成長は、社会が高齢化しているという理由だけでなく、将来世代の利益を尊重するために必要だという。すなわち、債務削減という目標は、世代間の公平性への重要な貢献であると考えられていた（Ibid., S.19）。また、租税政策としてはEUにおける競争や税制のハーモナイゼーションが意識された。EU単一市場は公平な競争のための税制を求めており、環境・エネルギー税に関して全会一致ルールによる阻止がなされないように努める（Ibid., S.20）と記されている。

熱併給設備が競争上不利になることを防ぐために、ガスに対する課税をエコロジー的観点から見直す、③自動車用ガス燃料への減税は2020年まで延長する。また、エコ税改革と関連して、④EU内での航空サービスにおける付加価値税の免除を撤廃する、⑤欧州レベルでの航空機燃料課税を目指す、⑥再生可能エネルギーへの補助金を2004年に2億ユーロ、2005年に2.2億ユーロ、2006年に2.3億ユーロ増額する、⑦自動車税（KfZ-Steuer）をCO_2を基準としたエコロジー的なものに税収中立で発展させ、州と共有する、⑧石炭産業の再編を促進し、連邦からの補助金を現在の30.5億ユーロから2005年には21.7億ユーロまで削減する。さらに、前述の蓄熱式電気ヒーターへの軽減措置縮小の代替として、⑨住宅への補助金を有子世帯を中心に強化する、というものであった。

　第二次シュレーダー政権の政策体系におけるエコ税改革の位置づけは、第一次シュレーダー政権のそれと比較して重要性は低下しており、むしろ過大な軽減税率や課税対象の偏重といったそれまでのエコ税改革の問題点を調整するという意味合いが強かったといえよう。

　発展法の構造は租税特別措置の整理縮小と動力用燃料以外の鉱油税率の引き上げからなっている。具体的には、①製造業・農林業に適用されていた20%の軽減税率を60%に引き上げ、②蓄熱式電気ヒーターに適用されてきた電力税における50%軽減税率を段階的に廃止し、③天然ガスと発熱用重油の鉱油税率を再引き上げし、液化ガスの鉱油税率を新たに引き上げる措置が取られた。もっとも、④温室栽培に利用される燃料についての軽減税率は2004年まで延長される。さらに、⑤自動車用天然ガスの2009年までの優遇税率も2020年まで延長されることとなった。税率の変更以外には、⑥租税負担額が年金保険料率の減額分の120%を超過した場合にその超過分の100%が還付されていた措置を、減額分の100%を超過した分の95%が還付される方式に改められた。これらの改革の財政収入に与える影響をまとめたものが表6－2である。

　①の軽減措置の縮小により年間3.8億ユーロ、②の軽減措置の縮小により2006年までは0.5億ユーロ、廃止となる2007年から2.5億ユーロの増収が予定されていた。③においては天然ガスから9.9億ユーロ、液化ガスから0.27億

表6-2 発展法の財政的影響

(100万ユーロ)

措置	2003年	2004年	2005年	2006年	2007年
天然ガス（Erdgas）の税率引き上げ（€3.476/MWh→€5.50/MWh）	990	990	990	990	990
製造業と農林業の租税優遇措置の縮小	380	380	380	380	380
その内　温室栽培への補償の延長（2004年12月31日まで）	−30	−30	0	0	0
蓄熱式電気ヒーターの税率を引き上げ €10.25/MWh→€12.30/MWh（2007年より€20.50/MWh）	50	50	50	50	250
液化ガス（Flüssiggas）の税率引き上げ（€38.34/1000kg→€60.60/1000kg）	27	27	27	27	27
重発熱油（schweres Heizöl）の税率引き上げ（€17.89/1000kg→€20/1000kg）	3	3	3	3	3
合計	1,420	1,420	1,450	1,450	1,650

出所：BT-Drucksache 15/71 S.10より筆者作成。

ユーロ、重発熱油（発熱用重油）から300万ユーロの増収となる。④の軽減税率の延長により2004年まで3,000万ユーロの租税支出が予定されていた。⑤の延長は毎年300万ユーロの租税支出であると認識されていた。

製造業に対する20％の軽減税率は国際競争力に対する配慮から（諸富2000）、農林業に対する軽減措置は年金構造への配慮から設定されたものであった。

しかし租税支出であるこのような軽減措置は、第1に環境税は理論上の費用効率性の観点からも、環境制御効果の観点からも望ましくなく、第2にエコ税の負担を家計に偏らせ、第3に税収の減少をもたらすという問題を有していた。そのため、軽減措置の見直しに関してはエコ税の導入時から検討されていた。いわば、第一次シュレーダー政権の残していた改革を実現するために軽減税率を60％にまで削減したといえる。このことは、北欧諸国と比較しても高い環境税率を実現したが、⑥の租税負担のキャップによってその財源効果は著しく引き下げられ、環境制御効果の改善も極めて限定的であったと考えられる。

蓄熱式ヒーターへの軽減税率は1998年のエコ税改革導入以前に設置された設備に対して行われており、いわば基礎的需要に対する課税を避けるという所得・地域の公平性の観点から導入されたものであった。しかし、この軽減

措置についても環境政策上望ましくないため軽減税率を段階的に減少させる一方で、住宅の断熱性を高め、エネルギー効率の高い住環境への補助金を拡充することによって課税の影響緩和が図られたのであった。

　天然ガス、液化ガス、重発熱油に対する鉱油税率の引き上げは、そもそもこれらの化石燃料に対する税率が優遇されており、エコ税改革継続法においても税率が引き上げられていなかったために行われた。特にガス燃料に関してはエネルギー転換の観点から税率が優遇されていた。したがって、この税率の引き上げは上記の燃料を重課するための増税ではなく、燃料別の租税負担の不均衡を解消する意図であったといえよう。

2.2　発展法の成立に際しての政治的議論

　本項では発展法をめぐる議論について確認する。連邦議会（Bundestag）において発展法の成立に際して行われた議論の軸は、①エコ税が純粋汚染税になっていないこと、②税収中立的税制改革から逸脱しており純粋な増税となっていることの2点であった。

　エコ税の税率は化石燃料ごとの炭素含有量に比例したいわゆる純粋炭素税とはなっていなかった。特に問題視されていたのが、石炭課税がなされていないこととガス燃料に対する課税が低く抑えられていることであった。野党CDU/CSU（Christlich-Demokratische Union Deutschlands/ Christlich-Soziale Union in Bayern e.V.）のペーター・パツィオレクの批判によれば、「エコ税の主なエコロジー的弱点の1つは、個々のエネルギー源の汚染含有量に課税されているのではなく、単に任意の税率として設定されていることである」という[12]。エコ税が汚染含有量に対する課税でないことは、汚染削減に際して環境税が生産の減少による機会費用の最小化を達成していないことを意味している[13]。このことに対して、赤緑政権側のラインハルト・ロシュケ博士（Bündnis 90/Die Grünen）は次のように回答している（BT-Protokoll, S.603）。「石炭がエコ税改革の影響を受けないというのはナンセンスである。石炭と褐炭はほぼ発電のた

---

(12)　Deutscher Bundestag, Stenographischer Bericht, 10.Sitzung, Berlin, Donnerstag, den 14. Novenmber 2002; Plenarprotokoll 15/10, S.602. 以下、連邦議会の議事録をBT-Protokoll、連邦参議院の議事録をBR-Protokollと省略する。

めに利用されており、それは完全に現行の税制（電力税：筆者注）によってカバーされている」。しかも、エネルギー転換促進のために軽課されていたガス燃料は、発展法によって課税が強化されるとともに、石炭産業への補助金も減額されるため、エコロジー的な問題は存在しないというのだ。

このような与野党の対立の背景に存在していたのは原子力発電をめぐる政策であった。CDU/CSUが特に問題視したのは、石炭に課税するのではなく電力に課税するという方式であった。石炭課税ではなく電力課税とした赤緑連合の意図は、原子力による発電に対する棚ぼた利益の排除であった。純粋な炭素税と、発電用燃料の二重課税を排除した電力税の最大の違いは棚ぼた利益の排除である。炭素税では核燃料による発電は全く課税されないことになるが、それは脱原発方針の赤緑連立の意図するところではなかった。そのため石炭課税を排除し、電力課税を導入したのであった。ところが、電力税に対しては電力業界からの反発が強かった。エコ税の導入と同時期に行われた電力の自由化による価格の下落が、電力税によって相殺されてしまうからであった。

第一次シュレーダー政権においては、赤緑連合は電力業界と協力しながらエコ税改革、EEG、電熱併給法、脱原発法を制定してきた。というのは、連邦経済大臣のミュラーは電力業界出身であり、非常に長期にわたる脱原発計画によって電力業界の負担を軽減するなど、緑の党の急進的政策に対して一定程度電力業界の利益を反映する修正を行ってきたからである。ところが、第二次シュレーダー政権において多くの閣僚が留任し、政権の継続を印象付ける一方で、経済相については電力業界の利益を代表していたミュラーから、赤緑連合最大の基盤であるノルトライン・ヴェストファーレン州首相であったクレメントに交代させた。この交代は電力業界に対抗することが目的ではなかったものの、赤緑政権との最大のパイプは外された格好となった。

---

(13) ペーター・パツィオレクは、さらに石炭が非課税となっていることを批判している（BT-Protokoll S.601）。もっとも、ミヒャエル・ミュラー（デュッセルドルフ）（SPD）は1990年にSPDが気候変動問題における汚染税（炭素税）の提案をしたにもかかわらず、コール政権の反対により導入には至らなかったことを指摘している（BT-Protokoll, S.467）。

そこで、2002年の連邦議会選挙においてCSU党首のシュトイバーを首班とするCDU/CSU連合はエコ税に対する代替案として電力税の廃止と純粋汚染税を提案していた（CDU/CSU2002）。このような背景から発展法は、赤緑政権による電力税かCDU/CSUによる石炭を課税ベースに参入した炭素税へのエコ税の改変かという政策選択の結果であったと考えられる。赤緑政権の継続は、脱原発政策と相性の良い鉱油税と電力課税に補助金を組み合わせた環境・エネルギー政策のポリシーミックスの継続を意味していたのである。

もう1つの問題は、発展法が税収中立的税制改革とはなっていないことに対する批判である。発展法による増収分を財政赤字の削減に利用することに対しては、連邦議会においてエコ税は税収中立的ではなく、二重の配当も目的としておらず、単なる増税であると批判されることになる。[14] CDU/CSU会派のハインツ・ザイフェルト議員は、連邦財務大臣ハンス・アイヒェルが2002年4月14日に「租税負担が下がることはありませんが、増税はしません」と発言したことを引き合いに出して批判している（BT-Protokoll, S.459）。

税収中立からの逸脱に対して、財政委員会（Fnanzausschuss）の委員で緑の党のラインハルト・ロシュケ博士は次のように答えている（BT-Protokoll, S.604）。すなわち、2003年にエコ税税収は「184億ユーロの連邦財源となる。そのうち、90％以上である170億ユーロが年金財源として利用される。したがって、これらのエコ税改革は、基本的に税収中立的である。2.3億ユーロが再生可能エネルギー市場のインセンティブプログラムに、古い建物の修復に1.5億ユーロが利用される。唯一の残りの7％が財政再建のために利用さ

---

(14) たとえば、予算委員会の反対文書（Drucksache 15/71）、社会保険財政における財政需要は社会保障支出の削減で行うべきであり、エコ税で行うべきではないというFDPの反対文書（Drucksache 15/86）、発展法が産業と家計に対する実質の増税となっていることを問題視していたCDU/CSUの反対文書（Drucksache 15/87）を参照のこと。また、消費者保護委員会によると発展法は、国内の園芸農業の競争力を強化するため、さらにヨーロッパのエネルギー分野における競争の調和が急務の国内生産者のために増税は行うべきではないと勧告している（BT-Drucksache 15/71）。もっとも、財政委員会をはじめとした他の委員会では野党議員からの反対はあったものの、改革の必要性では一致しており、ハウス栽培に対する負担軽減の強化を勧告するにとどまっている。

(15) 年金財源の170億ユーロはエコ税収184億ユーロの約93％であり、エコロジーのための利用を含めると税収の約95％を占めることになるが、ここでは原文のママ記してある。

れる。このことは、――認めざるを得ないが――税収中立という美徳の経路からの短期的な逸脱ではある。(中略)しかし、93％が年金制度とエコロジーに利用されている」という。すなわち、発展法による増収分が財政再建に利用されたとしても、エコ税改革全体としては十分に税収中立的でありエコロジー的であるという主張である。しかし、これは批判逃れのレトリックと考えられる。なぜならば、発展法が税収中立ではなく増税となっているという批判に対して、論点をずらしてエコ改革全体を以って答えているからである。

最後に、地方政府の代表によって構成される連邦参議院（Bundesrat）における議論を参照しよう。野党が多数派を占める連邦参議院において、参考資料の提出ばかりで発展法をめぐる議論は本会議ではほとんど行われずに法案成立に対して不同意を決定した（BR-Protokoll, 783, 784.Sitzung）。連邦参議院として発展法に賛成できない理由は以下の4点である。

第1に、現在の発展法は、エネルギー税の引き上げという誤った政策を続けていて、鉱油税及び電力税の最近の増税分は全額が財政健全化に利用されるということである。税収中立的ではない単なる増税は、経済への悪影響があり、企業の投資力と消費者の購買力を弱めることになるからである。

第2に、エコ税改革の経験は、二重の配当のコンセプトが失敗に終わったことを示しているからである。さらに、二重の配当からの逸脱は、ますます経済と労働市場の負担になっている。しかも、年金保険料はエコ税改革が実施されたにもかかわらず増加することになる。

第3に、エネルギー集約型企業に対する課税の強化は、エネルギー税負担がより低く、環境基準のより低い国への企業進出を促進してしまう。このことはEUレベルでの包括的なエネルギー税の調和を困難にする。

以上の問題は、連邦議会で行われた税収中立からの逸脱・増税批判と同様の議論であるが、次の批判は純粋汚染税に接近するガス燃料増税に対する批判であり、連邦議会の議論とは正反対の批判となっている。すなわち第4に、

---

(16) 以下の記述は、連邦参議院から連邦議会に提出された文書に基づいている（BT-Drucksache 15/259）。同文書が作成されるに当たって根拠となったのはバーデン＝ビュルテンベルク州のヴァルター・デリング博士と（BR-Protokoll, S.553）ゲルハルト・シュトラットタウス大臣の意見書である（BR-Protokoll, S.665）。

約58％という天然ガスの税率の大幅な増加には問題があるという。これまでのエコ税改革においてはガスエネルギーの環境適合性が強調されてきたが、発展法によって環境的に望ましい天然ガスの利用拡大が停滞することが懸念されるからである。さらに、生活費の高騰、特に家族の負担を天然ガス増税は推進するからである。

　連邦議会における投票では賛成303票、反対275票で発展法は通過したが、連邦参議院での不同意を通じて両院協議会が開催されるも、その調整は不調に終わる。その後、連邦議会による連邦参議院の不同意の棄却を経て発展法は成立することになる。この一連のプロセスからは、エコ税のさらなるグリーン化や税収の財政再建への利用はおおむね支持されていたと考えられるが、以下の点について留意する必要があろう。第一次シュレーダー政権発足時から議論が開始された導入法の成立過程では、約5カ月間に及び与野党は議論を重ね、数多くの修正がなされたし、次いで成立した継続法の審議においても連邦参議院の同意を取り付けるために公共事業の支出がなされるなど合意形成に向けた努力がなされた。しかしながら、発展法の成立に際しては法案提出段階からの修正はなく、連邦参議院との調整も不調に終わった。このことは、第二次シュレーダー政権の政治的権力が増大したというよりも、それだけ政権の調整能力が弱体化し、エコ税改革の政治的重要性が低下していたと解釈すべきであろう。

3　発展法の成立に集約される第一次シュレーダー政権の政策評価

3.1　環境・エネルギー政策の成功と雇用政策の失敗

　これまで説明してきた発展法の構造と成立に関する政治的議論はどのように理解することができるだろうか。本節では、①政治的文脈との関連で、②第一次シュレーダー政権の税制改革との関連で、③租税論的観点から評価を試みる。

　第二次シュレーダー政権の置かれた背景をもう一度確認しよう。1998年に成立した第一次シュレーダー政権は景気上昇局面において財政状況は自然と好転することが予想される中で、税収中立的なエコ税改革によって環境・エ

ネルギー政策と雇用政策という二兎を追うことができた。しかし、2002年の第15会期連邦議会選挙に際しては、世界的な景気後退の局面に突入しており、環境・エネルギー政策は進展したものの、財政赤字は拡大し、失業も増大しており、赤緑連立は厳しい支持率の低下に直面していたのである。

二大政党である与党SPDと野党CDU/CSUは接戦を繰り広げ、わずかに3議席の差でSPDは第一党にとどまったが、緑の党が得票率を伸ばしていたため連立与党の得票率は微減にとどまっており、それゆえ連邦議会の過半数をかろうじて維持することができたのであった。このような選挙結果は、第一次シュレーダー政権の政策を評価するうえで示唆的であると考えられる。なぜならば、環境・エネルギー政策においては順調に進展している一方で、雇用政策では失業率の増大に直面しており、それぞれ緑の党の躍進とSPDの苦戦といった選挙結果と対応していると考えられるからである。

シュレーダー政権の環境エネルギー政策は、①エコ税改革、②再生可能エネルギー法、③電熱併給法、④脱原発法の4つの要素によって成り立っている。電力の利用量が増加する中で、脱原発の方針を背景として、再生可能エネルギーの利用促進政策、コージェネレーション・コンバインド発電の促進、天然ガスの利用促進がエネルギー政策の中心となってきていた。これらの背景のもとで、エコ税改革に環境・エネルギー政策としての役割が相対的には強く求められなくなっていたが、エコ税改革による環境制御効果は有効であったと認識されていた。図6－2は燃料の燃焼による部門別二酸化炭素排出量であるが、2000年には戦後初めて運輸部門における排出量が減少に転じ、これはエコ税の導入による効果であると認識されていたのであった。

負担感を伴いながらも成果を上げていたエコ税改革の第一の配当（環境面）であったが、第二の配当である雇用面においては十分な効果を上げられていなかった。第一次シュレーダー政権における雇用政策は、解雇規制の強化と社会保険料の引き下げによるものが中心であったが、この雇用政策のポリシーミックスは政治的分脈において失敗に終わったと考えられていた。図6－3は同様に統一ドイツの失業者数と失業率（図6－1）に加えて失業者数を男女別に示したものである。第一次シュレーダー政権の成立した1998年より経済成長率は上昇に転じ、失業者数・失業率は緩やかな下降傾向にあっ

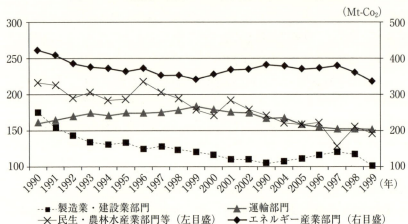

図6-2 燃料の燃焼による部門別二酸化炭素排出量

出所：United Nations Framework Convention on Climate Change, National Inventory Submissions 2011, GERMANY, 15 April 2011より筆者作成。
注：排出量の傾向を読み取りやすくするため、グラフの下限を100 Mt-Co_2、エネルギー産業部門は右目盛りになっている。

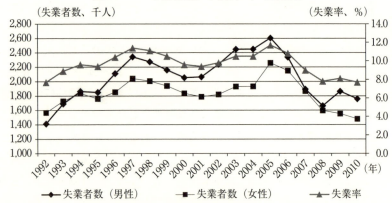

図6-3 失業者数・失業率（一部再掲）

出所：Sachverständigenrat zur Begutachtung der gesamtwirtschaftlichen Entwicklungより筆者作成。

た。しかし、2001年より失業者数・失業率は上昇に転じ経済成長率は下降するという局面にあった。このような経済的背景において、第一次シュレーダー政権の雇用政策が成功したと訴えることは困難であり、雇用政策上の方針転換を迫られていたといってよい。再び強調するならば、年金保険料率の

引き下げによって劇的な雇用環境の改善は不可能であると認識されていたのであった。[17]

　さらに、すでに指摘したように経済環境の変化による雇用政策の行き詰まりだけでなく、前回選挙の公約違反という問題を抱えていた。第一次シュレーダー政権の連立合意においては、42%の労働付帯費用を40%以下に引き下げることを公約していた。エコ税改革によって年金保険料率を2%ポイント以上引き下げることによって労働付帯費用の引き下げを目指したのであった。しかし、導入法と継続法の成立過程で当初からは予定していなかった軽減措置・租税支出の導入がなされることになった。このことは「公平性」を実現するという意味で肯定的に評価される側面はあるが、税収の減少をもたらしてしまった。すなわち、エコ税の国庫機能を損なわせ、公約していた年金保険料率の引き下げが実現できなくなってしまったのであった。

　しかも、公約を守れなかった背景には、失業の増加に起因する保険料収入の落ち込みによる年金財政の悪化が存在していた。つまり、経済的環境の悪化に伴い年金保険料率の上昇が必要とされていたのである。すでに指摘したとおり、発展法の審議過程では、年金保険料率は19.1%ポイントから19.5%ポイントへと0.4%ポイント増加することが明らかになっていた。このことは、第一次シュレーダー政権発足時の政権公約を守れないことを意味していたのである。

　このような背景のもとで、エコ税収を用いて労働付帯費用を引き下げる税収中立的な改革の政治的な正当性は著しく失われていたと考えられる。それゆえ、労働市場の規制緩和とハルツ改革を中心とする雇用政策へと第二次シュレーダー政権は雇用政策の舵を切ることになったのであった。このような解雇規制強化と二重の配当という雇用政策から、労働市場規制緩和と雇用

---

(17)　失業問題との関連ではたとえば、ミヒャエル・シュルツ博士（CDU/CSU）、カール－ルートヴィヒ・ティエレ（FDP）、ハンス・ミヒャエルバッハ（CDU/CSU）による次の批判を参照されたい。「赤緑政権が意味するものは、より高い税金、より高い負債とより高い失業率である」（BT-Protokoll, S.595）、エコ税改革は「シュレーダー政権による巨額な税と社会保障負担の一部であり（中略）、エコ税は二重の配当ではなく、二重の幻想を有しているのである」（BT-Protokoll, S.598）、「エコ税改革は経済成長と失業に悪影響を与える」（BT-Protokoll, S.604）。

保険給付水準の引き下げへの雇用政策の大転換という文脈のもとで発展法は理解される必要があろう。エコ税改革は第一次シュレーダー政権においては失業対策の中心に位置づけられていたが、第二次シュレーダー政権では、雇用政策としては重要視されえなかったのである。

3.2 第一次シュレーダー政権における税制改革の全体像

以上、発展法の成立の政治的背景を確認してきたが、エコ税改革が行き詰まったのはその雇用政策としての側面だけが問題だったわけではない。すなわち、財政赤字の急激な拡大は第一次シュレーダー政権の租税政策全般の行き詰まりを示しているからである。そこで、エコ税改革を中心とした第一次シュレーダー政権の租税政策を振り返り、その税制改革の国民に対する説得の論理を確認し、どこに一連の税制改革の問題点が存在していたのかを明らかにする。

まず、エコ税改革における税収中立と二重の配当の構造について再確認しよう。たしかに、エコ税改革はエコ税の増税と年金保険料率の引き下げによる税収中立的な改革であり、そこでは二重の配当による環境改善と失業の解決を目的としていたが、次の3点において問題が存在していた。

第1に、エコ改革自体は税収中立的な改革として設計されていたが、それは年金支出が一定という仮定を必要としていた。たしかに、第一次シュレーダー政権においては年金水準を一定に保つ努力がなされており、アイヒェル財務大臣のもとで策定された緊縮財政政策として、約50億ユーロに上る年金支出の抑制が行われた。しかし、経済環境の悪化とそれに伴う失業の増大により、第二次シュレーダー政権の発足時には年金保険料率の再上昇が余儀なくされることになったのである。いわば、エコ税改革の税収中立性は年金保険料率の自動的な上昇を無視した、国民を説得するためのレトリックであるという側面が否めないのである。

第2に、エコ税の負担と年金保険料率引き下げの受益は、さまざまな負担の不均衡を引き起こしていた。年金構造を原因とした農業者の負担、所得水準の違いを原因とした地域間の負担の不均衡、さらにはエコ税の逆進的性格が問題となっていた（Bach *et al*.2001）。これらの問題に対してはそれぞれ、

表6-3 産業と家計の負担と受益の構造

(100万ユーロ)

	電力税	ガス税	暖房税	ガソリン税	軽油税	租税負担合計	保険料減額	合計	生産費上昇率(%)
全産業2002	2,674	299	163	777	3,244	7,155	6,868	288	0.01
家計消費2002	2,131	522	417	3,692	609	7,371	6,868	504	—
全産業2003	3,317	821	185	971	3,995	9,289	8,040	1,249	0.03
家計消費2003	2,441	1,150	417	4,615	761	9,385	8,040	1,345	—

出所:Bach (2005) Tabelle 5, 6 より筆者作成。

農業者への軽減税率の導入、新連邦州への公共事業の誘導、児童手当の増額を含む所得税改革によって対応したのであった。さらに、産業に対して大規模な軽減措置を導入したために、企業と家計との間に不均衡を生じさせていた (Bach2005)。表6-3は全産業と家計の負担と受益を表したものである。保険料の引き下げに関しては、そもそも社会保険料が労使折半であるために同じ受益を得ている。しかし、産業に対して軽減措置を導入したために負担が軽くなっており、企業と家計の間での「不公平」を発生させていた。発展法における軽減措置の縮小は、この不均衡を解決するという側面を有していた。もっとも、産業の負担を増加させたためにバッハらの推計によれば、全産業の生産費上昇率を3倍に引き上げる効果も有していた。

第3に、年金保険料率の引き下げによる受益は労働者と使用者に対して等しく与えられているにもかかわらず、各種の軽減税率の導入によって企業側の負担は家計の負担よりも低く抑えられていた。このことは、発展法に基づく軽減税率の縮小の根拠となったが、それまでは税収中立的なエコ税改革を通じて、企業は負担軽減がなされ、家計は負担の増大がなされていたことを示している。これは、賃金付帯費用の引き下げという目的にはかなっているが、公平性においてはエコ税改革になおも弱点が存在していたことを示している。

もっとも、第一次シュレーダー政権における税制改革を全体的に俯瞰すると、家計に対する負担軽減が強く盛り込まれていたことが見て取れる。ラフォンテーヌ財務相のもとで計画された租税負担軽減法1999/2000/2001においては家計の負担軽減を中心に計画されていたからである。したがって、以

表6-4　1999年から2005年までの税制改正による減税額

(億ユーロ)

	租税負担軽減法 1999/2000/2001	家族負担調整法	税制改正2000	その他	第二次 家族負担調整法
家計	282.7	33.7	166.7	17.4	23.7
中小企業	90.0		118.1	10.2	
大企業	10.7		34.8	17.9	
合計	383.4	33.7	319.6	45.5	23.7

出所：『財政金融統計月報』564号、576号、588号、600号より筆者作成。

下では第一次シュレーダー政権の財政政策パッケージである「労働・成長・社会的安定性確保のための未来計画」と「税制改正2000」に基づいて、どのような財政改革の中にエコ税改革が位置づけられていたのかを考察する。第一次シュレーダー政権のもとで策定された税制改革のパッケージは、基本的には所得税・法人税を中心として減税を行うものであった。すなわち、本章では改革の詳細には立ち入らないが、租税負担軽減法1999/2000/2001と税制改正2000による所得税・法人税減税によって家計と企業の負担を軽減し、家族負担調整法と第二次家族負担調整法による児童手当の増額によって家計の負担を軽減するというものであった。その減税額をまとめたものが表6-4である。

これらの減税によって、2005年には総額806億ユーロの負担軽減がなされることが予定されていた。これらの税制改革と税収中立的なエコ税改革を合わせて考えるならば、エコ税の導入による部分的な負担増加は、大幅な減税である税制改革の全体像の中では微々たるものであり、それゆえ導入法と継続法によるエコ税改革が信任されたという側面は否めない。ところが、これらの減税計画には大きな落とし穴が存在していた。第一次シュレーダー政権成立時には景気上昇期にあり、818億ユーロの自然増収が見込まれていたのである。すなわち、この自然増収をいかに家計と企業に還元するのかという視点からこれらの税制改革は計画されていたといえよう。ところが、前述のとおり2001年より景気減退期に突入し、自然増収の予定は大きく崩れることになる。

図6-4はドイツ連邦政府の財政収支を図示したものである。2000年の一

第 6 章　エコ税改革と財政再建　　177

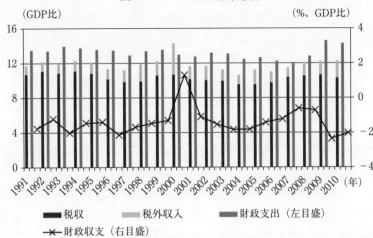

図6－4　ドイツ連邦財政

出所：Sachverständigenrat zur Begutachtung der gesamtwirtschaftlichen Entwicklungより筆者作成。

時的な財政黒字は税外収入によるものであるとはいえ、税収の動向も2000年をピークに減少傾向に転じていることが看取される。財政支出も2001年を境に減少に転じているが、減税と景気後退による減収の方が大きい。その結果として、2000年には一時的な財政黒字を達成したが、2001年には大幅に財政状況は悪化することになる。連邦議会選挙のあった2002年 9 月にはマーストリヒト条約で規定されたGDP比 3 ％という財政赤字基準を上回る3.5%の財政赤字が発生する見通しとなっていた（横井2003、pp.17-18）。発展法案は同年11月に集中的に議論されたのであるが、このような減税政策と景気後退による財政収支の急激な悪化という背景のもと、発展法は税収中立の美徳を放棄して、財政健全化のためのエコ税増税へとつながったと考えられるのである。

3.3　エコロジー税制改革の租税論的評価

最後に、ドイツ・エコロジー税制改革を題材に、環境税と二重の配当に関する租税論的評価を行う。

第 1 に、エコ税改革の環境税導入としての側面である。たしかに、エコ税の導入によって、化石燃料と電力の価格は上昇し、特に自動車用燃料の消費

量に関しては戦後初めて減少に転じるという肯定的な結果をもたらした。しかし、ピグー税の意味で厳密に外部不経済を評価してそれを内部化したわけではないし、いわゆるボーモル＝オーツ税の意味で環境目標を最小費用で達成したわけでもなかった。もちろん、エコ税の導入によって二酸化炭素排出削減を狙っていたことは事実であるが、そこにはエコ税改革を通じた排出削減目標が設定されておらず、費用最小化を実現する制度設計も目標とされていなかったのである。むしろ、エコ税の存在意義は「原因者原則」という課税原則の正当性と「十分性の原則」にあったと評価できよう。

すなわち、第一次シュレーダー政権では年金財源としての担税力が求められていた。エコ税改革が必要とされた前提には賃金付帯費用の引き下げの要請があったが、それは増大する年金給付の財源として社会保険が引き上げられることへ国民の合意を取り付けることの困難さを示している。しかも、第二次シュレーダー政権では、もはや税収中立性はレトリックでしかなく、エコ税には財政再建財源としての担税力が求められていた。その負担の受容を可能とするために環境政策と親和性の高い原因者原則に正当性が求められたのである。しかもエコ税改革では、環境制御効果と十分性の原則がエコ税改革全体では成立していた可能性が示唆される。すなわち、価格弾力性の高い自動車用燃料に対しては燃料消費の減少が顕著に観察され、他方では価格弾力性の低い電力に関しては財源として期待できるということである。環境税はしばしば環境制御効果が機能すると税収が減少するという欠点が指摘されるが、多様な価格弾力性のもとでその問題は解決されうると考えられる。

第2に、エコ税改革の雇用政策としての側面である。近年、ミクロ経済学に基礎を置く租税分析の重要性が高まっており、特に労働政策の分野での研究が多くなされている。[18]たしかに、企業も家計も賃金付帯費用、すなわち労働に対する限界税率に反応して行動しているという側面は否めない。したがって、雇用政策を念頭に置いた税制改革としては賃金付帯費用を低く抑える政策は望ましいものといえよう。しかし、労働への限界税率の引き下げに

---

(18) たとえば、英国のマーリーズ報告はミクロ経済学による分析から、各所得階層における限界税率をそろえる所得税・社会保障改革の重要性を訴えている（Institute for Fiscal Studies 2010; 2011）。

よる労働需要と労働供給の上昇が、十分に失業を解決できる雇用政策となりうるというわけではないことを、ドイツの事例は示している。あくまでも税制改革として望ましいということを意味しているのだが、雇用政策において経済学的に効果が存在していたとしても、むしろ税制改革の失業対策としての側面が強調されれば、それは政治的正当性の源泉にもなるしその逆もしかりなのである。

　第3に、しばしば指摘されてきたように、一連のエコ税改革は他の税制改革との関連で理解する必要があるということだ。税収上は中立的なエコ税改革であるが、所得階級（Bach et al. 2001）や産業間、職業間、地域間においては不均衡をもたらしていた。他の税制改革との関連でエコ税改革を振り返るならば、それらの不均衡に対応するためにエコ税の制度設計や所得税・法人税改革、支出政策を総動員してその不均衡を是正していた。このことは、第1に指摘した、環境税は原因者原則ゆえに負担の受容可能性が高いという議論があくまでも限定つきであることを示している。不景気の到来によって大きな財政赤字を生むに至ったが、このような不均衡是正のための政策が政治的受容性の構築には必要不可欠であったと考えられる。

　とはいえ、第4に、エコ税の持つ国際競争力への配慮の限界も明らかになった。エネルギー消費は産業部門において、軽減税率の設定の有無にかかわらず、国内消費向け商品と輸出向け商品は同様に課税されることになる。すなわち、産業部門では原産地原則に基づいた課税にならざるを得ない。このことは、税収中立的改革であれば輸出品の価格を上昇させる圧力は弱いが、それでもエコ税負担が上乗せされたままの価格で国際競争せざるを得ないという租税論上の弱点を露呈させることになる。しかも、輸入品に関してはエコ税をかけられないため、国内での競争においても問題が存在する。国境税調整に関する厳格なルールのあるEUにおいて、国境税調整が可能な付加価値税に期待が集まり、不可能なエコ税が行き詰まるという現象は租税論上首肯できる。

4　小括

　発展法の成立過程の分析から得られた知見は以下にまとめられる。第 1 に、二重の配当による雇用政策としてのエコ税改革が失敗であるという認識が背景として存在していた。第 2 に、経済状況の急激な悪化による財政赤字の拡大も背景として、税収規模は2003年に14.2億ユーロ、税制改革が完了する2007年でも16.5億ユーロと多くはないが、財政健全化のための財源として期待されていた。第 3 に、発展法の意図はエコ税を環境税の理論に適合させる、いわばエコ税のグリーン化にあった。第 4 に、産業の国際競争力への配慮は弱められたが、租税負担のキャップによってそれは緩和されていた。

　特に問題視されていたのが、雇用政策としてのエコ税改革の失敗であった。たしかに、理論上は二重の配当による雇用改善の可能性は否定されておらず、実証的にも賃金付帯費用の引き下げによる失業の改善は観察されていた（Bach et al. 2001）。しかし、①賃金付帯費用の引き下げ水準の公約を順守できず、②急激な経済環境の悪化を背景として、③さらなる失業者の増加により年金財政が急速に悪化し保険料率が上昇するという悪循環と、④一連の減税政策によって大幅な財政赤字が発生するという状況の中で、再び二重の配当を強調することは困難であったと考えられる。

　とはいえ、社会保障財源としての間接税の利用への道筋を開いたことは確かである。1997年の付加価値税の 1 ％増税と年金保険料率の 1 ％引き下げは、第 5 章で確認したようにエコ税にとって代わられたため年金保険料率は引き下げられなかったが、2005年に成立した大連立による第一次メルケル政権における付加価値税の 3 ％ポイント引き上げと雇用保険料率の 1 ％ポイント引き下げという政策は、賃金付帯費用引き下げとともに社会保険財政に税財源を投入するという文脈においてエコ税改革の延長線上にあると考えられる。コール政権からシュレーダー政権、そしてメルケル政権へと続く税財源による社会保険財政の充足という文脈の中でエコ税改革も理解される必要があろう。

　さらに重要なことは、第 4 章で確認したようにドイツにおいては財政調整の構造を背景に、連邦政府は新たな財源を求めるときに担税力の強いエネル

表6-5 第二次メルケル政権における財政赤字削減対策

(億ユーロ)

歳出削減及び増税項目	2011年	2012年	2013年	2014年
租税特別措置の縮減*及び新環境税**	20	25	25	25
企業負担***	33	53	53	53
連邦軍の改革	—	—	10	30
行政費用の削減	6	11	17	20
歳出削減等総額	112	191	237	276

出所:渡辺(2010) p.93より抜粋。
注:*エコ税における軽減措置の縮小のこと。ただし、この措置は産業界に対してより厳格なエネルギー利用のモニタリング措置の導入と引き換えに撤回された。
**ドイツの空港から出発する航空機に対して航空課税(Luftverkehrsabgabe)を導入する。これは、乗客が負担する。2013年に航空部門が排出権取引制度に組み込まれるまでの措置である。新環境税の導入は実現した。
***原子力発電所の稼働年数を延長することと引き換えに原子力発電所に燃料課税(Brennelementsteuer)を導入する。また、2012年から銀行に対して金融取引税を導入するなどの措置である。燃料課税も一種の環境税と捉えることができる。

ギー課税に頼らざるを得ないということである。2009年に発足した第二次メルケル政権はシュレーダー政権とはなんら連続性を持たない政権であったが、財政再建の財源としてエコ税の増税を企図していた。表6-5は2010年に発表された財政計画である。エコ税に導入されていた軽減措置の縮小と、エコ税改革では非課税となっていた航空機燃料への課税で25億ユーロの財源を捻出することを予定していた。結局は経済の好転によって財政赤字が縮小し、国庫目的としては増税の必要性が薄れたためにエコ税の軽減措置は縮小されることはなかったが、環境税の設計において非国庫機能と国庫機能を調和させることの重要性を示唆している。

〈参考文献〉

Bach, Stefan (2005), *Be- und Entlastungswirkungen der Ökologischen Steuerreform nach Produktionsbereichen*, DIW Berlin.

Bach, Stefan, Christhart Bork, Michael Kohlhaas, Christian Lutz, Bernd Meyer, Barbara Praetorius und Heinz Welsch (2001), *Die ökologische Steuerreform in Deutschland. Eine modellgestützte Analyse ihrer Wirkungen auf Wirtschaft und Umwelt*, Physica-Verlag Heidelberg.

CDU und CSU (2002), *Leistung und Sicherheit Zeit für Taten Regierungsprogramm 2002/2006*. < http://www.cdu.de/doc/pdfc/regierungsprogramm-02-06-b.pdf〉 (2012.4.15 参照).

Deutscher Bundestag (2002), *Stenografischer Bericht*, 8, 10, 11, 17, 31.Sitzung, Berlin, S.379-471,

S.531-646, S.647-732, S.1313-1372, S.2315-2477.
Deutscher Bundesrat (2002), *Stenografischer Bericht*, 783, 784. Sitzung, Berlin, S.509-562, S.563-622.
Institute for Fiscal Studies (2010), *Dimensions of Tax Design: The Mirrlees Review*, Oxford: Oxford University Press.
Institute for Fiscal Studies (2011), *Tax by Design: The Mirrlees Review*, Oxford: Oxford University Press.
Krebs, Carsten und Danyel Tobias Reiche (1999), *Der Einstieg in die Ökologische Steuerreform. Aufstig, Restriktionen und Durchsetzung eines umweltpolitischen themas*, Peter Frankfurt, Lang.
Sozialdemokratische Partei Deutschlands, Bündnis 90 und Die Grünen (2002), *Koalitionsvertrag 2002-2006 : Erneuerung – Gerechtigkeit – Nachhaltigkeit, Für ein wirtschaftlich starkes, soziales und ökologisches Deutschland. Für eine lebendige Demokratie.*
<http://www.boell.de/downloads/stiftung/2002_Koalitionsvertrag.pdf>（2012.4.15 参照）.
SPD und Die Bündnis 90/Die Grünen (2002), Koalition svertrag 2002-2006: Erneuerung -Gerectigkeit- Nachhaltigkeit, Für ein wirschaftlich starkes, soziales und ökologisches Deutschland, Für eine lebendige Demokratie, Berlin.
伊藤光彦（2003）「第15期ドイツ連邦議会選挙の分析——赤緑連合勝因の諸要素について」『立命館国際研究』15（3）、pp.37-56（335-354）。
河崎健（2006）「統一ドイツの政党制——東西地域の差異を中心に」『ドイツ語圏研究』23号、pp.45-68。
齋藤義彦（2003）「2002年ドイツ総選挙の意味するもの」『人文社会論叢』第9号、pp.145-157。
朴勝俊（2009）『環境税制改革の「二重の配当」』晃洋書房。
諸富徹（2000）『環境税の理論と実際』有斐閣。
八巻節夫（2000）「環境税制改革の実現可能性」『経済研究年報』第25号、pp.65-95。
山口和人（2010）「ドイツの脱原発政策のゆくえ」国立国会図書館調査及び立法考査局『外国の立法』244、pp.71-103。
横井正信（2001）「シュレーダー政権の改革政策（1）」『福井大学教育地域科学部紀要Ⅲ（社会科学）』57、pp.39-95。
横井正信（2002）「シュレーダー政権の改革政策（Ⅱ）」『福井大学教育地域科学部紀要Ⅲ（社会科学）』58、pp.17-64。
横井正信（2003）「シュレーダー政権の改革政策 と2002年連邦議会選挙」『福井大学教育地域科学部紀要Ⅲ（社会科学）』59、pp.9-38。
横井正信（2004）「第2次シュレーダー政権と「アジェンダ2010」（Ⅰ）」『福井大学教育地域科学部紀要Ⅲ（社会科学）』60、pp.2-42。
横井正信（2005）「第2次シュレーダー政権と「アジェンダ2010」（Ⅱ）」『福井大学教育地域科学部紀要Ⅲ（社会科学）』61、pp.71-126。
渡邉斉志（2005）「ドイツの再生可能エネルギー法」『外国の立法』225、pp.61-86。
渡辺富久子（2010）「ドイツの第二次連邦制改革（連邦と州の財政関係）（2）——財政赤字削減のための法整備」『外国の立法』246、pp.86-101。

第7章

フィードインタリフの財政学的分析

　ドイツは環境・エネルギー政策の先進国として知られている。本章の目的は、ドイツにおける中心的な環境・エネルギー政策である再生可能エネルギーの固定買い取り制度（Feed-In Tariff: FIT）について財政学的に分析を加えることである。FITによる財源調達は電力料金に上乗せされるため、経済学的な効果はエコ税における電力税と同様に消費の抑制効果を持つ。しかも、2010年にはFITの負担はエコ税の税率を超えている。しかし、後述するように国庫、すなわち予算とは関係なく賦課されるFITの負担はエコ税のような「公平性」に関する議論を回避してきた。このことは制度の国庫機能を有する場合には政治過程において「公平性」に関する配慮を避けて通れない一方で、非予算的な政策が「公平性」の議論を避けて通りうるという意味で意味深い。

　ドイツにおいては1991年より再生可能エネルギーの買い取り制度が導入され、2000年からは同制度は再生可能エネルギーの固定価格買い取り制度として大幅に改正されるに至った。2012年7月より、日本においても再生可能エネルギーの固定価格買い取り制度が導入され、同年10月からは炭素税型の環境税（地球温暖化対策のための税）が導入されるなど、急激に環境・エネルギー政策の進展が見られる。今後、日本においても再生可能エネルギー分野での急激な成長が見込まれるが、これからどのような問題が発生しうるのかを考えるに当たり、ドイツの制度を分析することは有益であると考えられる。

　ドイツにおける再生可能エネルギーの固定買い取り価格制度に関する代表的なものとして、大島（2010）がある。大島（2010）は制度構造について最も詳細かつ包括的に記載している。1990年の電力供給法の導入から、2000年の再生可能エネルギー法（EEG）、EEG2004それぞれの法律の構造について

詳しく解説している。そのうえで、①ドイツのFIT制度は買い取り価格に関してそのときのFITが抱えていた問題を解決するために頻繁に制度変更が行われてきたこと、②費用負担に関して地域によって不公平なものにならないように変更されてきたこと、③FITにおける費用負担は決して少なくないものの、環境・エネルギー政策としてだけでなく産業と雇用に対してもポジティブな効果がもたらされたことを指摘している。さらに、再生可能エネルギーの資源量としては他のEU諸国と比較して必ずしも豊かとはいえないドイツにおいて爆発的に再生可能エネルギー利用が普及したのは、「効果的な固定価格制をいち早く導入したという点に加え、……中略……制度を改良し続けてきたという点」に理由があると結論している[1]。

大橋（2011）は日本における従来型の余剰買い取り制度（Renewable Portfolio Standard: RPS）について費用対効果分析から生産コストの低下が太陽光発電の普及のカギだとしたうえで、社会厚生についても同様の傾向を見出している。そして、グローバル経済下での学習効果が機能するために生産コストの低下は達成される可能性は存在するが推計方法によって数値のばらつきがあるため、学習効果があまり働かない可能性も考慮して制度設計を行うべきであると主張している。さらに、産業政策としての側面を鑑みると先行したドイツやスペインにおいては国内企業の育成に十分成功していないことも指摘している。

木村（2011）はFITと設置補助制度の違いについて、①FITは事業の安定に寄与する、②電力会社との取引費用が軽減される、③政府の財政状況に左右されず、「買取量を制限されたり買取価格を減らされる懸念がない」ことを指摘している。大平（2011）は再生可能エネルギー普及のカギは買い取り価格であるとしたうえで、FITに基づく料金の上昇は環境税と同様の効果をもたらすが、低所得者に対して分配上の問題を発生させ、産業にも打撃を与える可能性を指摘している。飯田（2011）は日本におけるFITの導入は政策の形成過程で当初の意図がゆがめられてしまったことを指摘している。

---

(1) ドイツにおけるFIT制度については、渡邉（2005）、山口（2009）、渡辺（2012）が制度の特徴と法改正の経緯、法律の全文を掲載している。

FITは大枠では補助金政策の一種と考えることができる。市場で支配的な技術とバックストップ技術との価格差を埋める環境政策における経済的手段であるからだ。ところが、その財源の調達方式は電力料金に上乗せして賄うという特殊な方式をとっている。このような税法によらない財源調達は、財政政策の新たな政策手段であると同時に、財政学的に重大な矛盾をもはらんでいる可能性がある。このことについて、これまで財政学的に考察が加えられてこなかった。そこで、本章ではFITについて財政学的な考察を加えるとともに、同制度の財政学的な強みと弱みを明らかにする。本章の構成は、第1節でドイツの環境・エネルギー政策の全体像を示す。第2節で、FITについて財政学的な考察を加える。そこでは、FITによる財源調達方式に問題が存在していることが明らかにされる。第3節では、ドイツのエネルギー政策において同様の問題が繰り返し発生していたことを確認する。

1　ドイツにおける環境・エネルギー政策の体系

　本節ではドイツにおける環境・エネルギー政策の全体像を確認するとともに、再生エネルギーの現状についても確認する。

　環境・エネルギー政策の先進国として認識されるドイツでは、FIT・EU-ETS・環境税のほかにも数多くの政策が存在している。2007年に策定された「統合エネルギー及び気候プログラム要綱」に基づいて、ドイツの環境・エネルギー政策をまとめたものが表7-1である。エネルギー税制とEU-ETSは表には入っていないが、実に多くの政策が体系化されていることが見て取れる。ここで重要なことは、ドイツの環境・エネルギー政策体系では、その大半が目標値の設定を含んだ規制政策であるということだ。その次に多いのが補助金であるが、たとえば「伝熱併給法」や「熱領域における再生可能エネルギー法」のように長期的な目標値を設定したうえで補助金を支給するという形になっている。

　国際的にも高水準のエネルギー税には国際競争力の維持の観点から産業に対して大幅な軽減措置が設定されている。とはいえ、多くのエネルギー多消費企業はEU-ETSの枠組みに包摂されているうえに、2013年からは軽減措置

表7-1 ドイツの環境・エネルギー政策の体系

項目	規制 (含目標)	補助金	租税	その他
伝熱併給法	○	○		
電力分野における再生可能エネルギーの拡充		○	○	
CO$_2$の少ない発電所技術				CO$_2$回収 ・貯蔵
電力消費のためのインテリジェント測定手続き				業者の選択
汚染の少ない発電所技術	○			
現代的エネルギー管理システムの導入			○	○
気候保全及びエネルギー効率のための 助成プログラム(建物以外)		○		
エネルギー効率のよい生産物	○			
天然ガス網におけるバイオガスのための供給の規律	○			
エネルギー節約令(建物)	○			
賃貸住宅における運営経費	○			
CO$_2$建物回収プログラム		○		
社会的インフラのエネルギー節約的な現代化		○		
熱領域における再生可能エネルギー法	○	○		
連邦の建物のエネルギー節約的な回収プログラム		○		
乗用車のCO$_2$戦略	△			
バイオ燃料の拡充	△			
自動車税のCO$_2$に基づく切替			△	
貨物自動車通行量の誘導効果の改善			○	
航空輸送への課税			○	△(EU-ETS)
海上輸送				△(EU-ETS)
フッ素系温室効果ガスの排出削減	○			
エネルギー効率のよい生産物及びサービスの提供	○			
エネルギー研究及びイノベーション		○		
電気自動車		○		
気候保全及びエネルギー効率のための 国際的プロジェクト				○
ドイツ大使館及び領事館によるエネルギー及び 気候変動政策上の報告				○
大西洋を越えた気候及びテクノロジー計画				○

出所:山口(2009)より筆者作成。
注:△は検討中の項目。

の10年間の延長と引き換えに表の「現代的エネルギー管理システムの導入」について連邦政府と産業界の合意が成立している。したがって、エネルギー税制はサービス業と最終消費者である家計に対する政策として位置づけることが可能である。もっとも、ドイツのエネルギー税制は日本における環境税とは異なり、電力税と鉱油税の間で二重課税の排除のための調整が行われている。具体的には、発電用の化石燃料に関しては戻し税を利用して事実上非課税として扱われている（第2章）。

日本の制度のように発電用の化石燃料に課税がなされているならば、原子力発電に対するウインドフォールプロフィットは発生するが、税体系自体の中に再生可能エネルギーを促進する機能がビルトインされていることになる。たしかに、ドイツのエネルギー税制においても再生可能エネルギーによって発電された電力に関して、電力税を非課税にする措置が導入されてはいるものの、独自の送電系統を持っていない場合は免税の対象とならず、あまり大きな効果を持っているとはいえない。そこで、発電分野における再生可能エネルギーの普及政策はFITが中心的な役割を果たさざるを得ないということになる。

図7－1はドイツにおける再生可能エネルギーの生産量である。エネルギー量で見ると、発熱用の生産量が多く、2010年には150TWhに達していることが見て取れる。図7－2は発熱用再生可能エネルギーの内訳を示したものであるが、家庭での固形燃料の利用量が多く、特に1997年の建築法典改正以降大幅に伸びていることがわかる。とはいえ、寒冷な気候の多いドイツでは発熱用燃料の使用量自体が多く、割合は10%をやっと超えた程度にすぎない。その一方で、発電における再生可能エネルギーの割合は2011年には20%を超えている（図7－1）。そのため、全消費エネルギーにおける再生可能エネルギーの割合は2011年には12.5%に達している。この、発電における高い再生可能エネルギーの割合を実現したのが、FITということになる。

ドイツにおけるFITの歴史は長く1991年より発効した、コール政権下で導入された再生可能エネルギーの普及政策は電力供給法（Stromeinspeisungsgesetz, BGBl. I S.2633）に端を発する。同法のもとで水力発電、風力発電、太陽光発電、埋立ガスと地下ガスからの発電、そして一部のバイオマスについて電力

図7-1　再生可能エネルギーの生産量と割合

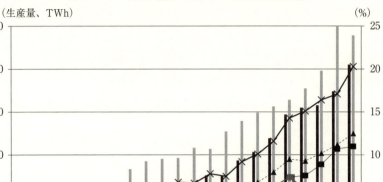

出所：Arbeitsgruppe Erneuerbare Energien-Statistik, Zeitreihen zur Entwicklung der erneuerbaren Energien in Deutschland, 2012, Tab.1、2より筆者作成。

図7-2　発熱における再生可能エネルギーの生産量

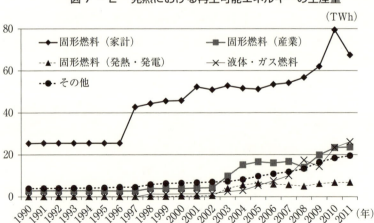

出所：Arbeitsgruppe Erneuerbare Energien-Statistik, Zeitreihen zur Entwicklung der erneuerbaren Energien in Deutschland, 2012, Tab.6より筆者作成。

図7-3　再生可能エネルギーによる発電量とFITによる買い取り量・額

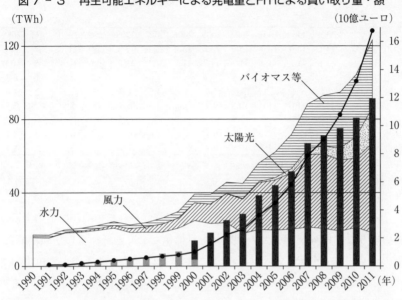

出所：Arbeitsgruppe Erneuerbare Energien-Statistik, Zeitreihen zur Entwicklung der erneuerbaren Energien in Deutschland, 2012, Tab.3, 5；BT-Drucksache 12/4213より筆者作成。

会社に電力価格の一定割合で購入を義務付けるとともに、その費用を電力料金に上乗せすることを認められた。図7-3は電力における再生可能エネルギーの内訳を示したものである。1990年の段階では水力に加えてわずかながらバイオマスを利用した発電が存在する程度であった。同法の導入によって風力による発電が増大したことが見て取れる。もっとも、同法は既存の電力会社による再生可能エネルギー発電の買い取りを認めておらず、単に再生可能エネルギーの普及政策というよりは、独立発電業者（Independent Power Producer: IPP）の育成に主眼を置いたものであったといえよう（海外電力1997.3、pp.98-99）。

同法は2000年には、赤緑連立によるシュレーダー政権のもとで、小規模な発電に焦点を当てて、買い取り価格を固定化した再生可能エネルギー法（Erneuerbare-Energien-Gesetz; EEG, BGBl. I S.305）として装いを新たにすること

表7-2　エネルギー源別発電効率

(kWh／ユーロ)

年	2001	2002	2003	2004	2005	2006	2007	2008	2009	2010	2011	2012
水力	14.6	14.4	14.3	13.9	13.6	13.2	12.8	12.3	11.9	11.1	9.4	14.6
風力（陸上）	11.6	11.5	11.4	11.3	11.2	11.1	10.9	10.7	10.6	10.4	9.8	10.8
風力（洋上）									6.2	6.2	6.0	6.3
太陽光	2.1	2.1	2.1	2.0	1.9	1.9	1.9	1.9	1.9	2.1	2.2	2.4
バイオマス	11.1	11.0	11.0	10.5	9.3	8.0	7.1	6.6	5.8	5.5	4.7	5.5
ガス類				14.4	14.3	14.0	13.7	13.3	13.2	12.9	12.2	17.8
地熱				6.8	6.7	7.9	6.4	6.3	4.7	4.5	4.3	4.1
合計	12.2	11.7	11.3	10.8	9.8	8.7	8.2	7.4	6.5	5.7	4.9	5.4

出所：die Übertragungsnetzbetreiber (ÜNB), Zeitreihen zur Entwicklung der Kosten des EEG, 2012, Tab.5.1, 5.2より筆者作成。

になる。同法は当初、買い取り価格に上限が設けられていたが、この上限は買い取り量の限界を示すというよりも目標値としての意味合いが強かった。そのため、発電量が上限に近づいた2004年には同法は改正され（BGBl. I S. 1918）、上限が撤廃されるに至った。その後、2008年には熱生産における再生可能エネルギー促進法（Gesetz zur Förderung Erneuerbarer Energien im Wärmebereich, BGBl. I S.1658）の制定に伴い、EEGも大幅に改正されたが、特に太陽光発電の買い取り価格の低減が強化された。

　EEGの施行に伴い、風力だけでなく太陽光やバイオマスによる発電も大幅に増加することになる。2011年のEEGに基づいて買い取られた再生可能エネルギーは91TWhに達しており、その買い取り額は168億ユーロに上っている。このように、急激に普及している再生可能エネルギーによる発電であるが、必ずしも効率的な発電であるとはいえない。表7-2はエネルギー源別に発電量を買い取り価格で除した発電効率を示したものである。水力発電、陸上の風力発電、ガス類（下水、廃棄物、鉱山ガス）においては1ユーロ当たりおおむね10kWhの発電効率となっている。その一方で、再生可能エネルギーの象徴的存在である太陽光発電においては1ユーロ当たり2kWh程度の発電効率にとどまっており、エネルギー源によって大きく発電効率が異なっていることが見て取れる。もっとも、この背景にはEEGによって設定されている買い取り価格に大きな差があることが原因であり、当初より発電効率に違いが存在していることを勘案して買い取り価格が設定されていることを鑑みれば、

表7－3 事実上の補助金額——電力の市場価格と買い取り額の差額

(100万ユーロ)

年	2001	2002	2003	2004	2005	2006	2007	2008	2009	2010	2011	2012
水力	295	329	253	200	180	149	140	95	47	204	114	146
風力（陸上）	703	1,080	1,144	1,540	1,428	1,379	1,523	1,248	737	1,709	1,973	1,925
風力（洋上）									3	19	57	140
太陽光	37	78	144	266	631	1,079	1,444	1,967	2,704	4,589	6,825	7,399
バイオマス	105	177	224	352	521	857	1,366	1,619	2,119	3,161	3,339	3,455
ガス類				105	103	73	55	30	4	33	12	12
地熱				0	0	0	0	2	2	4	3	18
その他				-34	-103	-205	-270	-299	-300	-283	-216	1,012
合計	1,139	1,664	1,765	2,430	2,760	3,333	4,258	4,662	5,316	9,437	12,108	14,107

出所：die Übertragungsnetzbetreiber（ÜNB）, Zeitreihen zur Entwicklung der Kosten des EEG, 2012, Tab.5.3 より筆者作成。
注：2010～2012年は推計値。2000年は合計値6.67億ユーロ。

発電効率の違いが直ちに問題となるわけではない。

以上、簡単にドイツにおける環境・エネルギー政策の体系と再生可能エネルギーをめぐる現状を確認してきた。次節では、ドイツにおけるEEGについて財政学的な考察を深めることにする。

2 再生可能エネルギー法（EEG）の財政学的位置づけ

EEGは基本的には補助金政策であると考えられる。再生可能エネルギーや化石燃料のように市場において代替可能であり、費用の面から市場では取引されえないような技術のことをバックストップ技術と呼ぶ。「このバックストップ技術が稼働し始めるような当該再生不可能資源の価格をバックストップ価格と呼ぶ」（細田・横山2007、pp.147-149）。市場価格では成り立たないバックストップ技術に対して、事実上の補助金を与えることによって再生可能エネルギーの普及を促している。

表7－3は再生可能エネルギーの買い取り価格と電力の市場価格の差であり、再生可能エネルギー源別に事実上支出したと考えられる補助金の額を示したものである。EEGの施行された2000年においては8カ月間で6.67億ユーロの支出であったが、2011年には121億ユーロ、2012年の推計値では141億ユー

ロの支出に上っている。再生可能エネルギー源別に見ると2008年からは太陽光発電に対する支出が最も多くなっており、2012年には約74億ユーロに達する見込みである。同じく2008年からはバイオマスが次いで多くなっており、2012年には約34億ユーロに達する見込みとなっている。一方、電力供給法以来最も多く支出されていた風力（陸上）発電に関しては2012年には約19億ユーロの支出となっている。

　環境経済学においては環境政策の経済的手段である租税と補助金の間には、市場での相対価格を調整するという意味では基本的に差がない。たしかに、エコ税においても再生可能エネルギーからの発電やコージェネレーションには戻し税が設定されており、市場でのエネルギー源別の価格差を調整する機能を有している。もっとも、租税と補助金、さらにはFITの間には次に指摘するような財政学的に根本的な違いが存在する。

　第1に、予算上の取り扱いである。租税と補助金はそれぞれに根拠となる法律が必要となるうえに、予算に計上されることになる。すなわち、直接的に民主主義的な統制が行われることを意味している。ところが、FITは根拠となる法律は存在するものの、その支出規模や負担について直接的には民主主義的統制を受けない。たしかに、2010年以降には急激に普及の進む太陽光発電による買い取り額が過大であるとして、たびたび買い取り価格が引き下げられてきた。とはいえ、それは市場での太陽光発電の普及の速度と比べると著しくゆっくりとした決定となる。財政経済は価格メカニズムではなく政治メカニズムによって価格を決定するために、市場での普及の速度を正しく読むこともできないし、事後的に時間をかけて決定することしかできない。それゆえ、後手後手に何度も価格を調整せざるを得ないことになる。

　第2に、租税と補助金・FITにおいては規模が問題となる。再生可能エネルギーがエネルギー市場に占める割合の少ないうちは、相対価格を調整するためにわずかな額の補助金・FITを支出するだけで十分である。他方で、租税によって相対価格を調整するためには大規模な負担を求めざるを得ない。しかし、エネルギー市場での再生可能エネルギーの割合が高まってくると、補助金・FITによる支出の規模が大きくなってくる。ここで、補助金とFITの間での先に挙げた本質的な違いが重要となってくる。補助金においては増大

表7-4 事実上の課税額——電力料金の上昇額

(ユーロセント／kWh)

年	2001	2002	2003	2004	2005	2006	2007	2008	2009	2010	2011	2012
水力	0.06	0.07	0.05	0.04	0.04	0.04	0.03	0.02	0.01	0.05	0.03	0.04
風力（陸上）	0.15	0.23	0.24	0.34	0.33	0.32	0.36	0.30	0.18	0.42	0.52	0.49
風力（海上）	0.00	0.00	0.00	0.00	0.00	0.00	0.00	0.00	0.00	0.00	0.02	0.04
太陽光	0.01	0.02	0.03	0.06	0.15	0.25	0.34	0.47	0.67	1.13	1.81	1.88
バイオマス	0.02	0.04	0.05	0.08	0.12	0.20	0.32	0.39	0.53	0.78	0.89	0.88
ガス類	0.00	0.00	0.00	0.02	0.02	0.02	0.01	0.01	0.00	0.01	0.00	0.00
地熱	0.00	0.00	0.00	0.00	0.00	0.00	0.00	0.00	0.00	0.00	0.00	0.00
その他				−0.01	−0.02	−0.05	−0.06	−0.07	−0.07	−0.07	−0.06	0.26
合計	0.25	0.36	0.37	0.54	0.65	0.78	1.01	1.12	1.33	2.33	3.21	3.59

出所：die Übertragungsnetzbetreiber (ÜNB), Zeitreihen zur Entwicklung der Kosten des EEG, 2012, Tab.5.4 より筆者作成。
注：2012年は予測値。2000年は合計値0.19ct／kWh。

する支出規模を民主主義的に事前に承認しなければならない。環境先進国であるドイツといえども、FITに支出された140億ユーロは、財政計画におけるドイツ連邦予算が3,060億ユーロであることを考えるとその4.6％を占めることになり、予算額を確保することは非常に困難であり、そのための新たな財源を確保せざるを得ないと考えられる。他方で、EEGに基づくFITのもとでは、電気料金に上乗せという事実上の租税によって支出が賄われているにもかかわらず、予算を確保する必要がないために、政策の実現可能性を高めるとともに大規模な支出を可能としている。

表7-4は再生可能エネルギー源別にFITによって電力料金が増加した額を示したものであり、事実上の税率を表している。2000年には1kWh当たりわずかに0.19セントであった事実上の税率は、2010年には2.33セントに達し、電力税の1kWh当たり2.05セントを上回る負担になっている。さらに、2011年には3.21セント、2012年には3.59セントに達する見込みとなっている。そのうち、太陽光発電の買い取りのための負担は、2012年には1.88セントと過半数を占めるに至っている。このような、支出総額が経済・社会的環境によって決定され、それに基づいて負担額が決定するというシステムは、財政における量出制入原則に基づいてはいるものの、予算過程を通過せずに自動的に負担額が決定される方式は社会保険料の保険料率の決定方式に類似している。さらには財源の調達方法は結果としては従量税的な表現が用いられて

いるが、FITでは租税において重要となる負担原則と負担の根拠が不明瞭であるといえよう。

　第3に、貿易における国際的ルールとの関連である。EU運営条約には、107条(2)、108条(3)、109条(4)において補助金に関する規定が存在している。EU裁判所が2001年3月13日に示したPreussenElektra判例によると、EEGに基づくFITは、国家予算負担を条件とせず、電力の最終消費者が負担を行っているために、EU運営条約107条の想定する補助金には該当しないという判断がなされたという（Lenz 2011、p.6）。

　同様にレンツは、WTOにおける補助金概念も、国家の負担となることを前提としているためFITには適用されないとしている。このことは、電力税における再生可能エネルギー電力の免税措置においては国内と他のEU加盟

（2）　第107条

　1　本条約に別段の定めがある場合を除き、加盟国によって供与されるあらゆる補助又は形態を問わず国庫から支給されるものであって、特定の事業者又は特定の商品の生産に便益を与えることにより競争を歪曲し又はそのおそれがある補助は、加盟国間の通商に影響を及ぼす限り、域内市場と両立しない。

　2　次に掲げる補助は、域内市場と両立する：

（a）個々の消費者に供与される社会援助的性格を有する補助、ただし、当該補助は対象産品の原産地に基づいて差別なく与えられなければならない；

（b）自然災害その他異常事態により生じた損害を補填するための補助；

（c）ドイツ分割により影響を受けたドイツ連邦共和国の一定地域の経済に対し、ドイツ分割による経済的不利を補償するために必要な限度において与えられる補助、リスボン条約が発効して5年の後、理事会は欧州委員会からの提案に基づいてこの条項を削除する決定を採択できる。

　3　次に掲げる補助は、域内市場と両立するものとみなすことができる：

（a）生活水準の非常に低い地域又は深刻な雇用不足の生じている地域、並びに構造的、経済的及び社会的状況に鑑みて第349条に当たる地方の経済開発を促進するための補助；

（b）欧州の共通利益となる重要な計画の達成を促進するため、又は加盟国の経済の重大な攪乱を救済するための補助；

（c）一定の経済活動の発展又は一定の経済地域の開発を容易にするための補助、ただし、当該補助が共通の利益に反する程度まで、欧州連合の通商条件を変更しないことを条件とする；

（d）文化及び遺産の保存を促進するための補助、ただし、当該補助が共通の利益に反する程度まで、欧州連合の通商条件及び競争に対して影響を与えないことを条件とする；

（e）欧州委員会の提案に基づき、理事会の決定により特定されるその他の類型の補助。

国との差別的な取り扱いを禁じた1998年4月のOutokumpu Oy判例とは異なった判断がなされている（同上、p.5）。もっとも、PreussenElektra判例は1974年7月のDassonville判例に基づいて、FITは「数量制限と同等効果の措置」であるとし、EU運営条約34条に抵触しているとの判断を下している。そのうえでEEGに基づくFITは、①「気候変動対策として必要であり、EUも加盟国も引き受けた京都議定書の責務を果たし、人命・健康を保護するためにも必要」であり、②「EU運営条約11条が、すべてのEU政策について、環

（3） 第108条
1 欧州委員会は、加盟国と協力し加盟国内に存在する補助の制度を常時審査する。欧州委員会は、加盟国に対し、域内市場の漸進的発展又は運営のために必要とされる適当な措置を提案する。
2 欧州委員会は、関係当事者に対し意見提出の機会を通知した後、加盟国又は国家の資金により与えられる補助が、第107条の規定により域内市場と両立しない又は不当に利用されていると認めるときは、当該加盟国に対し、欧州委員会が定める期間内に当該補助の廃止又は是正を求める決定を行う。
当該加盟国が、定められた期間内に当該決定に従わないときは、欧州委員会又は他の関係加盟国は、第258条及び第259条の規定にかかわらず、当該事案を直接欧州連合司法裁判所に提訴できる。
理事会は、いずれかの加盟国の要請を受け、当該決定が例外的な事態により正当化されるときは、第107条の規定又は第109条により定められる規則によらず、当該加盟国が供与しているか又は供与することとしている補助が域内市場と両立するものとみなされる旨を、全会一致で決定できる。欧州委員会が、当該補助に関して本項第1段に定める手続を開始しているときは、当該加盟国の理事会に対する要請は、理事会がその態度を表明するまで当該手続を停止する効果を有する。
もっとも、理事会が加盟国による要請があってから3カ月の期間内に態度を表明しないときは、欧州委員会が当該事例に関する決定を行う。
3 欧州委員会は、意見を提出することのできる十分な時間を与えられる形で、補助を供与又は修正するあらゆる計画について加盟国から通知を受ける。欧州委員会は、当該計画が第107条の適用において域内市場と両立することができないと考えるときは、遅滞なく前項に定める手続を開始する。当該加盟国は、当該手続により最終決定が下されるまでは、計画している措置を実施できない。
4 欧州委員会は、第109条に従い理事会が本条第2項に規定される手続を免除される旨決定した国家補助の類型に関する規則を採択することができる。
（4） 第109条
理事会は、欧州委員会の提案を受け、また欧州議会と協議した後、第107条及び第108条の適用のために適当なすべての規則を制定すること、並びに取り分け第108条3項の適用条件及び本手続を免除される補助の類型を定めることができる。

境保護を配慮することを要請して」おり、③「EU電力市場を部分的に開放する指令92/96の理由28項も、加盟国が環境保護目的で再生可能エネルギーを優遇できる」ことを根拠に正当化されている(同上、p.6)。

　財政政策においては国際法上の取り扱いについても、規模が問題となる。EEGの前身である電力供給法の導入時においてEU委員会は、同法による影響は軽微であるとし、補助金規定の例外として同法を承認した経緯があった。ところが、同法に基づいて1991年以降風力発電設備が急速に普及したことを背景として、1996年10月にEU委員会では風力に対する買い取り額の引き下げの要求がなされるに至った。風力発電設備が急速に増大しているドイツ北部の電気事業者がEU委員会に対して負担が過大であると訴えたことへの返答であった(海外電力1997.3、pp.98-99)。このことは、FIT政策における買い取りの規模が、例外規定として扱われうるのか否かの重要な根拠になっていることを示している。
(5)

　しかも、補助金の規定に抵触するかどうかは制度の性質の問題であるにもかかわらず、ここで問題とされたのは補償額の多寡であり、補助金額の規模によって政策の性質に対する認識が変化することを示している。それだけではなく、電力供給法に基づくFIT制度の運用が財政民主主義的な統制の影響を受けていることも示している。規模の増大により国内の電力事業者の態度を変化させ、それが政策に反映されるという経路が機能しているからである。

　上述した非予算的な制度設計は、財政民主主義的な予算統制の枠外に置かれることによって、大規模な事実上の補助金の支出を可能にするとともにそのための財源も同時に確保できるだけではなく、EU運営条約における補助金規制の規定からも逃れることを可能としたといえよう。租税であればEU運営条約110条、補助金であればEU運営条約117条から119条の制約を受け、少なくとも国内と国外の生産物の差別的な取り扱いができないということに
(6)

---

(5)　電力供給法の改正を巡る議論については海外電力(1997.11) pp.75-76を参照のこと。緑の党による提案がEEG2009を先取りしている。
(6)　これらの競争的市場の前提となる非関税障壁に関する規定は、環境政策における1つの大きな壁となっており、環境税の導入が一国単位では困難となる源泉となっているともいわれている。

なる。

　ところが、このことが次の問題を発生させる。すなわち、第 4 に FIT による負担が公平かつ正当なものであるのかという問題である。ドイツ EEG のもとでの再生可能エネルギーの買い取り費用に関しては、以下の 2 つの指摘が重要である。第 1 に、法定債務関係が発生している。2011 年 8 月に成立した EEG2012 の第 4 条においては、それまで不明瞭であった法定債務関係について、「再生可能エネルギー法から生じる義務は、契約強制によるものではな」く、法律上当然成立するものであると規定している（Lenz2011, p.11）。第 2 に、転嫁についてである。EEG2012 の第 2 条 3 号と第34条、第35条において、最終消費者への転嫁の規定がなされている。レンツは買い取り義務と転嫁制度を背景とした同制度は本来租税法において規定されるべきものであると主張している。FIT による料金の上昇額は、事実上の租税と同様に公課されていることを鑑みると、所得分配への配慮、すなわち公平性の問題に対しても、FIT 制度の枠外であったとしても何らかの対処が必要となろう。

　消費するものの経済力とは無関係に、かつ無根拠に徴収されることになる。所得分配との関連については、左翼党（Die Linke）がわずかに問題としているだけであるが、太陽光発電設備を購入できるのは経済的に余裕のある層であることを鑑みると、「一般会計で対応しなければ、経済的に弱いものが過剰に費用を負担する結果になる」と指摘している。

　さらに、企業負担の重さに対する訴えも存在する。ドイツ FIT においては、電力多消費産業に対しては大幅な軽減措置が設けられているが、軽減措置の受けられない企業にとっては事実上の租税の徴収が予算過程を経ずに課せられていることになる。しかも、軽減措置の導入によって追加的に発生する費用負担は全需要家によって負担されざるを得ないため、エネルギー多消費産

（7）　系統運用者は、この法律に規定する義務の履行を契約の締結に係らしめることができない（渡辺2012、p.94）。
（8）　渡辺（2012）p.92。
（9）　渡辺（2012）p.114。
（10）　一定の条件を満たした企業に対して、FIT による負担を0.05セント／kWh とするというものである。詳細な制度に関しては、海外電力（2010.7, pp.20-29; 2011.11, pp.21-28）を参照のこと。

業への軽減措置費用を他の産業が負担するという構造になっている。後述するように、全国的な負担の均等化がなされているEEG2009以降について、負担の規模が大きくなるにつれて、これらの公平性の問題に焦点を当てざるを得なくなってきている。

　加えて、それでもFITの料金は租税として徴収されているわけではないことが問題となる。すなわち、公課の根拠が不明瞭であるということだ。FITによる再生可能エネルギーの普及は、気候変動対策であると同時にエネルギー政策であり、国内産業の育成を通じた雇用の確保も含めて、公共の利益に即することが主目的となっている。ところが、公共の利益の増進のための費用を電力の最終需要者が負担する根拠についての規定が存在していない。一般会計の予算を通じた補助金の支出であるならば、特定の税収と特定の支出を結び付けて根拠を設定する必要はない。ところが、たしかにFITにおいては特別会計すら通過しない非予算的措置ではあるが、特定の支出を特定の負担で賄うという対応関係が存在している。その際の負担の根拠が不明瞭となっており、財政学的には公正の面からも問題含みの制度といえよう。

　どちらにせよ、電力の最終消費者が費用を負担するという方式では、国家の環境・エネルギー政策については国庫の負担によって、すなわち予算過程を通じた補助金政策によってなされるのが正当であるという要請が強くなってきているといえる。しかし、前述のとおり、FITを予算を通じた制度に改変するならば、予算の増額や財源の確保、そして国際ルールへの抵触といった問題が直ちに生じることは間違いない。ここに、ドイツにおけるFITのジレンマが存在するのである。

---

(11)　それ以前のEEGにおいては電力の小売会社が異なる市場の指標を用いて各需要家に請求を行っていたため、小売業者によって上乗せされる料金が異なっていた。

(12)　もっとも、EEGによって本当に電力価格が上昇しているのかどうかは議論の分かれるところである。再生可能エネルギーの普及によって他のエネルギーへの需要が減少することを通じた価格減少であるメリット・オーダー効果を勘案すると、むしろ電力価格が低下している可能性が指摘されている（海外電力2008.2, pp.84-93; 2009.1, pp.28-35）。ドイツにおける近年の電力価格の上昇は、エコ税やFITによるものであるというよりは、化石燃料価格の上昇に依るところが大きい可能性が示唆される。

3 繰り返される歴史

　前節までに確認したドイツにおけるFITの財政学的な性質であるが、2012年にはEEGが基本法に違反している可能性が指摘され始めている。2012年3月にレーゲンズブルク大学の憲法学者ゲリット・マッセン（Gerrit Manssen）は、繊維業界の依頼に基づく調査報告の中で、EEGはコールペニヒと同様に基本法に抵触することを主張した。繊維業界団体（textil+mode）の広報であるヴォルフ-リュディガー・バオマン（Wolf-Rüdiger Baumann）は、特に2010年から発効した全国に統一的な転嫁のシステムが導入されて以来、エネルギー多消費産業向けの軽減措置の受けられない繊維業界において負担が過大となっていると主張した。FITを通じた負担が大きくなっていることに加えて、引き続き果てしなく増加する負担、さらにはEEG2009までは各送電業者によって異なる再生可能エネルギーの買い取り割合に応じて異なる負担が電力の最終消費者に転嫁されていたのに加え、「連邦レベルの調整メカニズム（bundesweiten Ausgleichsmechanismus）」が導入されたことを問題視している。[13]

　これらの背景には前述の財政学的な問題が存在している。特に、憲法上は調整された価格転嫁メカニズムが事実上の租税となっていること、それゆえに再生可能エネルギーの普及という公益を追求するために電力の消費者が費用負担をすることの正当性が問われている。この問題を掘り下げるために、FITと同様の構造を持っていたコールペニヒが違憲判決を受けて廃止された経緯はどのようなものだったのか、簡単に確認したい。さらに、EEGの前身である電力供給法においてもコールペニヒの廃止を受けて同様の問題が発生していたことを確認する。

3.1　コールペニヒの廃止

　コールペニヒとは国内の石炭産業の保護を目的とした補助金を支出する特別会計の収入を賄う課徴金で、正式名称を石炭調整賦課金という。オイルショックの影響のもとで、1975年の第三次電力化法を根拠として導入された。

---

(13)　Morgenpost online, 5. 3. 2012, http://www.morgenpost.de/wirtschaft/article1919750/Das-Oekostrom-Gesetz-ist-verfassungswidrig.html（2016年9月1日確認）.

国内炭を発電用燃料として電力会社に引き受けてもらうことを前提として、輸入炭と国内炭の価格差を埋めるべく補助金が支出されていた。補助金の財源となるコールペニヒは、同制度が開始された1975年においては電力料金の3.24％に相当する賦課であったが、1991年には全国平均で8％に達し、1992年7.5％、1995年11.3％の予測がなされていた。同制度は1995年に廃止が予定されていたが、1993年のエネルギー関連一括法（Artikelgesetz）において、同制度は1996年から2005年までの10年間の延長が決められた。同法は与野党間の話し合いが合意に至らず、連邦経済相によって草案されたものである（海外電力1994.10、pp.50-56）。

　もっとも、ドイツ電力業界は競争政策上の理由から電力消費者に負担となるコールペニヒの1996年以降の継続に同意していなかった。1993年4月末の発表によると、国内炭の価格を世界平均価格に近づけない限り発電用としては使用せず、価格調整は国家予算による補助金によって行われるべきだと主張していた（海外電力1993.8、pp.8-14）。

　1994年の連邦議会選挙においては政権交代は発生せず、エネルギー政策についても継続されるものと考えられていた。しかし、同年12月に連邦憲法裁判所がコールペニヒは違憲であり1996年からは廃止しなければならないとの判断を下したことにより、再び包括的なエネルギー政策を策定する必要が出てきた。同判決の概要は以下のとおりである。

　1994年12月に連邦憲法裁判所は、20年間継続されてきたコールペニヒに対して違憲であるとの判決を下した。その根拠は、①一般の電力消費者は国内炭の発電使用保証に対して資金面で何ら責任を負うものではなく、課徴金制

---

(14)　たとえば、1993年の国内炭140ユーロ／トンで輸入炭は50ユーロ／トンであった。
(15)　発電における石炭使用保証、原子力法改正および電力供給法改正に関する法律（Gesetz zur Sicherung des Einsatzes von Steinkohle in der Verstromung und zur Änderung des Atomgesetzes und des Stromeinspeisungsgesetzes, BGBl. I 1994 S.1618-1623）。
(16)　具体的には、1996年から2005年までの発電・熱供給における石炭使用保証がなされ、1996年75億マルク、それ以降は70億マルクの補助金が特別会計からなされることになった。コールペニヒは電力価格の8.5％とされた。この水準は、ドイツ電気事業者連合（VDEW）の試算によると家庭用電力で2ペニヒ／kWh、産業用電力で1.5ペニヒ／kWhである（海外電力1995.10、p.97）。
(17)　石炭産業の転換については海外電力（1996.7）pp.42-45を参照のこと。

度は特定の目的を持つ同種のグループを対象としなければならないが、コールペニヒは石炭による発電ではなく電力需要一般を賦課対象としているため事実上の租税であること、②エネルギー供給は公共の利益に必要不可欠なものであるため、課徴金によって公共の利益を図ることを禁じる基本法の規定に抵触すること、したがって公共の利益に帰する目的の場合は税収に基づく一般の財源によって賄われるべきであること、さらにはその財政計画は予算決定権を持つ連邦議会で採決されねばならず、その際には納税者の公平性が保証されねばならぬこと、③コールペニヒは州間格差と消費者間格差を引き起こしているため公平性を欠いていること[18]、④コールペニヒによる電力料金の上昇は連邦料金令に抵触しているうえに、付加価値税によって二重課税が引き起こされていること、⑤産炭州の問題は基本的にその州で解決するべきであること、であった。同判決に対して、石炭政策の財源を電力消費者ではなく一般納税者が負担するべきことに対しては好意的に捉えられていたが、ドイツ電気事業者連合（Verband der Elekrizitätswirtshaft: VDEW）は財源確保のためにエネルギー税が導入されるのであればエネルギー価格の上昇が経済に打撃を与え、国内産業の空洞化が進行するとの懸念を発表した（海外電力1995.3、pp.2-8）。連邦財務省はコールペニヒに代わる財源として電力税、エネルギー税、二酸化炭素税を検討したが、与野党間の合意も与党内の合意も

---

(18)

各州のコールペニヒの税率

	1994年	1995年
		(%)
ハンブルク	9.2	9.2
ノルトライン・ヴェストファーレン	9.1	9.1
ラインラント・プファルツ	9.0	9.0
ニーダーザクセン	9.0	9.0
ザールラント	9.0	8.8
ブレーメン	8.4	8.3
バイエルン	8.2	8.2
ヘッセン	8.2	8.1
バーデン・ビュルテンブルク	7.9	7.8
シュレスヴィヒ・ホルシュタイン	7.7	7.8
ベルリン	6.4	6.4

出所：海外電力（1995.3）p.7。

得ることができず、産炭州と非産炭州の間でも意見の一致は見られなかった[19]。

コールペニヒの廃止に伴い1993年に決裂していた与野党間のエネルギーコンセンサス会議が再開され、1995年3月15日に①新税の導入は行わず国内炭補助資金は一般財源から捻出すること、②国内炭補助制度は2000年まで継続すること、③1996年の補助額上限を75億マルクとし1997年と1998年は70億マルクとしたうえで、④1999年、2000年の補助額について年内に決定すること、が合意された[20]。与党CDU/CSUと財務省はエネルギー税の導入もしくは付加価値税の税率アップによる財源の確保を主張していたが、連立与党のF.D.P.が新税にも増税にも同意せず連立の解消も辞さない態度を示したために財源については明確にされなかった（海外電力1995.7、p.61）。

前述のようにFITは非予算的な財政政策として設計・機能しており、特別会計を組織して補助金額を設定し、電力への課徴額を決定するという方式をとっているコールペニヒとは制度上大きな違いが存在する。とはいえ、国家の任務・公益を追求するために電力に公課することが憲法違反であるという指摘はFITにも当てはまりうるというのがマッセンの考えである。この問題についてさらに考察を深めるためには、EEGの前身である電力供給法について検討することが参考になる。というのは、コールペニヒの違憲判決を受けて電力供給法も違憲の可能性が指摘されていたからである。2012年のEEGに対する違憲疑惑は、歴史上何度も繰り返されてきている議論でもあるのだ。

3.2 電力供給法における同様の問題

VDEWは、エネルギー利用において化石燃料、原子力、合理的なエネルギー利用に次ぐ第4の柱として再生可能エネルギーの重要性を認識していた。

---

(19) エネルギー政策における与野党間の最大の争点は原子力発電に関するものであった。コール首相は原子力推進を認める代わりに石炭産業への補助を行う提案を行ったが、ニーダーザクセン州のシュレーダー州首相はゴアレーベン貯蔵所の是非も含めて争う姿勢を見せ、議論は進展しなかった（海外電力1995.5、pp.50-51; 1996.8、pp.21-48; 1996.9、pp.67-68）。

(20) 石炭補助政策と再生可能エネルギー政策においては合意が取れていたエネルギーコンセンサス会議であったが、緑の党との連携を深めるSPDは原子力政策について強硬な姿勢をとったために交渉は決裂していた。

もっとも、1979年から電力会社は自発的に再生可能エネルギーによって発電された電力を買い取っていたが、①買い取り費用の上昇は小規模な電力会社に打撃を与える、②電力料金の上昇を招く、③季節や時間帯による電力価格の違いが考慮されない、④価格が公正でない、⑤既設の水力発電事業者にウインドフォールプロフィットを生じさせるなどの問題が存在すると指摘していた（海外電力1991.9、pp.26-31）。ドイツ興行団体連邦連合会（BDI）、ドイツ商工会議所連合会（DIHT）、自家発電連合（VIK）は追加的な費用負担の発生について、いわば「政策的な補償料金」制度は電力の最終需要者に対して負担を増大させており、産業界の競争力を損なうものであると批判し、公的資金による補助金政策で再生可能エネルギーを普及させるべきであると主張していた（海外電力1991.2）。

このような主張は、コールペニヒの違憲判決が出る以前のFITに対する批判点である。公的資金による財源調達を求めているという点ではコールペニヒやEEGと同様であるが、電力価格に上乗せする方式が産業の負担となっていること、公正な負担であるか疑義が存在することを中心的な問題と捉えていることは、上記に確認した電力消費者が政策費用を負担することの問題とは捉え方が異なっている。

ところが、コールペニヒに対して違憲判決が出されると、同様の根拠を用いて電力買い取り法にも批判がなされることになる。VDEWは平均価格19.2ペニヒ／kWh の65 〜 90%の買い取り価格に対して（12.5 〜 17.3ペニヒ）、妥当な価格は7.5~11ペニヒ／kWh程度であると主張していた（海外電力1995.8、pp.81-82）。1994年に買い取った電力量が1992年と比較して70%増の2.4GWh、1.5億マルク（約7,669万ユーロ）に上るとしたうえで、「高く買電すれば、それを費用として一般の料金に転嫁することになる。本来、国内炭補助の責務を持たない需要家の電気料金に課徴金を課し、これを財源とすることが違憲であるならば、同様の理由で電力買い取り法（電力供給法：筆者注）も違憲となるのではないか」と主張した（海外電力1995.11、pp.95-96）。

たしかに、VDEWは91年の電力供給法の制定時には同法の定める料金に妥協していたものの、連邦憲法裁判所がコールペニヒに対する違憲判決を出すと、電力供給法に対する批判を強めたのであった。VDEWはマンハイム大学

の税法学者ハンス-ヴォルフガング・アルント（Hans-Wolfgang Arndt）に調査を依頼し、電力供給法が基本法に反しており、コールペニヒ同様に容認されるものではないとの結論を得ていた（海外電力1995.8、pp.81-82）。

電力供給法の違憲の可能性についても争いの場は裁判所に移されることになる。カールスルーエ地方裁判所は、電力供給法による買い取り補償は課徴金とはいえないが、消費者に及ぼす影響はコールペニヒと同様であるとの見解を示していた。課徴金であるならば、補助事業に深くかかわるものにのみ課されるごく例外的なものでなければならないからである（海外電力1996.1、pp.43-50）。もっとも、1996年1月に連邦憲法裁判所は、「電力買い取り法による買い取り補償と石炭調整課徴金（コールペニヒ：筆者注）が事業家に及ぼす影響は、なぜ同じであるのかについて詳細を欠いていた」ために、内容不十分として判断を示さなかった。コールペニヒに関する違憲判決は8年の歳月を費やしたこと、さらには電力供給法の違憲性を証明するためには相当な裏付けが必要なことを勘案すると当面は同法が有効であるという判断となったという（海外電力1996.4、p.79）。

その後、1998年4月の小売電力の自由化、1998年連邦議会選挙に伴い環境税の導入と原子力発電の是非に関心が集まったため電力供給法の問題は一時棚上げとされていたが、1999年には問題が再燃した。EU域内における単一電力取引市場の創出を目指して電力の自由化が開始されており、電力供給法が競争の阻害要因となっていること、さらには（エコ税の導入による）電力税の新設によって小売電力価格が上昇していることから、電力供給法のもとでの再生可能エネルギーの買い取り価格が値上がりすることになる。こうした制度構造に対してEU委員会は「EU競争法」に抵触するとして法的手続きを講じる構えを見せ始めていた。他方で、電力の自由化により電力価格が下落し始めていることに対して、逆に買い取り価格が値下げされることへの懸念が存在していた（海外電力1999.1、pp.17-21）。

歴史的には電力供給法が基本法に抵触するか否かの判断は結局なされなかったが、それは前述のように手続き上の問題が存在したこと、さらには2000年には法的に全く新しいEEGに移行したために結局判決まで至らなかっただけであり、違憲の可能性は十分にあったと考えられる。

その一方で、電力料金に対する公課が租税によるものであるならば、公共の利益のための再生可能エネルギーの促進は憲法違反とはならない可能性が高い。1994年9月にアーヘン市で施行された制度によると、太陽光発電の買電価格補償金を電力に対する1％の課税で賄うという、事実上の固定価格買い取り制度であった。ノルトライン・ヴェストファーレン州の州経済省の見解によると電力料金に対する地方税としての付加税は5％まで国内法で認められている。[21] ただし、アーヘン・モデルは地方税を財源とした補助金政策であるので、固定価格で再生可能エネルギーを買い取るという意味においてはEEGと共通しているが、前述のとおり予算における取り扱いをはじめとした本質的な違いが存在している。アーヘン・モデルの場合は電力料金に対する課税によって財源を賄っているため、表面上はFITと同じ制度であるが、租税を用いて予算過程を経ているため、コールペニヒで指摘された問題は発生しえないのである。

3.3 EEGにおける問題の再燃

電力供給法のもとでの買い取り価格の不均衡の問題、電力の市場価格の下落に伴う買い取り価格の低下の問題、風力以外の再生可能エネルギー導入量の伸び悩みの問題を解決するべく制定されたのがEEGであった。[22] とはいえ、コールペニヒへの違憲判決、電力供給法における違憲疑義、アーヘン・モデルの財源調達法を考慮するならば、EEGによる政策資金調達方法には根本的な問題が当初より存在していたことになる。たしかに、当初からの価格転嫁の規定、2010年の負担の調整メカニズム、2011年の法定債務関係と、改正を重ねるごとにFITの負担は租税の要件を満たすようになってきている。しか

---

(21) 連邦政府による「1,000の屋根」プロジェクトに代表される設置費用の補助金は政策の変更や予算制限に大きく左右されるため、アーヘン方式が優れていると認識され多くの他の自治体においても検討が行われるに至った（海外電力1996.11、pp.38-42）。なお、後のEEGはアーヘン・モデルに基づいているという。アーヘン・モデルに関しては海外電力（1997.2）pp.50-55も参照のこと。
(22) もっとも、EEG2000においては転嫁の規定が脆弱であるため、電力供給法よりは負担の平準化がなされるものの、不十分にしか最終消費者に転嫁されないという懸念が存在していた（海外電力2000.7、pp.62-68）。

し、非予算的な枠組みにおいて非租税的な公課を用いて、個別報償的に財源調達がなされるという構造は、公益を追求するための資金は租税によって賄われなければならないという憲法上の規定を満たしていない可能性を孕んでいる。

とはいえ、これまでEEGの違憲性について大きな問題になってこなかったのは、補償額と負担額が十分に大きいものではなかっただけでなく、大島（2010）が指摘するようにFITが社会的利益を実現しているとみなされていたからだと考えられる。すなわち、違憲問題が再び論じられるようになった背景には、ドイツ国内での再生可能エネルギー、特に太陽光発電における国内企業のシェアの低下の問題が存在していると考えられる。

たとえば、1999年に設立されたQ-CellsはEEGに基づくFITによって世界のトップシェアを誇る企業に成長していた。ところが、中国のサンテックや米国のファストソーラーなどの企業による安価な太陽光パネルのドイツ市場への進出に伴い、競争は激化し、FITの買い取り価格の急激な低下もあいまって2012年には破綻に追いやられてしまった。問題は、2010年時点でのドイツにおける太陽光パネル市場の国内企業のシェアは20%に満たないところまで低下していたことであり、その国内企業ですらもQ-Cellsはコスト削減の観点から主力の工場をマレーシアに移転した。すなわち、EEGは自国の再生可能エネルギー企業を育成するとともに雇用を発生させることを１つの目的としていたが、太陽光パネルにおいては自国での雇用創出効果が著しく低下していたということである。

国内の雇用創出効果が低下すると、それまで隠れていた制度の問題点がクローズアップされることになる。すなわち、事実上の租税であるFITによる電力消費者の負担が、国外に漏洩していることになるからだ。コールペニヒ、電力供給法と繰り返されてきた公益を租税ではなく疑似的な租税によって賄うことによって生じる問題は、EEGにおいては太陽光発電の爆発的な普及に

---

(23) 国家的任務の資金調達は基本法105条以下に規定される財源でなければならず、すなわち非租税的公課が一般的に排除されているわけではないが（租税国家原則: Prinzip des Steuerstaates）、租税による国家の資金調達と比較されなければならないと規定されている（Bik und Eckhoff1999, p.13 ff.）。

伴う負担の急激な増加といった「規模」の問題だけではなく、国内企業のシェアの低下に伴う「雇用」の問題を背景として再燃したのである。

4　小括

　ドイツの環境・エネルギー政策で中心的な役割を担っているのはEEGに基づくFIT制度である。本章ではドイツにおけるFITを巡る議論を参照しながら、同制度を財政学的に分析してきた。本章の分析によって明らかになった点は以下のとおりである。

　FITは環境経済学的には補助金制度の一種として位置づけられる。しかし、財政学的には非予算的な制度であり、疑似的な租税によって財源が調達されているという特徴を持っている。バックストップ技術に対する相対価格を調整する市場メカニズムに融和的な環境・エネルギー政策としては、再生可能エネルギーの普及率が低い段階では課税よりも補助金を利用した方が小さい財政規模で政策目標を達成することができる。しかも、FITにおいては事実上の補助金額の上昇に伴い事実上の課税額も予算過程を経ずに自動的に上昇させることが可能となる。さらに、非予算的な政策であるがゆえに、国際的な貿易ルールにも抵触しないという利点を有している。

　とはいえ、コールペニヒ、電力供給法、アーヘン・モデルに関連する議論を参照すると、EEGに基づくFITには違憲の可能性が存在していることも明らかとなった。国家の任務・公益の追求である再生可能エネルギーの普及のための財源を電力の最終消費者が負担することの根拠が存在しないからである。これは、特別会計を通じた予算的な措置であっても、負担が租税を通じて行われない限り解決されない。とはいえ、課税と予算過程を通じた措置であるならば貿易のルールに反してしまうという、根本的な矛盾を抱えているのである。

付表1　EEGにおける電力買い取り価格の推移

年		2000	2001	2002	2003	2004	2005	2006	2007	2008
地熱	〜5 MW	8.98	8.98	8.98	8.98	15	14.85	14.7	14.55	14.4
	〜10MW	8.98	8.98	8.98	8.98	14	13.86	13.72	13.58	13.44
	〜20MW	8.98	8.98	8.98	8.98	8.95	8.86	8.77	8.68	8.59
	20MW〜	7.16	7.16	7.16	7.16	7.16	7.09	7.02	6.95	6.88
汚泥ガス	〜500kW	7.67	7.67	7.67	7.67	7.67	7.59	7.51	7.43	7.36
	〜5 MW	6.65	6.65	6.65	6.65	6.65	6.58	6.51	6.44	6.38
坑内ガス	〜500kW	7.67	7.67	7.67	7.67	7.67	7.59	7.51	7.43	7.36
	〜5 MW	6.65	6.65	6.65	6.65	6.65	6.58	6.51	6.44	6.38
	5 MW〜									
廃棄物ガス	〜500kW	7.67	7.67	7.67	7.67	7.67	7.59	7.51	7.43	7.36
	〜5 MW	6.65	6.65	6.65	6.65	6.65	6.58	6.51	6.44	6.38
バイオマス	〜150kW	10.23	10.23	10.23	10.23	11.5	11.33	11.16	10.99	10.83
	〜500kW	10.23	10.23	10.23	10.23	9.9	9.75	9.6	9.46	9.32
	〜5 MW	9.21	9.21	9.21	9.21	8.9	8.77	8.64	8.51	8.38
	〜20MW	8.7	8.7	8.7	8.7	8.4	8.27	8.15	8.03	7.91
小水力	〜500kW	7.67	7.67	7.67	7.67	9.67	9.57	9.47	9.38	9.29
	〜2 MW	6.65	6.65	6.65	6.65	6.65	6.58	6.51	6.44	6.38
	〜5 MW	6.65	6.65	6.65	6.65	6.65	6.58	6.51	6.44	6.38

出所：渡邉（2005）、山口（2009）、渡辺（2012）より筆者作成。

(ユーロセント／kWh)

2009	2010	2011	2012	2013	2014	2015	2016	2017	2018	2019	2020
20	19.84	19.68	25	25	25	25	25	25	23.75	22.56	21.43
20	19.84	19.68	25	25	25	25	25	25	23.75	22.56	21.43
14.4	14.3	14.2	25	25	25	25	25	25	23.75	22.56	21.43
14.4	14.3	14.2	25	25	25	25	25	25	23.75	22.56	21.43
7.11	7	6.9	6.79	6.69	6.59	6.49	6.39	6.29	6.2	6.11	6.02
6.16	6.07	5.98	5.89	5.8	5.71	5.62	5.54	5.46	5.38	5.3	5.22
7.16	7.05	6.94	6.84	6.74	6.64	6.54	6.44	6.34	6.24	6.15	6.06
5.16	5.08	5	4.93	4.86	4.79	4.72	4.65	4.58	4.51	4.44	4.37
4.16	4.1	4.04	3.98	3.92	3.86	3.8	3.74	3.68	3.62	3.57	3.52
9	8.87	8.74	8.6	8.47	8.34	8.21	8.09	7.97	7.85	7.73	7.61
6.16	6.07	5.98	5.89	5.8	5.71	5.62	5.54	5.46	5.38	5.3	5.22
11.67	11.55	11.43	14.3	14.01	13.73	13.46	13.19	12.93	12.67	12.42	12.17
9.18	9.09	9	12.3	12.05	11.81	11.57	11.34	11.11	10.89	10.67	10.46
8.25	8.17	8.09	11	10.78	10.56	10.35	10.14	9.94	9.74	9.55	9.36
7.79	7.71	7.63	6	5.88	5.76	5.64	5.53	5.42	5.31	5.2	5.1
12.67	12.54	12.41	12.7	12.57	12.44	12.32	12.2	12.08	11.96	11.84	11.72
8.65	8.56	8.47	8.7	8.61	8.52	8.43	8.35	8.27	8.19	8.11	8.03
7.65	7.57	7.49	6.3	6.24	6.18	6.12	6.06	6	5.94	5.88	5.82

付表2　EEGにおける電力買い取り価格の推移（風力）

年	2000	2001	2002	2003	2004	2005	2006	2007	2008
5年以内	9.1	9.1	9.1	9.1	8.7	8.53	8.36	8.19	8.03
5年以上	6.19	6.19	6.19	6.19	5.5	5.39	5.28	5.17	5.07
12年以内	9.1	9.1	9.1	9.1	8.7	8.7	8.7	8.7	8.7
12年以上	6.19	6.19	6.19	6.19	5.5	5.5	5.5	5.5	5.5

出所：Bundesministerium für Umwelt, Naturschutz und Reaktorsicherheit (2012), zeitreihen zur Entwicklung der erneuerbaren Energien in Deutschlandより筆者作成。

付表3　EEGにおける電力買い取り価格の推移（太陽光）

年		2000/4	2004/4	2005	2006	2007	2008
発電専用施設		50.62	45.7	43.42	40.6	37.96	35.49
非発電専用施設	～30kW	50.62	57.4	54.53	51.8	49.21	46.75
	～100kW	50.62	54.6	51.87	49.28	46.82	44.48
	100kW～	50.62	54	51.3	48.74	46.3	43.99
	1MW～	50.62	54	51.3	48.74	46.3	43.99

年		2012/7	2012/8	2012/9	2012/10	2012/11	2012/12
発電専用施設		13.11	12.98	12.85	12.71	12.58	12.45
非発電専用施設	～30kW	18.93	18.74	18.55	18.36	18.18	18
	～100kW	17.96	17.78	17.6	17.42	17.25	17.08
	100kW～	16.02	15.86	15.7	15.53	15.37	15.22
	1MW～	13.11	12.98	12.85	12.71	12.58	12.45

出所：Bundesministerium für Umwelt, Naturschutz und Reaktorsicherheit (2012), zeitreihen zur Entwicklung der erneuerbaren Energien in Deutschlandより筆者作成。

第7章　フィードインタリフの財政学的分析　　211

(ユーロセント／kWh)

2009	2010	2011	2012	2013	2014	2015	2016	2017	2018	2019	2020
9.7	9.61	9.52	9.41	9.28	9.15	8.54	7.94	7.35	6.77	6.2	5.63
5.52	5.47	5.42	5.35	5.28	5.21	4.66	4.12	3.59	3.06	2.54	2.03
15	15	15	15	15	15	15	15	15	13.95	12.97	12.06
5.5	5.5	5.5	3.5	3.5	3.5	3.5	3.5	3.5	3.26	3.03	2.82

(ユーロセント／kWh)

2009	2010	2010/7	2010/10	2011	2012/1	2012/4	2012/5	2012/6
31.94	28.47	25.02	24.26	21.11	17.94	13.5	13.37	13.24
43.01	39.14	34.05	33.03	28.74	24.43	19.5	19.31	19.12
40.91	37.23	32.39	31.42	27.33	23.23	18.5	18.32	18.14
39.58	35.23	30.65	29.73	25.86	21.98	16.5	16.34	16.18
33	29.37	25.55	24.79	21.56	18.33	13.5	13.37	13.24

2013/1	2014/1	2015/1	2016/1	2017/1	2018/1	2019/1	2020/1
12.33	10.92	9.68	8.58	7.6	6.73	5.96	5.28
17.82	15.79	13.99	12.4	10.99	9.74	8.63	7.65
16.91	14.98	13.27	11.76	10.42	9.23	8.18	7.25
15.07	13.35	11.83	10.48	9.29	8.23	7.29	6.46
12.33	10.92	9.68	8.58	7.6	6.73	5.96	5.28

〈参考文献〉

Bik, Dieter und Rolf Eckhoff (1999) Steuerreform unter ökologisohen Aspekten: Rechtliche Rahmenbedingungen-Gutachterliche Stellungnahme-, Umwelf Bundes Amt, Berlin.

飯田哲也（2011）「固定価格買い取り制度（FIT）をどのように議論すべきか——再生可能エネルギーの政治政策論」『環境経済・政策研究』Vol.4、No.1、pp.83-86。

伊勢公人（2011）「ドイツにおけるFIT制度の展開と課題」『環境経済・政策研究』Vol.4、No.1、pp.70-73。

大島堅一（2010）『再生可能エネルギーの政治経済学』東洋経済新報社。

大橋弘（2011）「わが国における全量買い取り制度の課題——太陽光発電に注目して」『環境経済・政策研究』Vol.4、No.1、pp.60-63。

大平佳男（2011）「FIT制度の制度設計とRPS制度の再検討に関する一考察」『環境経済・政策研究』Vol.4、No.1、pp.74-76。

『海外電力』各年版。

木村啓二（2011）「固定価格買い取り制度と設置補助制度との併存に関する考察」『環境経済・政策研究』Vol.4、No.1、pp.64-67。

山口和人（2009）「ドイツのエネルギー及び気候変動対策立法（2）——2009年再生可能エネルギー法」『外国の立法』241、pp.101-132。

Lenz, Karl-Friedrich（2011）「ドイツ再生可能エネルギー法の2011年改正」『青山法務研究論集』第4号、pp.1-32。

渡辺富久子（2012）「ドイツの2012年再生可能エネルギー法」『外国の立法』252、pp.80-136。

渡邉斉志（2005）「ドイツの再生可能エネルギー法」『外国の立法』225、pp.61-86。

第8章

ポスト・地球温暖化対策税のために

1 日独エネルギー税制の形成過程の比較

　あらかじめ結論を先取りしておくと、日独における制度の形成過程の違いにおいて、以下の3点が強調されるべきである。①ドイツでは早くから二重の配当論に基づいた高い税収を上げられる環境税が志向されたが、日本では環境省の所管する環境政策の域にとどまった。②日本では環境政策財源を得るための地方環境税が浸透しており、増税批判に対して税率を低く抑えることと関連して地球温暖化対策のための税が有する意義も環境関連補助金の財源としての意味合いが強くなっていった。③ドイツでは環境税の導入は社会保険改革と結び付けられたうえで1998年選挙の最大の争点となった。日本では増税の決定は選挙を通じて行われず、「税と社会保障の一体改革」とも無関係であった。これらの制度の形成過程の違いが、前述の制度構造の違いにつながったと考えられる。

　石油石炭税と新税に至る環境省（旧環境庁を含む）における経済的手段としての環境税に関する議論や、「環境税の具体案」に関する流れをもう1度確認しておこう。環境税は環境政策の経済的手段として位置づけられており、価格メカニズムを利用したインセンティブ課税であるという認識が根底にある。それゆえ、検討の当初においては炭素税は目的税にはなじまないと考えられていたが、政治的受容可能性の構築のためには用途目的税化は避けられないとも考えられていたのである（宮島1993=1997、p.43）。しかも、環境政策の経済的手段としては炭素税の実現可能性が低く、排出権取引の方がより政治的合意可能性が高いとされてきた（財団法人地球環境戦略研究機関（IGES）2009、p.297）。それゆえ、各専門家委員会において低税率・環境政策財源化

というポリシーミックスの提案が主流となっていたのであった。

　このことは、ドイツ・エコ税の議論と比較するとさらに際立つ。たしかにドイツにおいても、価格メカニズムを利用したインセンティブ課税としてエコ税は提案されていたし、緑の党に至ってはその税収を環境政策財源とすることを主張していた（諸富2000, p.218）。もっとも、基本的に「ドイツの環境政策論議では、環境税の資金調達機能はかなり中心的な地位を占め……中略……、課税標準が幅広く、税率の高い、そしてそれゆえに大きな税収をもたらすような環境税」が志向されてきたという（Zimmermann und Henke1994＝2000, p.302）。事実、各政党の提案は石炭調整賦課金の代替財源など、連邦政府の固有の財源を追い求めるという文脈の中で提案されたものが多かった（Krebs und Reiche1997）。しかも、議論の主流は賃金付帯費用の引き下げのための財源確保であり、具体的には年金保険料率の引き下げの財源を、消費税で賄うのか、エコ税で賄うのかという対立のもとで議論がなされていたのである（本書第5章）。

　このことは、二重の配当を前提として環境税が位置づけられていたということにほかならない（朴2009）。環境税としての効果は税率の高さ、裏を返せば税収最大点に至るまでは税収の大きさに依存することを鑑みると、皮肉にも環境政策としてのみ制度設計を考えれば考えるほど、環境税のインセンティブ効果は期待されなくなってしまうことを示している。

　もっとも、地球温暖化対策のための税が成案に至る過程の中では二重の配当が議論されなかったわけではないし、インセンティブ効果を強調した案も選択肢の中に入れられていた。2005年度の環境税の具体案では、部分的には二重の配当を意識した制度設計になっていたのである。同年の政府税制調査会の答申においては、「環境税の役割としては、本来、価格インセンティブを通じた排出抑制効果を重視すべきであろう。他方、追加的な温暖化対策の財源確保により重点をおいて環境税を活用することについては、既存の温暖化対策予算との関係、税収の使途を特定することの是非を慎重に検討する必

（1）　内閣府設置の専門家委員会としての審議会であったが、2009（平成21）年10月8日以降は内閣府設置の政治組織となり、専門家委員会は下部組織となった。

第8章　ポスト・地球温暖化対策税のために　　215

要がある（傍点筆者）」と述べられている。しかし、その背景に存在していた反対意見に注目する必要がある。答申には載せられなかった政府税調内の議論として、「環境税以外の政策により京都議定書の目標を達成できる可能性もあり、本格的に議論するのはまだ早い」とする意見や、「原油高によりガソリンの価格が上がっても消費は減っておらず、環境税の価格インセンティブ効果は疑問」とする環境税そのものに対する疑念や、それどころか「人間は地球温暖化問題の被害者であり加害者であるから、皆が負担する消費税の税率を上げて、その一部を温暖化対策に充てるべき」という財政支出を強調した議論まで存在していた。このように環境税を巡る対立を背景に、翌2006年度の政府税調答申では環境税に関する項目は大幅に削除され、「現在、関係省庁等において、これらの課題について議論が行われているところであり、その状況を踏まえつつ、総合的に検討していく必要がある」と議論は大幅に後退することになった。前述のとおり環境省の具体案においても、二重の配当を破棄し、環境政策の財源調達手段として位置づけられることになったのである。

　ところで、二重の配当と関連して税収中立に関する議論も重要である。税収中立について再確認すると、二重の配当を目的とする場合、環境税の導入によって得られた税収を以って他の税の税率を引き下げるため、増税でも減税でもないということを意味している。もっとも、これまで述べてきたとおり税収中立の議論が成立するのは、財政赤字が存在しない場合である。ドイツ・エコ税においても、財政状況が好調であった初期には年金保険料率の引き下げを伴った税収中立的改革として設計されたが、財政赤字の拡大とともに一般財源としての増税として設計しなおされるようになった。また、年金保険料率の引き下げは確かに行われたが、高齢化の進展に伴う保険料率の自動的上昇を加味すると、実際は税収中立というよりも年金財源の確保といった意味合いの方が強かったのである（第5章）。

　ところが、地球温暖化対策のための税に至る議論の過程で税収中立の読み替えが行われた。2009年度の具体案においては、「極力増税とならないような措置」としてエコカー減税等の減税案と抱き合わせの提案とされたのである。このことは、同税があくまでも環境省の所管する環境政策の枠内で議論

されてきたことに起因すると考えられる。環境政策としてのみ環境税を議論した結果、二重の配当を目指さず、それゆえ低税率のインセンティブ効果が低い税となり、税収中立までも環境政策の枠内に押し込められてしまったのである。ただし、このことは税制のグリーン化の観点からのエコカー減税等を否定するものではない。

　もっとも、低税率にとどまったことによる利点も存在する。ドイツ・エコ税では高い税収を上げることが前提となっていたために、環境税の導入によって負担が大幅に上昇する産業からの反発が大きくなっていた（諸富2000、pp.225-231）。それゆえ、前述の大規模な軽減措置が導入されることになるのだが、このことはすでに指摘したとおり環境政策の費用効率性を損なってしまう（第5章）。費用効率性が損なわれれば、規制政策に対する経済的手段の有意性は揺らがざるを得ず、したがって環境税導入の根拠も部分的には失われてしまう。「部分的に」というのは、社会保険料や消費税と比べれば、環境改善が見込まれる分いくらかましな財源調達手段であるということが、まさにドイツ・エコ税の根拠であったからである。地球温暖化対策のための税の低税率性は、インセンティブ効果はほとんど期待できないが、費用効率性は失われていないという奇妙な評価に結び付くのである。

　ドイツと日本のさらなる違いは、日本における地方環境税の存在がある。周知のとおり、多くの環境政策財源を得るための地方税が存在している（財団法人日本都市センター2011; 諸富・沼尾編2012）。本書ではインセンティブ課税ではない地方環境税の詳細には立ち入らないが、このことは環境政策目的の財源を調達する税のことを環境税と呼ぶ慣習が確立していることを示している。ピグー税的観点に立てば、環境税の効果は本来であれば租税構造にのみ依存するのであり、税収をどのように使うかに依存しない。ところが、新税に至る議論においても、租税構造が環境税であることと、税収を環境目的に利用することが融合して議論が進められてきた。すでに議論したように、これは税収を環境目的に利用することで税率を低く抑え、以って新税の導入への反対意見に対応する戦略であった。しかし、このことは環境税を巡る議論に混乱を与えかねない。

　そこで、表8-1のように租税構造と財源の利用によって分類するとわか

表8－1　国内の環境税に関する認識を勘案した環境税の分類

税収使途／租税構造	環境税	その他の租税
一般目的財源	・狭義の環境税 例：ドイツのエコ税、二重の配当	通常の租税
環境政策 目的財源	・環境財源目的の環境税 例：地球温暖化対策のための税 　　地方環境税（産廃税など）	・環境財源目的税 例：地方環境税 　　（森林・水源税など）

出所：筆者作成。

りやすい。森林・水源に関する地方環境税は租税構造が環境税ではないが、環境政策財源が目的であるため、いわば環境財源目的税である。一方、新税は環境政策財源を目的としているが租税構造も環境税であるために環境財源目的の環境税といえる。このことからわかることは、日本では租税構造のいかんにかかわらず、環境政策の財源調達であるならば増税が可能であるという事実である。負担と政策目的が強くリンクした目的税である場合にのみ増税が可能であるといってもよい。他方で、環境税としてのインセンティブ効果を期待するのであれば、一般財源――その多くは社会保障財源と財政収支の改善のための財源となる――を目的とし、租税構造は環境税となるものを目指さなければならないと考えられる。

　最後に、政治構造との関係を指摘する。ドイツにおいてエコ税の導入は1998年連邦議会選挙の最大の争点の1つであった。税収中立的な改革ではあったが、賃金に対する負担からエネルギー消費に応じた負担へと大きく負担の構造を変える改革であったからだ。ところが、地球温暖化対策のための税を巡る状況は全く異なっている。環境省の委員会や環境税の具体案、そして政府税調においてはある意味で活発に議論が繰り広げられてきたといえる。しかし、それが国民的・政治的議論へと十分に広がりを見せることはなかったし、いわんや選挙の争点となることはなかった。その背景には3つの政治構造が存在していたと考えられる。

　第1に、日本の財政政策は政府主導というよりも官庁主導である。首相が代わろうが政権が交代しようが、省庁間の合意の有無が地球温暖化対策のための税の導入にかかっていたといえる。事実、新税の税収をエネルギー特会を通じて利用するという環境省と経産省の合意が、同税の実現において決定

的であったと考えられる。たしかに、最終局面においては民主党が税収規模を縮小させたり、民自公の3党合意によって導入時期が1年先延ばしにされたりという意味では政治的関与は存在していたが、そこでは政治的な議論が関与する余地は小さい。

　第2に、総選挙を経ずに首相を交代できるという特殊な政治構造がある。環境税に対する熱意の温度差は、政党というよりも首相の個人的属性による。たとえば、福田政権では環境税の導入に積極的な姿勢を見せたが、早々に首相が交代してしまったためにしりすぼみにならざるを得なかった。総選挙を経ずに首相の交代が行われるという不安定な政治構造のもとでは、増税ないし負担の大幅な変更は困難であり、新税のような租税としては影響の少ない、それゆえ財源の活用による効果を強調せざるを得ないような小規模な改革しか行いえない。

　第3に、選挙制度である。日本の衆議院の選挙制度もドイツ連邦議会の選挙制度も小選挙区と比例代表制を合わせた制度となっている。しかし、日本では小選挙区が基本であるが（小選挙区比例代表並立制）、ドイツでは比例が基本となっている（小選挙区比例代表併用制）。前者では死に票が多く、国民の多様な意見を反映するというよりは、少数の重要なトピックについてしか議論の対象になりにくい。後者においては、国民の多様な意見を反映しやすく、そのことがもともとはシングルイシュー政党であった緑の党が国政に進出できた根拠となっている。緑の党の国政への進出によって環境税の導入論議が盛んになったことを勘案すれば（竹内2004; ミランダ2007; 坪郷2009）、このような選挙制度の違いが租税構造に与えた影響は計り知れないほど大きいと考えられる。

2　結語

　繰り返しになるが、本書での議論の構造を確認し、学術的な貢献を整理したうえで、日本のこれからの環境税の設計に関する知見を述べて結語とする。

　本書は環境税の財政学的分析を行ってきた。環境税の存在意義は、外部不経済を内部化する環境政策の経済的手法としての政策課税であるということ

だ。規制的手段と比べて環境税による汚染の制御は、経済効率性の観点から優位性が存在している。もっとも、租税論的な課税の根拠は個別物品税と同様に、消費は負担能力の1つの指標として作用するということであった。すなわち、課税を正当化するための根拠は能力説にある。とはいえ、実際に環境税を導入する場合にはその政策課税的な非国庫機能と、財源調達を実現する国庫機能との関連が重要である。特に、租税構造と政策が実現する過程を鑑みると、環境税の非国庫目的を強調するならば環境税は環境財源目的税へと転化することになる。

すなわち、租税を通じた市場の統制は、関税や個別物品税はいうに及ばず所得再分配を目的とした所得税に至るまで租税の非国庫機能として活用されてきたのであるが、それは国庫機能と結び付いたときに十分に機能するということである。財政学では国庫機能と非国庫機能は相反する矛盾した性質を有していると考えられてきた。本質的にこの考えに誤りがあるわけではないが、実際の租税政策においてはその中間で、程度を問題とすることになる。二重の配当論は国庫機能と非国庫機能を調和させることを念頭に組み立てられた議論ではあるが、財政赤字を背景とした財政再建のための財政需要を扱うことはできない。さらには、税制のグリーン化という観点からすれば、税収最大点までは環境税は正当化されうる。

以上の観点は、環境税の日独比較から帰納的に明らかになった財政学的な貢献である。さらに、国庫機能と非国庫機能を調和させることに成功したドイツ・エコ税改革の制度設計に際しての政治過程を詳細に分析してきた。このことは、混合経済下における財政の駆動要因を考察するうえでも重要な貢献である。価格メカニズムで駆動する市場経済とは異なり、予算を通じた経済である財政は政治メカニズムを通じて支出と収入の調整を行わなければならない。環境税の国庫機能と非国庫機能を調和させて高い税率と高い税収、ひいては高い環境制御効果を実現するためには、種々の「公平性」を巡る政治的な合意を調達する必要がある。本書の分析によれば、ドイツにおけるエコ税の実現に際し、先行研究で指摘されていた産業に対する軽減措置の導入だけでなく、年金構造を背景とした農業者への軽減措置、すなわち職種間の「公平性」、交通政策を通じた社会的弱者への配慮、地域間の「公平性」、産

業と家計の間での「公平性」の問題を解決する必要があった。

　他方で日本での環境税の導入過程は、あくまでも非国庫目的を強調した環境政策の枠にとどまっていたために、さらには政治的受容性の観点から低税率・補助金財源化という道筋をたどることになった。低税率のために、国庫機能が強調されないがゆえに、たしかに「公平性」への配慮を行う必要性が低く、経済効率性を確保できる理論に準拠した炭素税を実現することができた。とはいえ、環境政策としては補助金の効果に依存することになり、環境税としては効果のある税率を達成することはできなかった。そのため、税制のグリーン化にも、財政再建にも、さらには社会保障財源の確保にも寄与することはできなかったのである。

　本書で得られた財政学的な知見を、今後の日本における地球温暖化対策のための環境税の改革の方向性に生かすのであれば、以下の点が重要となろう。第1に、国庫目的と非国庫目的の調和である。二重の配当論に基づいた他の税の減税との組み合わせや社会保障財源だけでなく、確実に存在している財政再建のための原資として環境税を位置づけることが可能である。日本における環境税の税収最大点がどこにあるのかを調査する必要はあるが、10兆円程度の税収を得ることは可能であり、高い潜在的担税力を有していると考えられる。第2に、「公平性」への配慮である。ドイツの事例では、二重の配当を基本とした税制改革を行ったために、むしろ年金構造や所得格差を背景に負担と受益の不均衡が問題となり「公平性」の問題が発生していた。それゆえ、財政再建の原資とするならばドイツと比較して「公平性」の問題は発生し難いことが想定される。

　とはいえ、第2章で確認したように、所得ではなく消費を基準とした課税であるために低・中所得層への負担が大きい。そこで、所得税における給付付き税額控除による低・中所得層への配慮や、貯蓄・投資への課税の漏洩に対する資本課税の強化などを検討する必要があろう。第3に、産業の国際競争力との関係である。軽減税率の設定は環境税の持つ費用効率的環境政策の側面を弱めることを鑑みれば、むしろ国境税調整を検討する必要がある。国境税調整とは、輸入品に対しては国内産品と同様の炭素排出があったと仮定して課税を行い、製品の輸出に際しては課税されている環境税分を戻し税と

第8章 ポスト・地球温暖化対策税のために　221

して還付する措置のことであり、欧州の付加価値税や日本の消費税において行われている仕向地課税を実現する租税メカニズムのことである。産業の国際競争力には中立的で、高い税収と高い環境政策効果を実現することができよう。租税論的見地からは、租税構造の良さによって、増税に対する産業界も含めた国民的合意を実現するためには、このような問題点を解決する必要があると考えられるのである。

〈参考文献〉

Baumol, William J. (1972), "On Taxation and the Control of Externalities", *The American Economic Review*, 62 (3), pp.307-322.

Krebs, Carsten und Danyel T. Reiche (1997), *Der mühsame Weg zu einer "Ökologischen Steuerreform"*, *Ein Beitrag zur Systematisierung der Debatte*, Peter Lang GmbH, Europäischer Verlag der Wissenschften, Frankfurt am Main.

Krebs, Carsten und Danyel T. Reiche (1999), *Der Einstieg in die ökologische Steuerreform, Aufstieg, Restriktionen und Durchsetzung eines umweltpolitischen Themas*, Peter Lang GmbH, Europäischer Verlag der Wissenschften, Frankfurt am Main.

OECD (2006), *The Political Economy of Environmental Related Taxes*, Paris, Organisation for Economic Co-operation and Development（環境省環境関連税制研究会訳（2006）『環境税の政治経済学』中央法規）.

Schmölders, Franz Hermann Günter (1970), *Finanzpolitik 3.Auflage*, Berlin, Göttingen, Heidelberg（山口忠夫訳（1981）『財政政策　第3版』中央大学出版部）.

Schreurs, Miranda Alice (2002), *Environmental Politics in Japan, Germany, and United States*, Cambridge, The Syndicate of the Press of the University of Cambridge（長尾伸一・長岡延考監訳（2007）『地球環境問題の比較政治学——日本・ドイツ・アメリカ』岩波書店）.

Schumpeter, Joseph Alois (1942), *Capitalism, Socialism, and Democracy*（中山伊知郎・東畑精一（1995）『資本主義・社会主義・民主主義』東洋経済新報社）.

Weizsäcker, Ernst U. Von and Jochen Jesinghous (1992) *Ecological Tax Reform: A Policy Proposal for Sustainable Development*, Zed Books.

Zimmermann, Horst und Kuraus-Dirk Henke (1994), *Finanzwissenschaft, 7., überarbeitet und ergänzte Auflage*, München, Verlag Franz Vahlen GmbH（里中恆志・篠原章・半谷俊彦・平井源治・八巻節夫訳（2000）『ツィンマーマン＆ヘンケ現代財政学』文眞堂）.

石弘光編・環境税研究会著（1993=1997）『環境税——実態と仕組み』東洋経済新報社。
石弘光（1999）『環境税とは何か』岩波新書。
植田和弘（2011）「地方環境税と都市自治体」日本都市センター編『環境税制・都市税制と都市自治体』pp.69-82。
宇沢弘文・茂木愛一郎編著（1994）『社会的共通資本——コモンズと都市』東京大学出版会。

OECD著、石弘光監訳、環境庁企画調整局計画調査室訳（1994）『環境と税制——相互補完的な政策を目指して』有斐閣.
環境庁企画調整局企画調整課調査企画室監修（1997）『環境政策と税制——「環境に係る税・課徴金等の経済的手法研究会」第1次報告』ぎょうせい.
環境庁企画調整局企画調整課調査企画室監修（1998）『地球温暖化対策と環境税——「環境に係る税・課徴金等の経済的手法研究会」最終報告』ぎょうせい.
黒部純二（2012）「平成24年度環境省予算のポイント——大震災復興, 低炭素社会構築, 原子力安全庁設置」『立法と調査』No.325, pp.116-125.
財団法人日本都市センター（2011）『環境税制・消費税制と都市自治体』日本都市センター.
財団法人地球環境戦略研究機関（IGES）編（2009）『地球温暖化対策と資金調達——地球環境税を中心に』中央法規.
神野直彦（2007）『財政学　改訂版』有斐閣.
竹内恒夫（2004）『環境構造改革——ドイツの経験から』リサイクル文化社.
爲近英恵・伴金美（2006）「京都議定書遵守による国際的産業構造変化と炭素リンケージ——動学的応用一般均衡モデルによる分析」『大阪大学経済学』Vol.55、No.4、pp.91-105.
坪郷實（2009）『環境政策の政治学——ドイツと日本』早稲田大学出版部.
朴勝俊（2004）「環境税制改革の「二重の配当」の可能性をめぐって」環境経済・政策学会編『環境税』東洋経済新報社.
朴勝俊（2009）『環境税制改革の「二重の配当」』晃洋書房.
牧野源泉（1996）「環境税の基礎理論」木下和夫著『租税構造の理論と課題』pp.287-304.
宮島洋（1993=1997）「環境税（炭素税）の租税論的検討」石弘光編、環境税研究会著『環境税——実態と仕組み』東洋経済新報社, pp.31-46.
宮本健一（2007）『環境経済学　新版』岩波書店.
ミランダ, A.シュラーズ（2007）『地球環境問題の比較政治学——日本・ドイツ・アメリカ』岩波書店.
諸富徹（2000）『環境税の理論と実際』有斐閣.
諸富徹・沼尾波子編著（2012）『水と森の財政学』日本経済評論社.

あとがき

　本書は2012年度に慶應義塾大学経済学研究科に提出した学位論文を加筆修正したものである。筆者は学部3年生の時に環境税という概念を知り、欧州諸国で租税を用いた環境政策が進んでいることを知った。2007年のことである。それ以来財政学の魅力に取り憑かれながら、環境政策であると同時に財政政策でもある環境税の研究を続けてきた。地球温暖化をはじめとした環境問題は未だに解決の道筋も見えず、日本においては財政赤字を解消するための税制改革の道筋も見えない。研究すべき課題は山積しているが、これまでの研究の成果として本書を出版するに至った。

　研究を進めるにあたり、たくさんの方々のご協力を賜った。ここに、感謝の気持ちを込めて御礼申し上げる。特に、学部からお世話になっている慶應義塾大学の金子勝先生には根気よくご指導をいただいた。本書が金子先生のご期待に応えられるものになったかどうかは別として、スタイルには拘らずにやりたい研究をやれと指導してくださったことが本書の土台となっている。また、横浜国立大学の修士課程でお世話になった金澤史男先生に本論文をお見せすることができなかったのは痛恨の極みである。データと資料を丹念に読み込み、ファクトファインディングを積み重ねる研究スタイルは金澤先生の指導によるものである。横浜国立大学と慶應義塾大学で指導してくださった井手英策先生には研究上の重要な示唆を受けた。租税の構造や機能だけではなく、制度が形成されるプロセスを追うことで財政の本質に迫り、税制改革に対する評価自体を見直すきっかけになった。井手先生には学問を超えて、教育や学生との向き合い方も学ばせていただいた。神野直彦先生には突然ゼミに押しかけてから長らく財政学の手ほどきを受け、租税論の深みを教授していただいた。

横浜国立大学において修士論文の主査であった長谷部勇一先生には産業連関の基礎を教えていただいただけではなく、「博士1年目に子育てをせよ」と人生設計のアドバイスもいただいた。幸運にも予定通りに子宝に恵まれ、研究と子育てを両立させた幸福な大学院生活を送ることができた。慶應義塾大学では、細田衛士先生から理論の厳しさと制度の複雑さ、さらにはそのバランスについて学んだ。ピグー税を学部の講義で教示してくださった大沼あゆみ先生には、ディシプリンの異なる筆者の研究に対してもアカデミックな態度で指導をいただいた。ドイツ語で資料を読めとアドバイスをくださった矢野久先生と社会史の講義は研究に深みを付ける第一歩であった。ドイツ財政の研究を行うにあたり、独学でドイツ語と四苦八苦していた筆者に、ドイツ語の正しい読み方を丁寧に教えてくださった飯田恭先生には感謝しても感謝しきれない。

　立教大学の研究会に誘っていただき、租税論の深さを教えてくださった池上岳彦先生と関口智先生にも感謝の念が尽きない。環境税研究への道を開いてくださった京都大学の諸富徹先生は学会でも何度も討論者を引き受けてくださり、研究をより良い方向に導いていただいた。関西学院大学の朴勝俊先生には環境経済・政策学会で詳細なアドバイスをいただいた。その他にも、金子ゼミの先輩方、神野ゼミの先輩方、井手ゼミの先輩方、ネットワーク2000を通じても多くの方にお世話になった。

　なお、本書は慶應義塾学術出版基金の出版助成によって刊行された。出版の機会を与えてくれた慶應義塾大学と基金の匿名の査読者、筆者の悪文と悪戦苦闘を重ねてくださった慶應義塾大学出版会の喜多村直之さんに厚く御礼を申し上げる。

　最後になるが、高校を中退してバンド活動に明け暮れ、しかし音楽で身を立てるには至らず、しかも病に倒れて途方に暮れていた筆者に大学に行けとアドバイスをくださった木造教会の牧師の千葉敦志先生に御礼申し上げる。先生のアドバイスによって私の人生は多くの師と友人に恵まれ、研究に打ち込むことのできる実り多きものとなった。そして、大学を受験すると決意した時から、だれよりも長い間、根気よく私を支えてくれた妻・美紀に感謝の言葉を捧げたい。寄り道だらけの筆者を許して、支えてくれてありがとう。

本書は長男・史一の誕生を前後して書き続けた論文が基礎になり、次男・勝紀の誕生した年に刊行された。子育てをしながらの研究生活は、私の人生にとって何事にも代えがたい恵みである。

　2016年9月

　　　　　　　　　　　　パリ協定発効条件満たすの報を聞きながら

　　　　　　　　　　　　　　　　　　　　　　　　　　佐藤一光

重要語索引

あ行
エコ税　19
　——の逆進的性格　174
エコロジー税制改革　5, 92
エコロジー的近代化　20
エネルギー対策特会　67
欧州共通農業政策　122
汚染者負担の原則　69

か行
外部不経済　178
環境税に係る税・課徴金等の経済的手法研究会　68
僅少労働者　130
軽減税率　119
継続法　19
ゲマインデの交通事情を改善するための連邦財政助成法　87
公平性　12, 52
コールペニヒ　199

さ行
再生可能エネルギー
　——の固定買い取り制度　183
　——法　161, 191
財政再建　155
　——財源　178
財政調整　105
産業の空洞化　24
税源小結合　85, 105

政治的受容性　6, 65, 149
税収中立　20
　——性　178
税制のグリーン化　70
石油石炭税　26, 46, 66
赤緑政権　92
1999年年金改革法　25
租税支出　30
租税の非国庫機能　4

た行
第二次シュレーダー政権　155
地球温暖化対策税　25, 46, 65
賃金付帯費用　134
ドイツ再統一　89
導入法　19

な行
二重の配当　5, 75, 119, 177, 213
ノン・アフェクタシオン原則　132

は行
発展法　19
ピグー税　3, 178
非国庫機能　149
非国庫目的　52

ら行
レーバープラン　87

佐藤 一光（さとう かずあき）

内閣府計量分析室。
慶應義塾大学大学院経済学研究科修了。博士（経済学）。慶應義塾大学経済学部助教を経て、2016年より現職。専門は財政学。
主な業績：「環境・エネルギー問題による財政の変化」井手英策編著『日本財政の現代史1――土建国家の時代1960〜85年』有斐閣、2014；「環境と財政のパースペクティブ」小西砂千夫編著『日本財政の現代史3――構造改革とその行き詰まり2001年〜』有斐閣、2014；「なぜ東京で子育てをするのは大変なのか？――地方財政における制度地層の分析を通じて」饗庭伸・東京自治研究センター編『東京の制度地層――人びとの営みがつくりだしてきたもの』公人社、2015；"Input Output Analysis on Chinese Urban Mine," in Masashi Yamamoto and Eiji Hosoda eds., *The Economics of Waste Management in East Asia*, Routledge, 2016ほか。

環境税の日独比較――財政学から見た租税構造と導入過程

2016年11月30日　初版第1刷発行

著　者	――――佐藤一光
発行者	――――古屋正博
発行所	――――慶應義塾大学出版会株式会社

　　　　　　〒108-8346　東京都港区三田2-19-30
　　　　　　TEL〔編集部〕03-3451-0931
　　　　　　　　〔営業部〕03-3451-3584〈ご注文〉
　　　　　　　　〔　〃　〕03-3451-6926
　　　　　　FAX〔営業部〕03-3451-3122
　　　　　　振替 00190-8-155497
　　　　　　http://www.keio-up.co.jp/

装　丁――――後藤トシノブ
印刷・製本――株式会社加藤文明社
カバー印刷――株式会社太平印刷社

　　　　© 2016　Kazuaki Sato
　　　　Printed in Japan　ISBN 978-4-7664-2380-8

慶應義塾大学出版会

財政学の本質 ハイエク主義の政治経済学

山田太門著　現在の経済学の状況を批判的にとらえ、社会や国家の進むべき道を示すことができる政策学としての財政学を復権させる試み。主にハイエクの考え方を取り入れ財政学の基本的な課題を論じ、国のあるべき姿を提示する。　◎2,800円

総合研究　現代日本経済分析2
資源循環型社会 制度設計と政策展望

細田衛士著　ペットボトルなど日本の個別リサイクルシステムの現状と問題点を考察し、「潜在資源価値」の本質的意味や「生産物連鎖制御」の実行可能性を理論面から明らかにする。新たな資源循環レジームの構築に向けた提言の書。　◎4,000円

総合研究　現代日本経済分析5
排出権取引 理論と実験による制度設計

西條辰義・草川孝夫著　被験者を用いた実験分析とコンピュータ・シミュレーション分析を駆使して、多様な主体からなる市場の姿と取引の帰結を解明、2015年に向け新たな交渉が進む排出権取引市場の制度設計に具体的指針を示す。　◎4,200円

総合研究　現代日本経済分析 第Ⅱ期
水資源の国際経済学
気候・人口問題と水利用のネットワーク化

佐藤正弘著　21世紀、人類最大の難問は「水」である。本書はバーチャル・ウォーター貿易を介して干ばつへの対応や地下水・生態系の保全を図る、新たな水利用の理論を提示する。環境経済学の最先端研究！　◎5,000円

表示価格は刊行時の本体価格(税別)です。